大分化

抢占地产下半场7条赛道

明源地产研究院 著

中信出版集团 | 北京

图书在版编目（CIP）数据

大分化：抢占地产下半场 7 条赛道 / 明源地产研究院著 . -- 北京：中信出版社，2021.9
（明源地产研究系列丛书）
ISBN 978-7-5217-3528-4

I. ①大… II. ①明… III. ①房地产业-研究-中国 IV. ① F293.233

中国版本图书馆 CIP 数据核字（2021）第 176891 号

大分化——抢占地产下半场 7 条赛道
（明源地产研究系列丛书）

著者：明源地产研究院
出版发行：中信出版集团股份有限公司
（北京市朝阳区惠新东街甲 4 号富盛大厦 2 座　邮编　100029）
承印者：宝蕾元仁浩（天津）印刷有限公司

开本：787mm×1092mm　1/16　　印张：24　　字数：260 千字
版次：2021 年 9 月第 1 版　　印次：2021 年 9 月第 1 次印刷
书号：ISBN 978-7-5217-3528-4
定价：95.00 元

版权所有·侵权必究
如有印刷、装订问题，本公司负责调换。
服务热线：400-600-8099
投稿邮箱：author@citicpub.com

编审委员会

编 委 会：明源地产战略研究小组
编委会主任：高　宇
主　　编：王恒嘉　艾振强

目 录

序　鲲化为鹏，不是传说　/ Ⅶ

上部　综合赛道——战略差异化

第一篇　规模黑马

第一章　中梁控股：从黑马到千里马　/ 005
　一、注重周期研究，战略引领布局　/ 007
　二、先人后事激发组织活力，根据形势快速调整机制　/ 010
　三、产品研发设计人员多达千人，高效运营确保细节全部落地　/ 019
　小结　/ 024

第二章　中国奥园：4年5倍，规模利润双高增长　/ 026
　一、收并购＋旧改：独特的拿地模式逐渐变成优势　/ 027
　二、提升运营管理能力，必须做好三件事　/ 034
　三、标准化＋研发创新，奥园的产品正全面升级　/ 037
　小结　/ 042

第三章　新希望地产：双向赋能的持续稳健发展之道 / 043
　一、把握经营本质练内功，将稳健发展放在首位 / 044
　二、投资坚持城市和战略聚焦，没达到既定指标坚决不拿 / 045
　三、体系和标准加持，品质不为成本和进度让步 / 049
　四、推动数字化，实现精益化运营管理 2.0 / 051
　五、坚持核心人才内生培养，提倡园丁式人才管理 / 055
　小结 / 056

第二篇　品质之王

第四章　仁恒置地，是怎样炼成的 / 059
　一、仁恒的三大初心 / 060
　二、做好产品的六个核心动作 / 065
　三、找到坚持品质优先的人，打造坚持长期主义的企业文化 / 071

第五章　滨江集团：包揽好品质、高人效、千亿规模 / 073
　一、人均业绩过亿，核心是做对了五件事 / 074
　二、滨江发展的三个阶段和三大优势 / 080
　三、滨江的未来：规模稳定增长，实现"1+5"发展战略 / 088

第三篇　区域深耕龙头

第六章　宁夏中房：年净利润复合增长率超 50% / 093
　一、在产品和服务上深耕、投入 / 095
　二、留住优秀人才，靠物质收入，也靠专业追求 / 101
　三、养老、教育等产业既是地产的支撑，也能独立生存 / 103
　四、抓住区域窗口期，建设"美好企业" / 107

第七章　邦泰集团：中小房企依靠区域深耕崛起的样本　/ 109

一、兼顾战略与布局，顺应趋势　/ 110

二、打造高性价比的优质产品，不断升级服务水平　/ 115

三、组织架构因时而变，吸纳优秀人才不遗余力　/ 120

小结　/ 125

下部　专业赛道——产业链细分

第四篇　专业投资商

第八章　鼎信长城：1周投1个项目，投遍70%百强房企　/ 133

一、行业判断：房地产股权投资时代来临　/ 135

二、股权投资：坚持五优法则，平均1周投1个项目　/ 139

三、风控管理：全流程把控，形成一个闭环的飞轮　/ 144

四、海外投资与国内业务互补，降低风险　/ 148

五、组织人才：依靠自身培养和体系的力量　/ 151

小结　/ 152

第九章　高和资本：在小众城市更新市场走出了一条大路　/ 154

一、12年间，商业模式从0.0进化到5.0　/ 156

二、不动产弄潮儿的秘诀：白马骑士、大型复杂项目、长期资金　/ 165

三、城市更新的投资赛道刚刚开启，未来中国会出现比肩黑石的巨头　/ 167

小结　/ 170

链接　平安不动产：领跑不动产资产管理时代　/ 172

第五篇 专业开发商

第十章 绿城管理：真正意义上的"专业地产开发商" /187
一、2016年之前，凭借品牌积累，帮助中小房企突破四大瓶颈 /188
二、2016—2020年，凭借绿星标准，建立起全新的经营模式 /190
三、内建孵化平台，外建行业联盟 /197
四、未来，代建行业会占据地产开发的30% /204
链接 绿城管理的品质，为啥那么好 /209

第十一章 远大住工：建筑工业化是地产开发最后的革命吗 /219
一、与大开发商共生发展，逐步建立行业标准 /221
二、构件运输半径在150公里以内最佳，已在全国百座城市布局 /222
三、标准化程度高、体系完整的项目，成本已经能与传统施工模式持平 /224
四、远大住工的核心竞争力 /225
五、远大住工和装配式建筑的未来 /230

第六篇 专业运营商

第十二章 新城商业：持续探索，让商业空间更有价值 /235
一、"住宅+商业"双轮驱动战略，助推吾悦广场快速发展 /237
二、一、二线和三、四线城市同步发展，充分享受城市消费升级的红利 /240
三、紧跟消费趋势以及客户需求，10年前的商场现在仍充满活力 /244

小结 / 253

链接 龙湖商业：21年，从备受质疑到广受追捧 / 255

第十三章 星河产业集团：四位一体产业地产经营新模式 / 267

一、基于多元化考虑，布局产业地产 / 268

二、五条产业地产产品线，满足各类企业的需求 / 272

三、重视资产持有，通过投资赋能 / 275

四、通过资产证券化的方式退出，兑现价值并优化资产结构 / 281

小结 / 283

第十四章 旭辉瓴寓：长租公寓，未来大有可为 / 284

一、轻重并举，双轮驱动，全国布局，规模发展 / 286

二、四大核心能力，支撑战略发展 / 291

三、人才基础雄厚，激励机制到位 / 303

小结 / 305

链接 规模破100万间，实现长租全产品覆盖，自如到底凭什么 / 306

第七篇 专业服务商

第十五章 碧桂园服务：如何做到管理物业超8亿平方米 / 327

一、把服务做到极致是规模扩张的基础 / 328

二、碧桂园服务规模进击的五条途径 / 333

三、战略升级带来运营模式之变 / 338

四、打造"新物业"概念 / 349

第十六章　世茂服务的"三高"　/ 353

　一、基础服务没有极致，科技赋能还能赚钱　/ 354

　二、围绕用户与资产，提供线上、线下立体服务　/ 357

　三、收并购快速扩大规模，构建全业态综合性物业生态　/ 361

　四、引进各领域专业人才，股权激励覆盖面很广　/ 366

序　鲲化为鹏，不是传说

1991年，国务院办公厅发布了《关于全面进行城镇住房制度改革的意见》，确定了房改的总目标：使住房作为商品进入市场。这可以看作中国当前整个地产行业的起点。

从1991年到2021年，三十年弹指一挥间！三十年内，地产行业涌现出众多叱咤风云的人物，上演了很多荡气回肠或者波诡云谲的故事……

古人云："三十年为一世而道更！"

近几年，"因城施策"的五限（限购、限贷、限价、限商、限售）政策的出台，土地供应"两集中"，再加上房贷"两集中"和房企"三道红线"，将楼市的供给、需求两端都牢牢置于有形之手的调控之下。曾造就众多亿万富豪、千亿房企的周期红利、土地红利、金融红利在短短几年内烟消云散。

未来，地产行业向何处去？不同的人有不同的答案。

但有一点是肯定的——"高杠杆、快周转、冲规模"，这条曾诞生众多千亿房企的大道，现在已经很难走通了！如果仅仅因为胆子大、敢赌博，就试图复制"高杠杆、快周转、冲规模"这条成功之路，是很危险的。有几家百强房企不信邪，在近两年走上这条路，结果破产卖身为天下笑，成为这种模式"俱往矣"最有说服力的注脚。

明源地产研究院在深度走访上百家地产生态链相关企业和对发达国家地产行业不同发展阶段进行深入研究的基础上，得出结论：地产下半场，企业的赛道可以分为两类，即综合赛道和专业赛道。

传统的房企之前走的大多是综合赛道，它们集地产投资、开发、运营、服务于一身，不断扩大自己的规模，并将自己的生产链条拉长，以赚取更多利润。

地产下半场，综合赛道已成红海：房价不再迅速上升，新房市场规模相对横盘，若干年后甚至可能缓慢下行。但这并不意味着，综合赛道就不能走了。

新房市场的销售规模已经达到每年17万亿~18万亿元，是人类历史上出现的最庞大的地产市场。大水之中，必有大鱼。不再上涨的海平面之下，大鱼凭借自身优势，吃掉小鱼、虾米，或者吃掉浮游生物，仍然可以继续长大、变强——过去几年的收并购热潮足为明证！

一家综合性房企是不是大鱼，关键在于它有没有过人之处，能不能吃到仍将长期存在的三种红利：管理红利、品牌红利、城市化红利。

要想吃到管理红利，房企就要有过人的管理能力，比如能用70分的人才做出90分的项目，或者只需几个人就能做成一个项目。而要想吃到品牌红利、城市化红利，房企就必须坚持长期主义：在长期积累之下，品牌越来越强，销售费用越来越低，项目溢价也就越来越高；只有在一些区域长期深耕，才能做出正确的判断，吃到城市化进程中区域发展的红利。

地产下半场，企业的战略一定是分化的，因此，大鱼也就不止一种。

第一种大鱼，是规模黑马

它们的规模已经冲到了1 000亿元乃至2 000亿元以上，规模所带来的各种优势非常明显。其中一些抓住了2015—2019年的最后一个规模窗口期，并且把杠杆等风险控制在了安全范围之内。接下来，只要它们自己不犯错误，就没有人能动摇它们在地产行业的地位。而它们自己，也正在完成从黑马到千里马的转变。中梁控股、中国奥园、新希望地产，就是其中的优秀代表。

第二种大鱼，是品质之王

在很多同行看来，它们有些完美主义。由于对品质的追求，其中的佼佼者（比如仁恒、滨江）对进入的城市、项目的档次、项目的客群，都有自己独特的要求，甚至可以说有些挑剔。因此，在早年的混战中，它们的规模上涨速度有些缓慢。而也正因为如此，它们的杠杆一般都很低。

但到了近几年，改善取代刚需成为主流客群，市场供需逐渐平衡，三道红线压顶，它们的品牌、产品以及各种能力的优势开始凸显。在这种情况下，它们能够实现逆市增长也就不足为怪了。

第三种大鱼，是区域深耕龙头

在周期红利还存在的时候，区域深耕是危险的，因为与周期红利同在的是周期性风险。在全国调控的背景下，一线城市太热需要降温，温度正好的二、三线城市也被迫一起"吃药"。只在一个区域深耕，就意味着房企所有项目都会被冰冻，都处于周期曲线的谷底，一旦撑不过去就很危险。

当调控变成"因城施策"之后，全国性大周期的风险消失了，抛开局部自然灾害这种极其罕见的情况，区域深耕就成了制胜之道。区域深耕，意味着在一个区域内持续投入、饱和攻击。

宁夏中房、四川邦泰这两家区域深耕企业的经验证明：一旦占据了本区域市场份额的10%乃至20%，你在本区域的品牌、产品、成本等优势就会超过外来的巨头。

《庄子》中有这样一段话："北冥有鱼，其名为鲲。鲲之大，不知其几千里也；化而为鸟，其名为鹏。"幼时读此书，我曾经疑惑：鱼真的能化作鸟吗？那么笨重的大鱼，真的能飞起来吗？后来，我终于明白：要想飞起来，就要抛弃之前沉重的肉身。

在一些发达国家，综合性的传统房企仍然存在，而专业赛道诞生的伟大企业则更多。专业赛道，本身就来自对地产产业链的细分。

按照地产产业链的上下游关系，四条大的专业赛道分别是：

- **专业投资商**：就国内来说，在三道红线压顶、借钱越来越难的今天，房企逐渐不再倾向于自己多投资。平安、鼎信长城、高和资本等专业投资商正迎来前所未有的机遇。
- **专业开发商**：在国内，绿城管理、中原建业这些"代建"企业，是第一批真正意义上的专业开发商。
- **专业运营商**：管理公寓、商业、产业这些越来越重要的"存量地产"的企业，就是专业运营商。新城商业、龙湖商业、旭辉瓴寓、星河产业、自如等是其中的优秀代表。
- **专业服务商**：指近两年扎堆上市的物业公司，比如碧桂园服务、世茂服务等就是典型的专业服务商，它们中很多获得了比母公司高很多的市值。

以上四条大的专业赛道中又有大量细分赛道，它们也有可能诞生伟大的企业。

在国外，专业赛道上的企业，有白手起家的，有从其他行业转型而来的，也有从之前的综合房企中拆分出来的。在我国，类似的创业、拆分也方兴未艾。

资本市场给被拆分的物业、代建等业务的估值倍数，是传统房企的很多倍。这就意味着，一家市值200亿元的综合地产集团拆分成四家企业上市，总市值可能会飙升到1 000亿元。

为什么专业赛道上的企业，能够获得比综合性房企更高的估值？

首先，地产行业风险越来越高，如果将投资、开发、运营、服务全部集中在一个集团里，那么一个环节出问题，大家都会出问题，波及面太广。而如果拆分开来，大家都会变"轻"，风险也就大幅降低。

其次，企业只干一个环节的事情，就会更加专业、更加集中注意力、更加细致，也就更容易赚到管理红利。

最后，地产行业从增量时代进入存量时代，存量房、存量客户中都蕴藏着巨大的价值，而专业运营商、专业服务商就是挖存量金矿的人。

专业赛道上的企业，都把"轻"作为自己的追求。

就专业开发商而言，国内六家专业开发代建企业成立的联盟，就叫作轻资产联盟。代建新签约面积增速与商品房销售面积增速的曲线正好相反，这足以说明代建与传统开发模式的本质不同。

专业运营商可以只收取运营费用，做到完全轻资产，一些专业的酒店管理公司就是这种模式。它们也可以当"二房东"，做到相对轻资产。当然，还有一些专业运营商持有相关固定资产，以获得这些资产升值所带来的利润，但它们大都倾向于在这些资产的价值、租金上涨之后，通过REITs（房地产信托投资基金）、股权出让等手段，把20年、30年的收益变现，同时让自己变轻。

而作为专业服务商的物业公司，基本也倾向于靠各种创新服务来赚钱。

即使是大家认为很"重"的专业投资商，其本身也是"轻"的。传统综合性房企用来投资地产项目的钱，大都是自己的，其中很大一部分还是负债。可专业投资商的钱大多是募集而来的，而且一般是股权投资基金。专业投资商只是凭借自身的专业能力，推动资产保值增值。国外的黑石在2020年二季度至2021年一季度新募集资金规模达到1 108亿美元。而国内的地产投资商除公开募集资金之外，还有一些资金来自资管能力较弱的大机构。

综合性房企中的巨头，就好像海里的鲲，而一旦拆分变轻，它就化身为扶摇而上九万里的鹏。"鹏之背，不知其几千里也；怒而飞，其翼若垂天之云！"

鲲化为鹏，不是传说！

明源地产研究院总编　王恒嘉
2021年8月

上　部
综合赛道——战略差异化

第一篇　规模黑马

中国地产行业从来不缺奇迹，每过几年就会冒出一批黑马。

在 2014 年启动的最近一轮大行情中，黑马的数量尤其多。一些企业在高速增长之后就迅速败落，而另一些仍在发展。

仍在发展的企业在最新一轮快速增长之前，大都经历了一段较长的蛰伏期。迅猛增长过后，它们来到一个新的平台。它们正在做的事情中，或许藏着未来的答案。

第二篇　品质之王

在大多数房企把规模作为第一追求的时候，只有能够克制自身欲望的房企，才能成为品质之王。

当改善取代刚需成为主流客群时，当楼市的供需逐渐趋向平衡时，当高杠杆成为不可触碰的红线时，先行一步的品质之王，此时拥有了自己独特的领先优势。

第三篇　区域深耕龙头

全国性大周期的风险消失了，区域深耕成了制胜之道。

更大的项目和客户密度、更高的品牌认知度、与合作伙伴的深度捆绑、更丰富的服务、长期投入和长期回报……这些都需要饱和攻击才能达成。

第一篇

规模黑马

任正非在《一江春水向东流》中说："死亡是会到来的，这是历史规律，我们的责任应是不断延长我们的生命。"

虽然死亡是必然的，但正如任正非所说，优秀的公司能够尽可能地延长自己的生命。然而，即便是长寿的企业，也不是一直持续高增长的。增长理论之父克莱顿·克里斯坦森（Clayton M. Christensen）在《创新者的窘境》里说，90%的企业都难以维持10年以上的增长，都会到达一个失速点。一旦到达失速点，就只有4%的企业能够重启增长引擎。

中国地产行业从来不缺奇迹，每过几年就会冒出一批黑马。在2014年启动的最近一轮大行情中，黑马的数量尤其多。一些房企在高速增长之后就迅速败落，而另一些优秀的房企仍在发展，比如中梁控股、新希望地产等。

一家企业能够成功，原因只有一个：在正确的时间，用正确的人，走一条方向正确的路。

能够持续跨过一个个平台期的企业，都有着共通的逻辑。仍在快速发展的企业，在最新一轮快速增长之前，大都经历了一段较长的蛰伏期。迅猛增长过后，它们来到一个新的平台。它们正在做的事情中，或许藏着未来的答案。

第一章
中梁控股：从黑马到千里马

2020年，全国商品房销售额、销售面积双双创出新高，一切看上去都欣欣向荣。但实际上，暗流在涌动。不少房企都在消化前几年高速扩张、高价拿地带来的问题。其实，早在2019年，个别百强房企就开始爆雷，2020年的疫情冲击加快了问题的暴露。

中国的地产行业正在经历一个市场出清的过程，爆雷、破产、并购重组都是市场自我调节的手段。爆雷的房企，自身当然有巨大问题，但它们的问题也是整个地产行业的问题。当行业告别草莽时代，过去野蛮生长埋下的雷，如果没有妥善拆除，就有可能在某个时点爆炸。

几乎所有企业都是撑死的，很少有饿死的。早年间通过高负债扩张来实现规模跃升的"黑马"房企，尤为头疼。如何从"黑马"变为"千里马"，是这类企业面临的共同挑战。曾是"黑马"的中梁控股，或许是一个不错的参照物。

4年10倍、黑马、小碧桂园、快周转、激进……这些都是外界贴在中梁身上的标签。在2015—2019年快速冲规模的大背景下，快速崛起的中梁一直备受业内关注，这种关注背后有猎奇、艳羡、学习，同时夹杂着一些质疑——贴在它身上的标签，就是这一矛盾心理的最好反映。

这与中梁的低调有关，外界通常只能管中窥豹。明源地产研究院自2014年开始关注中梁，2017—2020年，每年均与中梁的多位高管进行深度交流，其中就包括中梁控股执行董事、联席总裁何剑（见图1-1），可以说一路见证了中梁的成长。

图1-1　中梁控股执行董事、联席总裁何剑

曾经的中梁确实比较激进——像那个时候的很多其他房企一样，借此实现了规模的快速扩张，进入头部阵营。但在预判到潮水即将退

去时，它又能迅速调整方向以避免急刹车。

其实，中梁一直不太喜欢被称为黑马，因为其追求的是成为千里马。2019年上市以后，中梁就从规模导向转向有质量的增长，对跟投机制、快周转模式等也做了调整，以适应新的高质量增长导向。2020年，在疫情笼罩、金融及楼市政策调控升级的背景下，中梁仍然保持了稳步前进、稳中向好的发展态势：全年实现合约销售金额1 688亿元，超额完成既定目标，同比增长11%，再创历史新高；实现营业收入659.4亿元，同比增长16.4%；派息率维持40%，持续高额回馈股东。

在三道红线下，冲规模的声音几乎销声匿迹，整个地产行业都转而追求高质量发展，向管理要红利。如何从"黑马"变成"千里马"，中梁的做法或许很有样板意义。

一、注重周期研究，战略引领布局

清朝陈澹然的《寤言二·迁都建藩议》里有一句名句："不谋万世者，不足谋一时；不谋全局者，不足谋一域。"一家企业，可能会因为误打误撞抓住了风口，快速崛起。但一家能持续发展的企业，一定有着长远的谋篇布局，也就是我们常说的战略。

理查德·鲁梅尔特（Richard Rumelt）在《好战略，坏战略》一书中表示，一个战略能影响一家企业的兴败。二流的团队执行一流的战略和一流的团队执行二流的战略，哪个更容易成功？一定是前者。因为战略就是方向，方向都偏了的团队很难取得巨大的成功。中梁是一家典型的战略导向型企业，"战略思维及规划是一切发展经营的前提"被明确地写进了中梁的价值观体系。

早在2016年年底，中梁就提出了整个发展方针，即要在全周期下建立全结构布局、全结构模板，轮动弹钢琴、倒逼练内功，一方面是确保短期经营目标的达成，另一方面是为未来5~10年打算。在2018年访谈中梁诸多高管时，他们就告诉明源地产研究院，中梁的战略已经规划到了2029年！

洞察外部变化、把握周期趋势是制定战略的前提，这一点在中梁的投资拿地上体现得淋漓尽致。多位中梁高管表示：有人认为，中梁能发展那么快，是因为杠杆高，这个逻辑并不对，中梁前几年发展快，原因是吃透了市场的红利。

一是吃到了整个市场的红利。最近一轮楼市行情是2015年起来的，但其实早在2014年6月，限购政策就开始松动了，9月限贷政策正式松动。2015年5次降准、5次降息，牛市正式开始。事后来看，这一趋势是如此清晰。可是，当时很多房企和决策者其实是后知后觉的。最典型的例子是，2015年4月，有地产巨头宣布"接下来48天，我们要上100个项目"，竟被很多人说太激进了。而早在2014年，中梁董事长杨剑就认识到地产行业会迎来一个史无前例的大牛市。

二是吃透了三、四线城市的红利。中梁起家于温州，2015年冲出温州。彼时，温州已是二线城市，但中梁走出温州后，却坚定地布局三、四线城市，2015年布局了浙江全部地级市，2016年布局了苏皖赣的一些地级市和县。仅2016年7月，中梁就在三线城市拿了近百万平方米的土地。

结果是，中梁的业绩虽然2015年增长不多，但2016年却翻倍了。因为2016年一、二线城市开始调控，三、四线城市开始升温。当时，中梁认为，因城施策的调控对三、四线城市是非常有利的，因此，2016年10月之后，中梁进一步加大了在三、四线城市的布局。发迹于二线城市的中梁下沉到三、四线城市，其实对其本身来说是降维打击，但正是由于其大举布局三、四线城市时，大多数房企在一、二线城市厮杀，三、四线城市的竞争很小，其才可以以较低的价格拿到理想地块。

最终，三、四线城市的棚改力度超乎了想象，掀起一轮波澜壮阔的行情，并一直持续到了 2018 年三、四季度，而重仓三、四线城市的中梁从鱼头吃到了鱼尾。

但是，中梁并未被三、四线城市的繁荣冲昏头脑，早在 2017 年年底三、四线城市尚且火热之时，就开始积极拓展二线市场，相继进入杭州、苏州、佛山、昆明、重庆、长沙、合肥、青岛、西安、武汉、成都和沈阳等核心城市。在 2018 年年底三、四线城市疲态初显时，中梁正式提出转二线、转省会，二线城市占比快速攀升。在 2019 年上半年中梁新进入的 18 个城市中，新增项目二线城市占 40%，三线城市占 51%，四线城市仅占 9%。

在对市场温度的敏锐感知方面，中梁在百强乃至 50 强房企里面都是领先的，这是中梁发展最大的基础。这跟中梁一贯重视周期研究，建立系统的判断依据和标准密不可分。比如，2017 年，中梁就编了一个房地产周期使用手册，其中有一系列的判断依据和标准。这虽然只是历史的规律总结，并不可能完全准确，但也很有参考意义。

不过，看准了跟实际拿到地，还有很大的距离，因为城市能级越高，拿地的门槛也越高。要想在一线或者二、三线城市布局，中梁就必须要有商业等配套。为此，中梁开辟商业、产城 BG 等业务模块和业态。2018 年，中梁建立起了统一的商业、产业资源库，推进商业、产城联动拿地，提升专项投资策划、产品设计、商业或产业运营能力和融资能力。这与其 2016 年制定的战略一脉相承。

中梁的愿景是成为"卓越的不动产投资集团"，这意味着：第一，中梁必须加大二、三线甚至一线城市布局的占比；第二，除了"产销"住宅，中梁还必须持有不动产。中梁加大在二、三线城市的投拓力度，一是顺应趋势和周期，二是坚定不移地逐步向"卓越的不动产投资集团"的目标迈近。

二、先人后事激发组织活力，根据形势快速调整机制

一家公司取得成功有两个关键：方向要大致正确，组织要充满活力。这是 2017 年 6 月，任正非在华为战略务虚会上的讲话。

2018 年以来，规模房企频繁调整自身的组织架构，有的房企甚至几个月调整一次，显得十分折腾，但这又是十分必要的。因为到了这个阶段，规模房企的战略越来越趋同，仅依靠战略，房企已经很难跟竞争对手拉开距离，必须进一步激发组织的活力。而激发组织活力，一靠人才，二靠机制。中梁的快速崛起就离不开这两点。

阿米巴经营模式是稻盛和夫在京瓷公司的经营过程中，为实现京瓷的经营理念而独创的经营管理方法，我国很多公司都在学习，而将其在地产行业发扬光大的，则是中梁。

1. 建立人才引进和培养的体系

在 2020 年的业绩发布会上，万科董事长郁亮指出：万科这几年的战略比较清晰，但遇到了两大短板，一个是组织，一个是人才。万科从两年前开始解决组织适配的问题，但在组织适配战略下人才需要先行。而将《从优秀到卓越》（书中指出，要想让企业从优秀走向卓越，要遵循先人后事的原则……）列为每周高管学习重点书之一的中梁自然是深谙此道。

2014 年，地产行业低迷，开发商裁员司空见惯。可中梁却一口气招聘了四五百人，员工人数直接翻了一番多。这些人进来后只干一件事——培训学习，打造组织能力。这为中梁 2015 年和 2016 年的爆发做好了准备。

2016 年总部搬到上海后，中梁的人才猎取力度进一步加大：扩大校招，加大自己培养人才的力度，并同步建立全系统、全模块、全流程的长效生态培养体系，包括新员工系列、个人成长系列、专业提

升系列、管理提升系列、晋升发展系列等，内部培训与外派学习相结合。中梁关键人才发展培养全景图如图1-2所示。

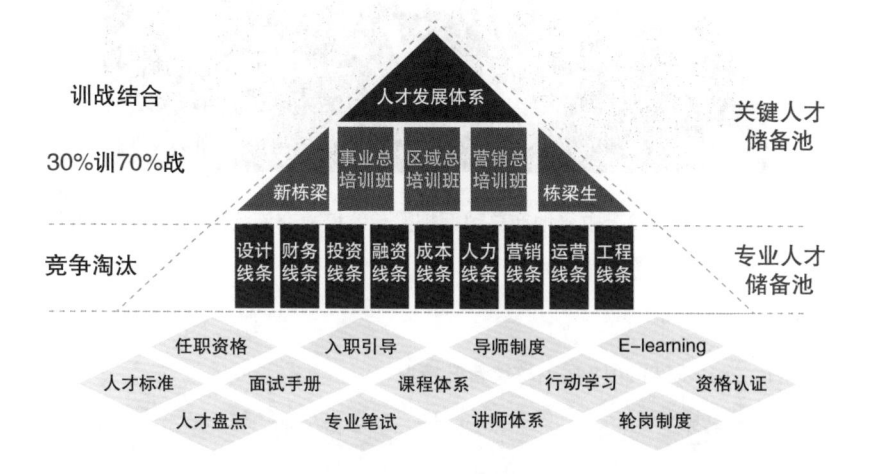

图1-2 中梁关键人才发展培养全景图

资料来源：中梁控股。

2020年，面对疫情，在大量积累的基础上，中梁迅速上线了层次丰富的培训课程，同时推出九大特训班。中梁的培训层次很多，场地也很多样化。图1-3所示的是中梁地产总部新栋梁长效培养交流会现场。

中梁也特别敢于提拔年轻人。大部分地产人，要做到事业部副总，至少得付出10年的努力，哪怕是做到经理也得四五年时间。可是在中梁，年轻人才被火速提拔的例子比比皆是。

其中，管培生显得尤为耀眼。从中梁内部数据来看，在2017届和2018届管培生中，有很多人在一两年内晋升为高级经理或经理，还有人两年升为副总监。表1-1就很清楚地展现了2017届和2018届新栋梁的成长情况。

图 1-3　中梁地产总部新栋梁长效培养交流会现场

资料来源：中梁控股。

表 1-1　2017 届和 2018 届新栋梁晋升情况

背景	职级	人数（个）	占比（%）
2017 届新栋梁 （91 人）	副总监	1	1.0
	高级经理	16	17.5
	经理	38	41.7
	主管	32	35.2
	专员	3	3.2
	留岗考察	1	1.0
2018 届新栋梁 （338 人）	高级经理	1	0.3
	经理	69	20.4
	主管	139	41.0
	专员	122	36.1
	留岗考察	5	1.5
	淘汰	2	0.6

资料来源：中梁控股。

猎聘网数据显示，中梁还被评为"2020年度变革非凡雇主"，是最受"90后"青睐的百强房企之一。未来，中梁对年轻人才的培养和提拔力度还将进一步加大。2021—2025年，中梁将每年至少引进500名新栋梁。到2025年，预计新栋梁总人数将达5 000人，30%以上的中高层岗位由新栋梁担任……同时，各区域集团、区域公司、业务条线都要从新栋梁中选出标杆，充分给予平台和机会，破格提拔、跨级晋升。

与此同时，为了让高管团队的价值得到充分发挥，中梁针对各个细分条线均开展了特训班。2020年，中梁地产学院联合地产集团各业务条线，经过精心策划和准备，成功开办九大特训班。具体来看，九大核心人才特训班按照组织结构、学员层级、条线分布，分为"组织一把手赋能计划"和"条线负责人赋能计划"两大类。

- 组织一把手赋能计划针对区域董事长、储备区域董事长、区域常务副总、事业部老总、事业部副总等群体，致力于培养区域公司、事业部两级组织的一把手及其预备军，是助推集团战略落地、指标实现、城市深耕、稳健发展的关键人才培养举措。
- 条线负责人赋能计划针对区域投资、营销、成本、财务、客关等关键条线的各级部门负责人，一手抓专业内功修炼，一手着力业务能力提升，倒逼业务条线负责人夯实专业功底、穿透团队管理，成为专业底蕴深厚、领导能力突出的高素质经营人才。

正因为如此，中梁的核心高管班子十分稳定，其中大部分高管均在中梁任职超过5年。在高管选用上，中梁也以内部选拔为主，外部招聘为辅，内部选拔占80%以上。

2. 建立算账和激励机制

20世纪90年代末，中国人民大学的教授在给华为做企业管理咨询，编写《华为基本法》的时候，其中一位教授包政问任正非："任总，人才是不是企业的核心竞争力？"

任正非的回答是："不是，人才怎么能是企业的核心竞争力呢？对人才进行有效管理的能力才是企业的核心竞争力。"

中梁大量引进、培养和提拔人才，是管理人才的一种方式，但不是全部。中梁阿米巴生态经营理念下的以激励机制为核心的管控机制才是关键。

2014年，中梁开始探索阿米巴经营模式，2015年就给一线充分授权。很多企业一管就死，一放就乱。中梁授权之后不仅没有乱，而且发展更加迅猛。这是由于中梁在充分授权区域和高度透明的自动核算系统基础上，还形成了自己独特的激励机制，提出了"事业合伙"、"费用包干"、"成就共享"、"项目跟投"和"专项激励"多层级激励体系，如图1-4所示。

图1-4 中梁多层级激励体系

资料来源：中梁控股。

为体现价值的长期绑定和即时激励，中梁设计了"中梁利益共同体魔方"，让控股集团、区域集团、区域公司在基本薪资、成就共享、跟投三个主要激励机制框架下共同成长、各司其职。

首先，控股集团与区域公司签署协议，管理费、营销费由区域公司支付。在阿米巴经营模式推行前，区域公司的管理费、营销费花销很大，但实行包干制之后，它们都不敢乱花了，因为省下的钱基本都归区域公司，超出部分则要从区域公司的奖金池里面扣减。

其次，中梁推出了成就共享及项目跟投激励机制。一个销售业绩30亿元的区域团队能拿五六千万元奖金！

对于项目跟投，控股集团一开始给区域公司4%，要求区域部门负责人及以上必须跟投。刚开始，集团还要给他们做思想工作，可是随着2016年本金和利润的分配，4%变得不够了，因为多名区域公司董事长的成就共享、跟投收益超过千万元，事业部总年收入数百万元。正是由于大家跟投特别踊跃，于是控股集团将4%增加到6%，之后又增加至8%。

由于赚多了是自己的，亏了要承担，所以，大家不仅干劲十足，而且拿地的时候一定是算了又算。控股集团负责评审的人也被强制跟投，这使得他们不敢大意，风险自然得到了控制。

3. 引入区域之间的竞争

除了充分激励，还有激烈竞争。2017年，中梁的组织架构还没有完全拉开。尚未拿到项目的区域，中梁称为筹备区域，集团会给这些区域公司董事长10人以内的团队和350万元费用，如果在6+3个月内，钱花完了没拿到地就解散。有项目的区域公司，若每年排名靠后或被降级为城市公司（第二年业绩逆转的话，可以重新复活为区域公司），不仅半年内不能拿地，地太多的还要割让给其他区域，或直接被淘汰。

因为目标是要布局全国，建立全周期、全结构、全模板经营体系，而当时区域公司的竞争量级不够，所以基于阿米巴生态经营理念，中梁提出打造"长效生态治理体系"（见图1-5）。2017年5月，中梁在原来的区域公司和集团之间又建了一级新组织——区域集团，区域集团的定位是以投资为龙头，承接控股集团的指标，对区域公司进行管控和支持。中梁首批成立了6个区域集团，将经营和业务全部下放到区域集团。原来的集团公司则转型为控股集团，主要专注于战略和商业模式的研究以及资本运作。

图1-5 中梁"长效生态治理体系"

资料来源：中梁控股。

为了便于理解，中梁内部有一个形象的比喻：在三级架构下，控股集团就像奥运会的组委会，区域集团是裁判员、教练员，区域公司是运动队、运动员，每一级的角色、规则都很清楚（见表1-2）。控股集团就是一个平台型、服务型的大后台。精简化的区域集团使得组织扁平化，能够因城施策，在部门独立核算，同时用具体的数字、报表和业绩反馈让高层快速感知市场温度，从而帮助其不断突破发展瓶颈。

016 / 大分化

表 1-2　中梁"长效生态治理体系"内各级组织分工

角色定位	组织	龙头	保障	支持	角色画像	功能定位
组委会	控股集团	战略、资本	组织、文化	生态、系统	大鹏（敢干）	战略模式生态系统
裁判员+教练员（顶、压、倒逼）	区域集团	投资、产品（地产）	运营、融资（地产）	人力、财务（地产）	鹰（会干）	经营创新业务支持
运动队运动员	区域公司	拓展、营销开发、进度	大项目管理设计、质量	财务、融资成本、客服	狐狸（能干）狼（想干）	实现经营加强竞争

资料来源：中梁控股。

整个机制根据形势变化，不断调整。比如，2019年，通过引入第三方咨询机构，中梁对阿米巴经营模式进行了优化，将"1335"密码升级至2.0版。上市之后，中梁对其进行了进一步调整，主要体现在两大方面。

（1）合并精简区域，强化深耕意识

组织架构迅速拉开，区域之间相互竞争，集团扶强锄弱，这些举措极大地激发了团队的干劲，帮助中梁在大行情下快速布局，抓住了城市周期波峰的红利。

2018年，中梁最多时有12个区域集团、70多家区域公司，伴随的是大量你来我往的交叉、竞争，甚至是无序的竞争。在市场上行期，这些问题可以被红利掩盖。可是，当市场进入平稳发展期，某个区域如果经营效率低、成本高，就势必会拉低整个集团的投入产出比。

将资源投入到有竞争力、团队成熟的区域，而不是一味地抢地盘，才能获得更好的结果。一些规模差不多的房企，在三道红线之后才开始认真思考这个问题。但中梁在2019年上市后，就基本上完成了区域的规整：区域集团由12个缩减为7个，以此孵化更多更具竞争力的强区域，促进区域深耕，保障集团在达千亿规模后还能快速扩张。

2020年，中梁又进行了优化，变成了6+1的模式，即6个区域集团加一个特别区域（粤港澳发展集团），区域公司由70多家变成了50多家，一些比较弱的区域公司就被直接合并掉了。在中西部、北方地区，一个区域集团负责两三个省的经营，下面有七八个区域公司，只有江浙的区域集团经营范围为一个省。如此一来，大家的深耕意识更强了！

（2）顺应市场变化，调整跟投机制

中梁的跟投机制一直备受市场关注，因为杠杆较高，在市场上行期，跟投的员工可以获得丰厚的收益，但进入平稳期，跟投风险也被急剧放大。其实，不只中梁，整个行业都面临这样的问题。

中梁的跟投总体上是赚钱的，但进入平稳期之后，因为个别项目不赚钱或者亏钱，确实会有一定的风险。因此，中梁审时度势，在2020年进行了调整：一是缩小了跟投的范围，以前部门经理及以上都强制跟投，调整后，只有与项目拿地、运营强相关的岗位才强制跟投，其他专业口的不再强制；二是降低了跟投的比例和杠杆，并且给大家保底，保证不会出现本金都亏没了的情况。中梁之所以不放弃跟投，是因为对关键岗位上的人，还是要有一定的捆绑，以降低风险。

在增速放缓之后，成就共享没以前那么多了。对此，中梁加大了专项激励，设置回款奖、交付奖等，这些奖励不跟项目利润挂钩，而

且发放很及时。

2021年，中梁在阿米巴管理的基础上，又进一步提出了DBS（数据库系统）商业模式（见图1-6），管理更加精细化、工具化。同时，中梁在原有的"专项激励""费用包干""成就共享""项目跟投"等多层级事业合伙人激励体系的基础上，进一步升级激励2.0模式，增加合伙人激励全面回报系统，根据合伙人岗位及贡献授予对应子集团原始股、匹配相应上市公司股权激励，与合伙人从"利益共同体"转向"事业共同体"，再到"命运共同体"。

未来还会不会变？中梁一直都是尊重规律、拥抱变化的，一定会根据变化对机制进行及时的调整。目前，中梁已经形成了调节机制：半年一回顾微调，每年年底做全面的复盘、梳理。

三、产品研发设计人员多达千人，高效运营确保细节全部落地

对于一家企业的战略，机制等，终端的消费者其实并不是很关心，他们关心的是这家企业提供的产品和服务。

中梁在2016年6月才开始做产品线，当年10月推出第一条产品线，次年就全部用到了新项目上。最终，中梁确立了香系、国系和御系3条产品线。中梁的产品线体系落地性较好，除了标准化的覆盖面较广，还有一个原因是标准选用的灵活度也很高。中梁有一个33NX体系（见图1-7），即针对3种市场，每种市场都有3条产品线，N则是每条产品线都有12大模块体系，X是指所有城市都有当地的户型库。

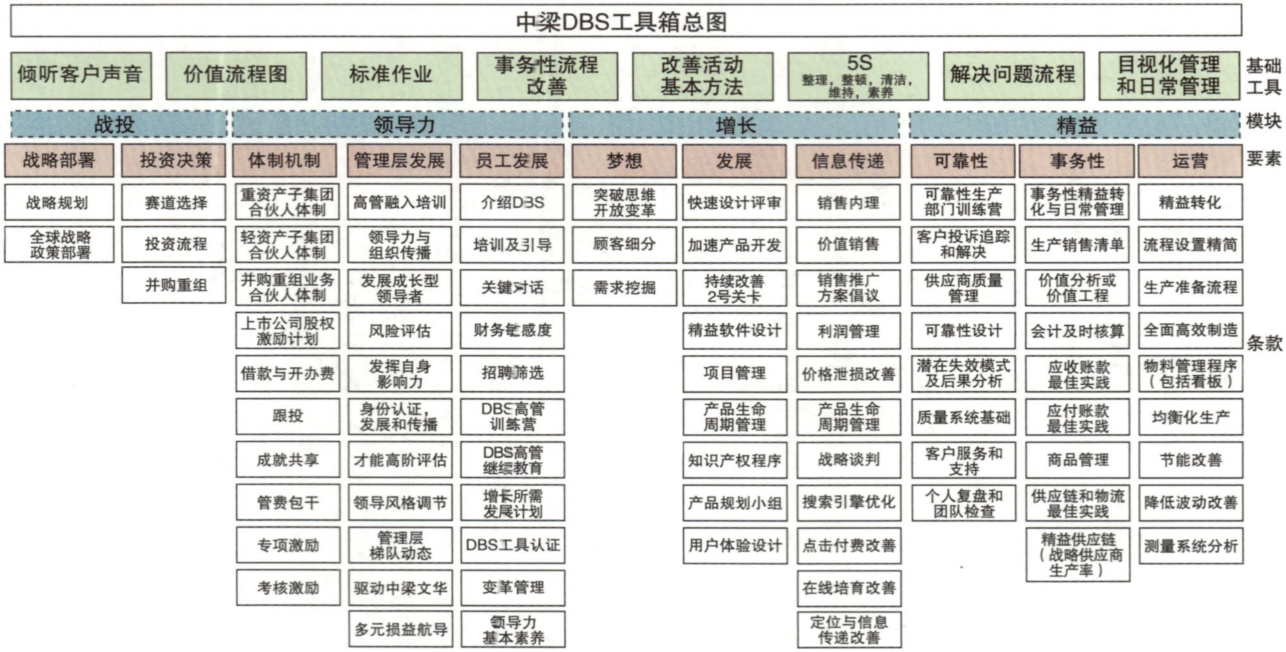

图 1-6 中梁 DBS 工具箱总图

资料来源：中梁控股。

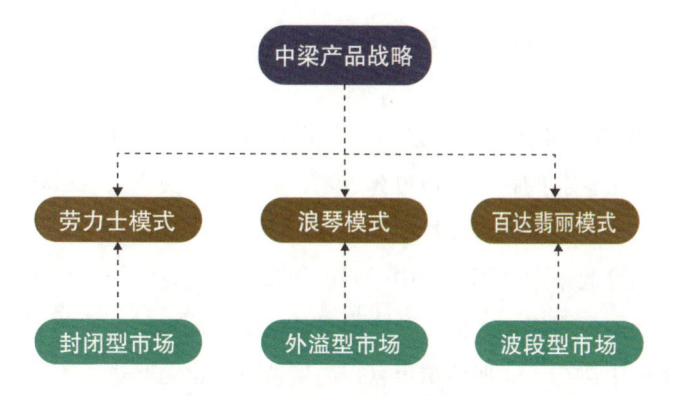

```
                    中梁产品战略
                         │
        ┌────────────────┼────────────────┐
        ▼                ▼                ▼
     劳力士模式        浪琴模式        百达翡丽模式
        │                │                │
        ▼                ▼                ▼
     封闭型市场        外溢型市场        波段型市场
```

图 1-7　中梁针对 3 种市场的产品战略

资料来源：中梁控股。

- 12 大模块可以灵活选用，即在 3 种产品体系下，区域公司可以在一定范围内自由调配选用具体模块。比如，选用哪种配置标准、哪种立面风格、哪套样板房，均由一线营销团队决定，只要没有超出测算的目标成本即可。
- 当地的户型库半年一更新，这样一来，不论从客户需求、成本配置还是规范的落地性来说，中梁的产品都是属地化、因地制宜、量身定制的，推动了公司标准化产品线在各级市场的全覆盖、微创新和快落地。
- 特别值得一提的是，33NX 体系中的"X"，不仅包括已进入的城市，还包括当时未进入的一、二线城市，中梁提前为进驻新的城市做好了产品方面的准备。

由于集团采取管头、管尾的管控模式，所以产品研发中心对项目只是定标准、验成果，其余大部分时间都在专心做研发、抠细节。2017 年，中梁开放在浙江嘉兴的批量精装研发基地，并推出有自身特色的批量定制精装体系。该体系将批量精装分为基础包和定制升级包两部分，客户可根据自身需求选用配置，获取可定制的标准化精装产品。

到2018年年末，中梁从事产品设计及研发的员工就超过了700人，如果把参与的物业人员也算进来，那么人数更多。中梁认为，物业服务实质上是产品的软性组成部分，产品的设计建造必须与物业服务需求结合起来做。因此，中梁要求物业人员全程参与产品研发。只要是物业服务可以切入的点，产品设计就要为此提供合适的空间。这不仅帮助中梁在三、四线城市获得高度认可，也为其进入一、二线城市做好了准备。

相比三、四线城市，一、二线城市的客户对产品的品质要求更高，其中尤以杭州为最。杭州客户对产品十分挑剔，外来房企普遍不好立足。对此，杭派房企有一种天然的自豪感。但中梁2016年进驻杭州，仅用两年时间，就于萧山区、拱墅区、余杭区、西湖区、富阳区、临安区等城市显要地布局八大项目，覆盖杭州大部分地区，而且涵盖高品质住宅、商业综合体等多种业态。中梁的产品实力，由此可见一斑。

2020年4月，伴随布局城市能级的提升，中梁在产品端适时进阶，将此前的"香、御、国"系全新升级为"星海、拾光、鎏金"三大系列，持续提升企业产品力。同年10月，中梁正式发布了4.0产品，基于"以人为本"的理念，从三个维度（场景迭代、健康探索、智能赋能）出发，以"9+N社区美好模块"为样本，完成了113个专项提升，囊括上千个细节点。

怎么将这些都落实到位，考验的是一家企业的运营能力。中梁早在2018年就对大运营体系进行了大量研究，并陆续将其落地。到2020年，中梁已经建立了比较标准的运营体系，包括全成本的管理模式、全周期的税务成本管理以及全面预算管理系统。

中梁还正在推进"三链"和"三个驱动"："三链"是指生产链、

供应链和客户链高效打通，避免在连接过程中价值不断地衰竭；"三个驱动"是指管理驱动、技术驱动、数字驱动联合发力，解决管理末端逐步失效的问题。

（1）在管理驱动上，收权和进一步细化标准

2017年和2018年，中梁快速发展，那时候它的做法是管头、管尾，中间不管，放手让区域集团和区域公司发展。这一举措确实放出了活力和增长的欲望，促进了业绩的增长，但也带来了一些问题。比如，战略采购和集中采购都放在一线，一线就可以定总包，效率确实高，但舞弊、腐败等问题也随之出现，还导致资源过于分散。又如，总包最高峰时有400多家，这导致每个总包承接的业务量很少，不利于培养志同道合的长期合作伙伴。只是在规模飞速增长的时候，这些问题被掩盖了。

进入平稳发展期之后，问题凸显。对此，中梁迅速做了调整：经营权还是充分下放，但将经济权往上收，打细管理的网格。还是以总包为例，到2020年年末，中梁的总包单位已经压缩到128家，集约度大幅提高，合作伙伴能够承接更多的业务量，也更愿意跟中梁同心同德，将项目做好。

中梁对区域的检查也在增多——集团各个部门每个月甚至每周都会下到区域检查，对区域提供支持，这带动了2020年中梁产品和服务质量的大幅提升。与此同时，中梁进一步建立流程模块，包括标准工期，通过对早期标准工期关键卡位点的梳理，进一步做好横向交圈、纵向到底，提高效率。

在运营方面，中梁把标准分为三部分：敏感性、功能性和固定性。敏感性和功能性只增不减，固定性要持续优化。随着对城市的持续深耕，中梁的标准成本会越来越准，最终形成中梁独特的成本体系。此外，在工程方面，2020年中梁也提出了一个三年计划，最

终目标是研发、设计各个条线结合起来共同发力，透过产品库的缺陷，提前预警，将风险前置，并通过中端和后端的补位，解决问题，真正地提升客户满意度，而不只是停留在基本的质量达均好水平。

（2）在技术驱动上，采用新技术和新材料

2020年，中梁在二线城市的很多项目已经在尝试用铝模爬架、全砼的结构，同时，请专业的第三方机构帮助检测和评估的体系在持续完善。例如，以前中梁只做一些实测实量，现在还做很多专项的检测，比如景观、示范区、精装等，帮助每个项目团队提高管理意识和质量意识。

（3）在数字驱动上，分阶段打造信息化体系助力决策

目前，中梁已经做了数字化的案场、数字化的巡检，还有一些项目在试点智慧工地，希望借助信息化的手段穿透管理，最终能够改善决策。此外，中梁还打造了两大平台：一个是造价平台，试图将内部的标准清单形成一个体系，将钱花在刀刃上；另一个是供应链管理平台，目标是形成规模后能做供应链融资，以提效增利。

2021年，中梁正式发布品牌年度主张——品质耕心美好。中梁还将通过开展品质"锻造行动"、筑造"梁匠工程"，从组织能力建设、专项提升行动、建造技术体系、优品标杆计划、客户价值传递等方面着力打造品牌，同时通过供方能力提升、第三方飞检、工程信息化管理等手段保证品质提升落地。

小　结

2020年是中梁"一五战略"的收官之年，"一五"期间，中梁快

速崛起,进入了前 20 强房企的队列。这得益于其超前的战略布局、强悍的执行力和快速进化。在外界视其为黑马时,中梁的目标是成为千里马,并为此不断调整姿态,这也正是其样板意义所在。2021 年,中梁正式开启"二五战略",下一个五年中梁会奔向何方,让我们拭目以待。

第二章
中国奥园：4年5倍，规模利润双高增长

2016年，中国奥园的销售额为256亿元。之后的几年，一些房企增长放缓，奥园却开始高速增长。2019年，其销售额增长到1 180.6亿元，为2016年的4.6倍。2020年，其销售额为1 330.1亿元，为2016年的5.2倍。

2020年受疫情影响，奥园规模增长放缓，但其归母净利润却增长了41%。另一个可圈可点的数字是——奥园的ROE（净资产收益率）多年保持在35%以上。

奥园为啥能发展得"又好又快"？很多业内人士都想了解。明源地产研究院独家对话了中国奥园集团执行董事、联席总裁马军（见图2-1），他将奥园的发展秘诀和盘托出了……

图 2-1　中国奥园集团执行董事、联席总裁马军

一、收并购 + 旧改：独特的拿地模式逐渐变成优势

与部分房企以招拍挂为主不同，2007 年在港上市以来，奥园 2/3 以上的土地都是通过收并购获得的，且其收并购投资占总投资的比例，在一些年份达到了 80% 以上。

2020—2021 年，奥园适当加大了招拍挂的比例。

目前，奥园收并购投资占总投资的 55% 左右，旧改占 15% 左右，剩下的才是招拍挂。之所以选择以收并购为主要拿地模式，一个很重要的原因在于：招拍挂要两次把地价款付清，而收并购的付款模式则比较灵活，安排得好可以降低资金杠杆。

近些年，随着招拍挂地价越来越高，收并购、旧改土地市场上的竞争越来越激烈，而奥园在这两个市场仍游刃有余，这是因为其已经建立起自己的护城河。

1. 决定收并购成败的核心因素，内外部缺一不可

收并购市场是一个复杂的市场。土地卖家既不是看谁规模大就卖给谁，也不单纯是看谁出价高就卖给谁。不同的土地卖家有不同的诉求，他们在寻找最匹配的买家。

马军认为，一家企业的收并购能不能做好，核心是看外部和内部两个方面。

（1）外部

是否有独特的收并购信息网络？能不能找到潜在的、优质的土地合作伙伴？有没有和他们形成长期的战略合作伙伴关系？

与很多人印象中的地产收并购是从零开始接触和谈判不同，奥园和很多收并购伙伴已经有10年以上的合作历史了。这些合作伙伴做了部分"一级开发"：他们拿下一块地，从一开始就不是奔着自己开发去的，而是为了在条件相对成熟后卖给奥园。

对奥园来说，这些合作伙伴相当于奥园投资拓展的"编外"团队。对这些合作伙伴来说，一方面，他们在把土地卖给奥园时，赚取了前期收益；另一方面，由于奥园允许一些合作伙伴保留少量项目股份，双方成为股东合作关系，他们又可以获得项目开发销售的部分收益。在这种双赢的局面下，双方的黏性也就越来越强。

奥园认为，所有的收并购合作伙伴都是需要长期经营的。一个新的合作伙伴，接触之后两三年内没有实质性合作，很正常。双方的合作是一个长期跟进、共同发展的过程。因为上市以来的十几年都在搞收并购，奥园的投资团队手里有大量合作伙伴，涉及众多的区域。

新的合作伙伴怎么拓展？老的合作伙伴怎么维护？奥园都已经有了自己独特的打法。

早期，奥园的城市布局尚未完成，收并购很多时候是"追逐资源"。比如，奥园在广州认识一个合作伙伴，得知他在别的城市也有

好项目，就跟着他去到别的城市做项目。近年，随着城市布局基本完成，奥园的收并购转向"主动引导"。具体来说，奥园会告诉合作伙伴，自己希望在哪些地方拿地，从而引导这些合作伙伴去奥园重点布局的区域拿地、拓展。

（2）内部

运营和投资的配合是否默契？法务和财务团队防风险能力强不强？合同履约意识强不强？

奥园在操盘收并购项目的过程中发现，收并购项目的运营比招拍挂项目要复杂得多。对于招拍挂项目，今天地块拍下来，明天员工就可以进场施工。而收并购项目，前面的股东关系要一步一步解决，也就要分步收购、付款；很可能合同签了，第一笔钱交了之后3个月，股权已经过了51%，施工团队还没法进场施工。面对收并购项目的特殊性，运营团队必须和投资团队紧密配合，彼此要有默契。

收并购项目还有一个特点，就是风险点多，容易踩到坑。想要不踩坑，负责收并购的财务、法务团队，就要很强。奥园有专门负责收并购的法务、财务团队，针对不同项目有不同的处理方式，能够迅速把项目的风险点分析清楚。这种强悍的能力，是在长期的合作中逐渐锻炼出来的。

签订收并购合同过程中的核心在于排险；合同签订之后，关键则在于履约。履约完成得好不好，不但决定了该项目本身合作是否顺利，还会影响企业在收并购市场的口碑。奥园对合同履约非常重视，因此在收并购市场塑造了良好的口碑。

2. 旧改能否成功，在各方诉求之间找到平衡最关键

奥园通过旧改获取的土地比例，正在逐渐增长。奥园早在2011年就开始了旧改布局，但因为旧改项目周期长，所以直到近年，数字

上才开始逐渐显现出明显变化。

奥园认为，想要做好旧改，核心是要做好以下三件事情。

（1）充分理解各地政策，找到最适合自己的区域，形成独特的打法

奥园的旧改项目，97%以上都在大湾区。奥园之所以选择大湾区作为旧改发力的重点地区，除了熟悉大湾区，更多是因为大湾区的旧改政策更适合奥园。举例来说，有些区域的旧改是以国企为主的；还有些区域的旧改不能搞一、二级联动，一级开发做完了就得拿出去招拍挂，而且一级开发所获得的收益也很少。而在大湾区，民营房企对旧改的参与程度不比国企低，一级开发可以获取的收益不少，并且旧改可以一、二级联动的城市也很多。

（2）要对各种问题做出预判，还要"舍得"

旧改比一般的土地开发项目要复杂得多。举例来说，在推进过程中，房企要不断预判并回答以下一些问题：

- 土地性质是啥？是否符合政策，符合什么政策？
- 符合政策以后，该地块是单独改造，还是要联合其他地块一起改造？改造以后的返还比例是多少？
- 在各个地块里，容积率的上限是多少，下限是多少？
- 基准地价怎么洽谈？周边的市政，能引入学校、地铁以及其他配套设施吗？
- 赔付的标准是什么？补偿方案如何才能够获得村民的认可？
- 当地的方言是粤语还是客家话？旧改团队如何组建才能让村民有亲切感？要如何跟进才能融入？
- ……

这些问题里的任何一个，都关系到项目的成败。

总的来说，旧改相当于是和地方政府一起做规划，房企凭借自身做出的贡献，获得合理的收入。这是一个"舍得"的过程，没有付出，也就没有收获。举例来说，本区域有两个相邻的地块，甲地块收益比较高，可以赚 5 亿元，乙地块收益比较低，可能要赔 2 亿元。政府可能就会安排同一个企业同时操作甲、乙两个地块，该企业用甲地块赚的 5 亿元补贴乙地块之后，还能赚 3 亿元。

（3）能够了解各方不同诉求，平衡各方诉求

旧改项目的相关方不止地方政府一个，地方政府也不止一个层级，所以如何平衡各方诉求，成为关键中的关键。奥园在长期的实践中，总结出以下一些经验：

- **村集体和村民的诉求，长短期都有**。短期来说，希望有一笔比较可观的补偿金，每家每户都能分一点。长期来说，希望能有一些可以持有的物业，有稳定的租金等收入，年年都能分红。

  从历史文化角度来说，旧改不是一种纯商业行为，原村民对当地的特色文化和老建筑有自己的感情，如果你要完全推倒重建，那么多出钱你也很可能会失败。

  奥园在珠海翠微有一个旧改项目，里面的很多文保单位，都被保留了下来。同时，奥园在老建筑的基础上，根据原来的风格又新建了一些建筑，并开发了一条商业街。这样一来，当地原来的特色文化和未来的商业运营就融为一体了。这样的旧改，原村民就比较喜欢，因为他们想保留的都保留了，还增加了一些配套。

- **镇和街道一级，希望能增加稳定的税收**。具体来说，就是希望开发商能在项目里引进一些产业。

- **市和区一级，希望项目有规划亮点。** 比如，项目有没有特色，能否让人眼前一亮？引入的产业有没有特色，与本市、本区原来的产业规划是否合拍？

企业最终给出的方案，要兼顾以上各方的诉求。

（4）能够预判风险，分散风险

旧改的推进，是一个千军万马过独木桥的过程。每个城市每年的旧改审批数量是有限的，虽然看上去有很多地方都在申请，但最终通过的只有几个。如果说一年内有100个村子提出旧改，那么推倒拆赔的村子可能只有20个，最后挂牌的村子就剩3个。对于其他97个村子来说，风险都还存在。但如果不跟进，你又无法获得这3%的机会。未来再推出来的旧改村，成功的可能性比这100个村子还要小。

奥园长期在珠三角深耕，对地方政府和市场都很熟悉，在旧改上已经形成了自己独特的打法。奥园做旧改，不是一开始就做前期，而是兼有从前期、中期、后期各个阶段切入的项目，这样就分散了风险。

上文提到的很多收并购的合作伙伴，之前可能不做旧改，但因为奥园的鼓励引导，也开始做旧改。对奥园来说，自己做旧改和通过合作伙伴做旧改，是互为补充、相互依存的关系，因为：

- 如果全部是自己做，周期太长，风险较大，命中率太低且资本市场评价不好。
- 如果全部是合作伙伴做，奥园就不能赚到足够的旧改红利，最终到手的利润就少。奥园认为，在旧城、旧村、旧厂改造中，旧厂改造风险最小，旧村改造次之，旧城改造最难，其中最核心的问题在于谈判主体的多少。

旧厂改造，和工厂老板、股东谈好就行。一个地块上若有4家工厂，总共可能也就五六个老板，一一谈下来，达成共识，相对简单。

旧村改造，表面看起来涉及几百上千的原村民，但有村委、股份公司等一级组织存在，也有一些意见领袖，只要和他们达成共识，村民们一般也就接受了。

可在旧城改造中，老小区里每套房子的业主都不同，他们的诉求也不同。有的小区没有组织，有的小区有业委会，但起的作用有限。基本上，几百套房子要一套一套谈下来，涉及多个后代继承的房子则更加复杂。

3. 根据自身优势，深耕核心区域

奥园地产板块目前的项目布局集中在粤港澳大湾区、中西部核心区、长三角、环渤海等区域，其会持续深耕。在奥园的战略布局中，这几个区域所起的作用各不相同。在大湾区，旧改的量比较大，可以确保利润产出；长三角区域市场基本面好，但限价严重，可以帮助奥园稳步提升销售规模；中西部区域，量价都有机会，但要精选城市、区域。

就比例来说，奥园在大湾区的占比会逐渐加大，随着旧改项目逐渐成熟，未来几年内，大湾区销售额占总销售额的比例可能会超过40%。就城市量级来说，未来三五年里，奥园的策略是聚焦一、二线城市及周边市场。长三角、珠三角区域已经形成城市群，周边的三、四线城市实际是在上海、广州、深圳周边，承接了一、二线城市的外溢，比如东莞、惠州、中山的深圳客户很多，广州的客户去到佛山的也很多。

只在核心区域深耕，背后是奥园的两个战略追求。

- 在三道红线之下，不再追求规模的快速增长，保持适度增速就好。

- 追求高质量增长，将利润列为第一追求，而深耕是获得更高利润的法宝。

追求高质量增长，除区域深耕和谨慎拿地之外，还要加强内部的管理。近年，奥园在组织架构调整、提升运营效率方面也做了很多工作。

二、提升运营管理能力，必须做好三件事

马军认为，区域深耕的核心目的是提升利润率。市场好的时候，投资很重要，好项目拿下来，即使运营管理没那么精细，也可以获得比较高的利润。而在当下，市场相对横盘，同样的项目，运营能力强的企业能赚钱，运营能力弱的企业可能会亏本。因此，奥园也越来越重视后端的管理和运营了。

奥园认为，地块的谨慎选择、制度的完善和优秀的人才加在一起，才能组成真正能够提升利润的区域深耕策略。近几年，奥园在提升运营管理能力方面，做了以下三件事。

1. 组织合并：让区域规模更合理，激发高级人才潜能

奥园目前是2.5级管控：有的地方，是集团—区域两级；有的区域，则在集团—区域之间，还有一个大区。奥园之前做过一轮组织合并，核心是把小的区域合并起来，组成比较大的区域。奥园2021年进入深耕3.0时代，精简架构，打造年销售额100亿~200亿元的核心城市公司，同时希望非核心城市公司年销售额达到50亿元以上，实现1 500亿元的规模（见图2-2）。

奥园经过"布局—聚焦—深耕"三部曲完成全国化布局，由区域性房企成长为全国性规模房企。2021年进一步优化城市结构，集中资源、精耕细作打造百亿级城市根据地，形成"中心城市+卫星城"布局

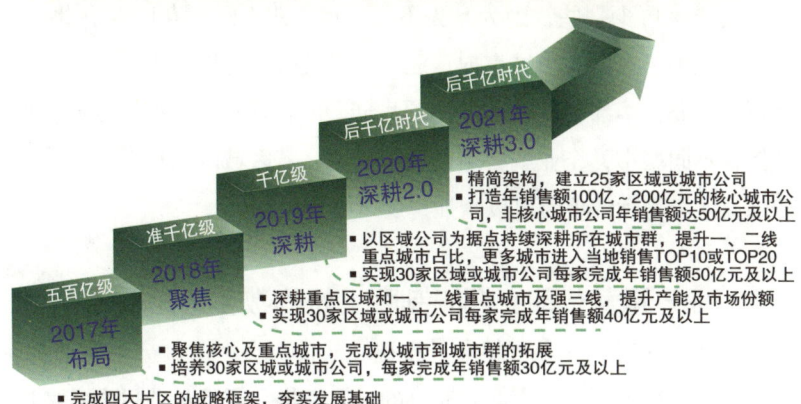

后千亿时代 2021年 深耕3.0
- 精简架构，建立25家区域或城市公司
- 打造年销售额100亿～200亿元的核心城市公司，非核心城市公司年销售额达50亿元及以上

后千亿时代 2020年 深耕2.0
- 以区域公司为据点持续深耕所在城市群，提升一、二线重点城市占比，更多城市进入当地销售TOP10或TOP20
- 实现30家区域或城市公司每家完成年销售额50亿元及以上

千亿级 2019年 深耕
- 深耕重点区域和一、二线重点城市及强三线，提升产能及市场份额
- 实现30家区域或城市公司每家完成年销售额40亿元及以上

准千亿级 2018年 聚焦
- 聚焦核心及重点城市，完成从城市到城市群的拓展
- 培养30家区域或城市公司，每家完成年销售额30亿元及以上

五百亿级 2017年 布局
- 完成四大片区的战略框架，夯实发展基础
- 培养15家区域或城市公司，每家完成年销售额30亿元及以上

图 2-2　奥园的布局趋势

奥园之所以做组织合并，要求区域规模在50亿元以上，主要有以下一些原因。

- 如果区域管理规模太小，就不能让高能级人才施展全部的能力，个人收入也不会太高，也就无法吸引、留住真正的高能级人才。
- 区域规模不够，就很难在区域内拥有足够的影响力，做不到真正的区域深耕。
- 区域影响力足够，才能和更多同行谈合作。

当然，区域规模也不是越大越好。区域规模太大，区域核心管理层精力有限，管理效果就会打折扣。

马军认为，在精细化管理的背景下，如果一个区域的项目都在同一个城市内，区域总又要关注到所有项目，那么区域公司的管理上限

应该为8个在建在售的项目，再加上4~6个尾盘。如果该区域的项目不是在一个城市内，而是在一个省内，那么区域总管理的项目数量上限还应该再少一些，因为其去不同城市，路上还要花时间。此外，如果区域项目在同一个城市内，区域主要负责人可以天天去看，企业就可以采取"本部＋区域部门＋项目部"的管理模式；如果区域项目分散在不同城市，企业就必须设置项目总，若区域内项目总整体能力较强，区域管理的项目可以增加，反之则要减少。

2. 提升运营效率：好的制度＋好的数字管理系统

奥园目前对"三会"越来越重视。从投决会、定位会到启动会，奥园都抓得很细，不仅事前有充分的计划安排，而且从项目准备拿地的时候开始，后续的工作就已经全部衔接上了。举例来说，奥园早期的启动会一般只明确关键节点，即什么时候开卖、去化率多少等。而奥园现在的启动会，增加了工程策划、成本策划等内容，且对成本策划里面包括的所有目标成本及产品的系列、档次等，都做出了详细规定。

前期有详细预案，不仅提升了阶段与阶段衔接的效率，也控制了风险。要想在项目每个阶段及时发现问题，进行监督就很重要。马军说，奥园和明源云合作开发的大运营火炬系统发挥了关键作用。有些房企发现问题是靠人来发现的，比较慢，发现问题再解决可能已经晚了；而奥园的大运营火炬系统可以即时发现问题，提醒你及时想办法解决。

制度和系统之外，人的因素也是相当重要的。同样的制度和科技系统，照搬到另外的企业去，不一定能产生一样的效果。因此，奥园对人才的激励，也有自己独特的思考。

3. 激励要适度：让大家把企业利益放在第一位

在企业文化方面，奥园提出要做学习型组织，所有人要有二次创业的干劲。在激励制度方面，奥园最开始采取普通的"固薪＋奖金＋绩效"的模式，后来引入了跟投制度。马军认为，激励制度本身没有绝对的好坏，关键是要"适度"。

在奥园内部，既不会过度激励，也不会过度惩罚。如果过度激励，员工的很多动作可能会变形，短期行为就会增多。比如说收并购，如果奖金过多，员工可能会为了奖金而隐瞒很多事情，项目后期就可能会出问题。过度激励可能会让员工采取短期行为，杀鸡取卵。适度激励，才能引导大家做长期打算，把企业的利益放在第一位。奥园希望员工拿到的奖金和总薪酬之间有一个合理的比例，这个比例既会让员工有动力，也不会让其铤而走险。同样，奥园的跟投也是适度跟投，不会鼓励员工押上全部身家。

近年，随着地产市场的主流客群由刚需逐渐转向改善，房企的产品力越来越重要。而奥园从2016年起，就开始了一场全面提升产品力的革命。

三、标准化＋研发创新，奥园的产品正全面升级

2016年之前，奥园的设计研发工作分布在区域公司，处于各自为政的局面，当时奥园各地的产品看起来各有千秋。2016年，奥园将设计人员统一收归集团，开始进行强力统筹。近几年，奥园的产品力有了长足的进步，主要表现在以下几个方面。

1. 从刚需到改善、高端，销售均价稳步提升

奥园之前的销售均价在每平方米1万元左右，以刚需为主。近几年，奥园产品研发部门成立了高端项目组，研发出一些售价较高的产

品。奥园希望，凭借产品升级，再配合更好的地段和更好的客户满意度，让整体销售均价至少上涨2 000元，使得奥园的产品更有影响力、更具品牌口碑。

2019年，奥园发布了A+产品体系。A+产品体系由居住家、邻里家、匠心家、服务家、城市家五个部分组成，涵盖了客户在不同空间尺度下的活动场景，进而形成奥园完整的5A+产品与服务价值体系（见图2-3）。

图2-3 奥园5A+产品与服务价值体系

2. 模块标准化、区域标准化共存，让产品适应能力更强

奥园很早就意识到，各个区域的客户需求是不一样的，所以奥园的产品标准化有两个体系。

- 一个体系是集团层面的模块标准化，即把全国需求差不多的通用模块中最优秀的做法归纳总结出来，进行全国推广。比如，公共部位的装修以及门头、大堂、电梯厅等，都是可以模块标准化的。
- 另一个体系则是区域标准化，即在规模比较大的区域，根据当地客户的特点进行归纳总结，然后在该区域应用。一个团队在一个城市开发几十个项目之后，就有了自己的产品积累，其标准会更加精准，更契合当地客户需求。比如，南方喜欢开放式的大露台，而北方喜欢做封闭阳台。

3. 总结和研发两条腿走路，推动产品不断进化

奥园最初的产品标准化体系，是通过总结早年优秀项目里好的细节并进行模块化后得出的。而从2019年开始，奥园每年都会做4个非标准化的高端项目，要求就是必须做一些原创性的创新。这4个项目由集团直管，核心目的就是通过这4个项目的创新实践，产生更多更新的好的细节和模块，让集团的标准化体系不断进化。

除项目实践研发之外，奥园还有一个名为"A+工坊"的研发基地（见图2-4）。奥园A+工坊位于奥园总部所在城市——广州市番禺区，占地5 000平方米，包含品牌与产品主张路演区、室内研发工作区、景观研发工作区、材料图书馆、工法展示区五大功能区域。A+工坊集中展示了奥园的标准化产品套系、工艺工法及集采成果，将精装样板间、建筑户型、新材料等研发成果进行实体化验证，确保产品落地质量。这个基地一方面是个产品实验室，另一方面又是展示奥园产品成果的窗口，同时还是一个内部培训的学校。

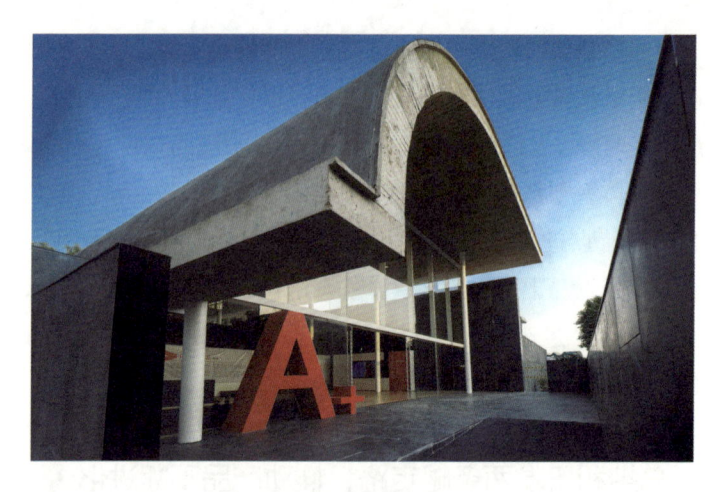

图 2-4　奥园 A+ 工坊

　　在产品创新的过程中，奥园专业的客研人员、与一线客户接触最多的营销人员，还有设计部门都会参与进来，进行联合共创。具体来说，奥园在打造产品时通过前端客户需求摸排、后端老业主深访、针对过往项目及其他开发商产品的缺陷和客户痛点来进行产品升级创新。在创新过程中，奥园通过数字化 VR（虚拟现实）效果呈现、虚拟样板房体验、核心客户意见反馈、同行征询等手段来实时反馈创新产品的接受度，并拉通地区公司报规保证创新的功能性、落地性、接受度；通过拉通"客研中心"和"投资中心"，针对不同城市不同区域的城市地图及产品地图，对全国 87 个大中城市完成了研究，汇集168 个数据维度对每个城市进行战略解读，形成客户细分体系，为创新产品的落地夯实基础，保证创新产品的客户接受度及落地性。

　　奥园产品力的提升，在一些项目的实际操盘中也得到了体现。以西安奥园璞樾 ONE（见图 2-5）项目为例，该项目为奥园收购的某标杆房企的项目。奥园对其进行了后续开发，针对前期客户痛点进行了回访和摸排。奥园主要总结如下：

- 规划产品面积段太多，造成客户选择困难。
- 外立面成本偏高，效果不明显。
- 精装配置和房价不匹配。
- 单户总价压力大。

图 2-5　西安奥园璞樾 ONE

基于此，针对一期项目的现状和反馈问题，奥园在二期产品上通过提高产品力创造高溢价、高去化，产品推出后获客户高度认可。

- 结合目标客群定位对二期户型面积段进行重新分配。
- 原一期立面标准不变，二期优化外立面节点做法、控制非主要功能房间窗地比。
- 针对一期客户反馈的精装成本使用不均衡问题，调整未售楼栋精装功能，通过增加大量实用性功能模块、控制纯效果观感类成本投入，在同样的装修标准下，解决客户未来生活使用痛点及增加弱电智能化内容。

小　结

从造房子到造生活，奥园正在进化。

2021年年初，为了应对新形势，奥园果断进行了组织架构的调整，将旗下地产板块归结为幸福人居产业板块，包括住宅开发、商业综合体、写字楼等业态，而将非房业务板块归结为悦康生活产业板块，包含健康、文旅、科技、医美、资本、电商等业务。

奥园和明源云等企业合作，目前正在尝试打通旗下各业态、各业务的消费群体，最终把旗下的商业、酒店、医美、文旅、物业增值服务、全民营销等全部拉通。奥园希望让所有客户都成为自己的会员，通过一个入口就可以享受到所有服务，也让自己旗下的各种业态、业务都能相互导流、互相支撑。这样一来，客户就不仅是买了一套房子，而是买了一套生活方式。

奥园这一梦想未来能否实现？我们拭目以待！

第三章
新希望地产：双向赋能的持续稳健发展之道

快周转、上规模、冲千亿……2018年以前，这是地产行业的主旋律。2018年以后，特别是三道红线之后，大部分有先见之明的房企都已经由追求规模转向寻求高质量增长。

这个时候，此前那些不太追求规模的房企反而异军突起了，比如新希望地产，其2020年销售额较上年增长了近40%。从2014年正式发力开始至2020年，新希望地产的年销售额复合增长率超70%。凭借高质量的稳健增长，新希望地产荣获"2020中国房地产开发企业成长速度TOP 10"。

新希望地产过去是怎么做的？未来准备怎么做？对行业格局怎么看？这些问题的答案对行业肯定有不少借鉴意义。明源地产研究院独家对话了新希望地产执行总裁姜孟军（见图3-1）。他表示，面对市场和政策扰动，关键是要练好内功，抓住经营的本质。这是过去新希望地产快速成长的秘诀，也是未来面对不确定性最强大的武器。

图 3-1　新希望地产执行总裁姜孟军

一、把握经营本质练内功，将稳健发展放在首位

最近，供地两集中政策在各地陆续落地，加上此前的三道红线、房贷集中制度，组成了地产行业的三大新政，对房企的要求进一步提高。供地两集中政策传出的次日，地产股集体大涨，龙头企业领涨。因为资本认为，规模房企在未来的竞争格局下会更有优势。

姜孟军指出，这一轮调控有几个明显的特点：第一，调控是长期行为，打破了过去 2~3 年的小周期；第二，要求越来越高、越来越严格和精细化。调控是为了行业持续健康发展，从长远来看是好事，新希望地产一直以欢迎的态度面对，因为无论什么政策，对所有企业都是公平的，行业要向前发展，要求一定会越来越高。对于像新希望地产这样的稳健房企，即便没有三道红线，其也一直按照这个标准在要求自身。

新希望集团创立于 1982 年，至今已有近 40 年的历史，企业历史长、涉足产业多。新希望地产只是新希望集团的一个产业板块，而集团经历过众多大大小小的经济、行业周期，因此新希望地产也十分注重风险管理。地产开发是资金密集型活动，无论是三道红线、房贷集中还是供地两集中，都非常考验企业的资金实力。早在政策出台之前，新希望地产就一直将负债指标控制在绿档之内，因此受到的冲击极小。

未来，行业的容错率会越来越小，中小房企以及极少数资金链紧张的规模房企的压力会比较大，弯道超车已基本不太可能。因此，接下来很多房企都会把高质量增长、安全稳健放在最重要的位置。

姜孟军认为，面对挑战，关键是把握经营的本质，练好自身经营能力的内功。所谓经营的本质，一是尊重市场规律，二是把客户放在最重要的位置。土地集中释放带来的影响有两方面：一方面，土地基于自身属性在价值上有差异，十分考验公司对市场趋势的判断；另一方面，由于产品的集中供应，购房者肯定会选择品质更好、口碑更好、品牌更好的楼盘。

新希望集团将主要精力倾注于农业和消费升级上，对地产开发，一直不追求规模。这使得新希望地产不焦虑，自然有足够的精力关注经营质量的提升，有机会时多做一点，没机会时就少做一点。

二、投资坚持城市和战略聚焦，没达到既定指标坚决不拿

2020 年，受新冠肺炎疫情的冲击，很多房企的规模增长都受到不小的影响，但新希望地产仍然保持了良好的增长势头，这与其投资布局密不可分。

1. 坚持城市聚焦，布局新一线和强二线

虽然新希望地产的规模增长得很快，但其城市逻辑一以贯之，一直坚持布局新一线和强二线城市。一线城市原则上不进入，因为在一线城市开发项目，对资金的需求量大，受调控的影响也大。三、四线城市受调控影响小，有周期性机会，但是从长周期来看风险大于机会。

姜孟军认为，新一线城市和强二线城市，人口持续流入，每年对房产的需求量依然比较大。对西部的中心城市、省会城市以及东部的重要城市，新希望地产持续看好。短期内，这些城市也会受政策调控的制约，但只要有足够强的经营能力，它们的确定性就很强。

当然，即便是对看好的城市，新希望地产也不贪多求大。因为新希望集团在全国很多城市都有产业，地方政府会顺带邀请新希望地产去做一些投资。但是，只要不是战略选择的城市，新希望地产就坚决不去。由于一年只新进一到两个城市，到现在为止，新希望地产只进入了15个新一线和强二线城市。

2. 坚持战略聚焦

新希望地产选择的城市少，但是一旦进入，就会迅速拿到3~5个乃至更多项目。比如，其2018年刚进入杭州时，死磕萧山，熟悉之后才逐渐铺开，到现在已经有十几个项目。姜孟军坦言，过去几年新希望地产一直保持着稳健的发展态势，很重要的一个原因是城市布局得好，坚持在新一线和强二线城市的核心区域拿地，从而享受了这些城市发展的红利。

其间有不少地产项目因为拿地价格太高，面临亏损的局面。反观新希望地产至今没有亏损的项目，其原因主要是严守投资纪律，坚守资金回报、净利润等基本指标红线。据姜孟军介绍：有些热门城市及区域，比如杭州、南京、粤港澳大湾区等，新希望地产跟进了一两

年，参与了上百次的土拍才成功进入，但其并不着急，只要没达到既定的投资指标，就坚决不拿。

新希望地产认为，无论多热门的城市，总有窗口期，重要的是抓住这个窗口期。新希望地产的投决委员会经常在听取上百块土地的汇报后，才会谨慎地拍下1块。由此可以看出，新希望地产的稳健适度发展绝不只是说说而已。

3. 用产业为地产赋能

相比一般房企，新希望地产有个很大的优势，那就是背靠强大的集团母公司。

近年来，热门城市的地方政府在出让土地时，将门槛抬得越来越高——除了做住宅开发，还要落地产业配套，而这恰恰是新希望地产的优势所在。新希望集团共有八大产业，依靠产业板块联动来做产城融合，有其他房企无法比拟的优势。用产业的心、产业的基因，为地产开发赋能，这是新希望地产的创新模式。新希望集团内部有个提法，叫用民生产业链赋能美好生活场景（见图3-2），其中包括三个层面的内容。

一是乡村振兴。2020年，新希望地产在成都东部新区的种子乐园开放营业，作为一个纯粹的农业项目、儿童的自然教育基地，其开业4个月游客就达到了30万人次，位列西南地区景区人气榜第9名，而原因就在于新希望地产将农业、文旅完美地结合在了一起。目前，这种项目在浙江、云南等地也正在持续推进落地。

二是产城融合。新希望集团诸多产业在各个城市都有发展需求，用地产把它们整合联结起来，就能创造更多的价值。新希望地产真正给地方政府带去了产业落地，也帮助集团内各个产业更好地融合联动。

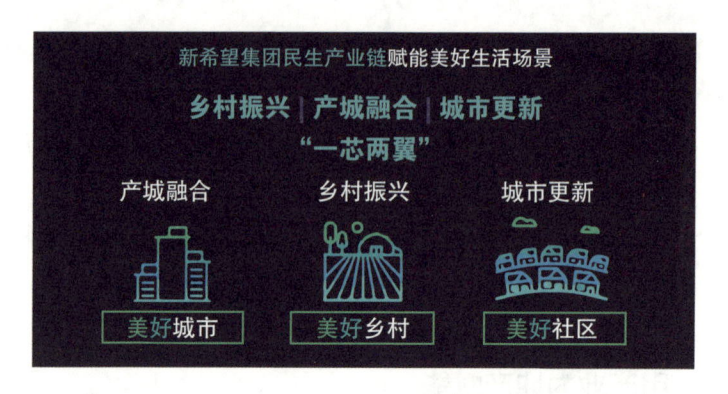

图 3-2　新希望集团民生产业链赋能美好生活场景

资料来源：新希望地产。

三是城市更新。新希望地产做城市更新更多是站在城市视角思考问题的，而非房地产角度，因此其参与的城市更新力争落地众创空间。目前，众创空间有四种模式（见图3-3）：第一种叫美好生活小站，一般是3 000平方米的小街区，服务周边两三千户人家；第二种是美好生活街区，一般在10 000平方米左右，会覆盖5 000~8 000户人家；第三种是美好生活中心；第四种是美好创客小镇。

图 3-3　新希望众创空间四大产品体系

资料来源：新希望地产。

成都的茶店子落地了美好生活小站，把党群、社区服务、邻里融合在一块，目前已经取得了很好的效果。成都九里堤落地了美好生活双创特色街区（见图3-4），这个街区以前是周边居民搓麻将的一条街，改造之后，变成了文青汇聚的网红打卡点。

图3-4　九里堤新希望美好生活双创特色街区

资料来源：新希望地产。

因为这些创新，新希望地产不仅得到了很多的荣誉，而且获得了各地政府的青睐，天津、宁波、中山等城市纷纷向新希望地产抛出橄榄枝。

三、体系和标准加持，品质不为成本和进度让步

众所周知，杭州对地产项目的品质要求极高，但新希望地产自2018年进入，短短两年内就拿下十多个项目，在南京、宁波、苏州、温州等地也有不俗表现，足见其产品力很强。

姜孟军坦言，刚进入温州时，新希望地产的规模还比较小，而且

大家普遍认为新希望集团主要是做农业的，对新希望地产开发的产品有所怀疑。但几年下来，大家发现新希望集团做地产就跟做农业一样，非常实在。

首先，新希望集团是干实业的，天生就有制造业的基因，而且集团要求地产板块要向其他板块看齐。

其次，新希望集团的主业是农牧食品产业，而食品最重要的是安全。因此，新希望地产对产品的要求是：做到食品级的安心。在硬件投入上，新希望地产有严格的指标，以保证品质。

新希望地产的员工都知道"品质不为成本让步，品质不为进度让步"这条内功心法。因为在新希望地产，产品是"一把手工程"，总裁是"01号产品经理"。

在2019年供应商大会上，新希望地产"大工程体系"发布了有史以来最严苛的《项目质量管理体系》，通过"品质五大军规"（见图3-5）和标准化流程，解决品质项目打造和全国项目整体品质提升的核心问题。

FIVE MAJOR PROVISIONS OF QUALITY
品 质 五 大 军 规

- 产品属地化创新
- 以客户感受为设计尺度
- 建立设计应用研究院
- 工程样板先行科学决策
- 示范区实景化所见即所得

图 3-5　新希望地产品质五大军规

最后，新希望集团的主业一直都是低利润的农业。以饲料为例，其利润率几乎都在 1%~5% 之间，利润指标都是按分计算的，不像房企动不动以亿计算。集团在精细化管理方面稍微不注意，项目就会亏损，其已经习惯了低利润和长期主义，而这也让新希望地产练就了精细化内功。

农业的管理比房地产精细得多。以养猪为例，新希望集团已经把养猪分成了 900 多个环节，然后在里面找关键点。新希望地产向集团农业板块学习了很多：一是在做投资测算时不抱侥幸心理，不会有太高的预期；二是对利润的要求没那么高；三是将管理不断细化，在每个环节寻找关键点进行效率提升。

新希望地产从最早没有运营，到运营 1.0，再到现在的运营 2.0，不断迭代，快速实现了精益化运营。比如，在周转率方面，新希望地产一直提倡科学周转，因为周转过快会带来品质的不稳定；再比如，新希望地产内部职能高度交圈，尽量减少无效时间和成本。

产品力为新希望地产提供了强大的支撑。新希望地产个别项目老带新的比例达到了 68%。姜孟军表示，最高级的营销就是让销售变得多余，房子开发出来很快就卖掉。新希望地产一直以此作为目标。

2020 年 3 月 12 日，新希望地产在官微发布《2020 春季希望宣言》（见图 3-6）：365 天降价双倍补差，没有任何限制条款！这次"降价补偿政策"并不是新希望地产的第一次，早在 2018 年温州楼市低迷时期，其亦有类似的举措，足见其对自家产品的自信。

四、推动数字化，实现精益化运营管理 2.0

2020 年，在新冠肺炎疫情冲击下，线下商业受到严重影响，线上商业却大放异彩，各行业的数字化大大加速。距离线上较远的地产行业也发现，现在的环境必须要在数字化上有所投入。60% 的前 50 强房企 2020 年数字化投入超 1 亿元，过半数房企的信息部门由副总裁亲自挂帅。这在之前是想都不敢想的，因为地产公司的技术部门长期以来都是配角中的配角。

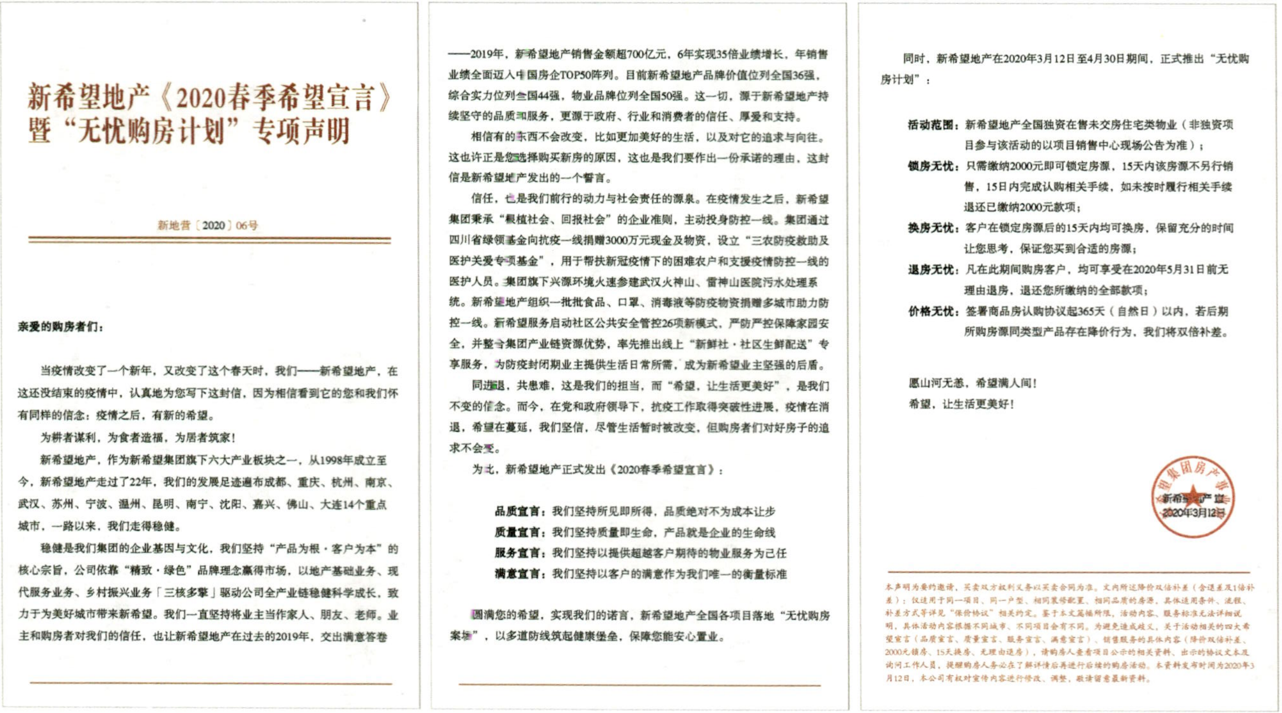

图 3-6 新希望地产《2020春季希望宣言》

精细化运营、管理都离不开数字化。进入管理红利时代，谁占领了数字化的制高点，谁就获得了一个强大的竞争武器。事实上，新希望地产科学周转、规模增长本身就有数字化的赋能。新希望地产的数字化走在行业的前列，得益于三点。

1. 开始时间较早

早在七八年之前，新希望地产就与明源地产研究院合作展开了数字化的探索。集团董事长对地产的规模没有特别要求，但对数字化提了很高的要求。新希望集团的生猪养殖，早已建了5S智慧无人猪场。

就在2020年，新希望地产内部的四个管理系统已经全部搭建完毕，内部职能已经实现了所有数据的打通，包括精益化运营管理2.0。

2. 一把手亲自挂帅

数字化，从表面上看是从数据化、在线化到智能化的过程，但实质上，它与一个企业的战略变革相关，需要从战略的高度看待和推进。就像标准化，不能只是产品的标准化，还要有流程的标准化和人才的标准化。

在新希望地产，数字化建设是一把手工程，由姜孟军亲自挂帅统筹整体的框架，每一个职能模块的数字化体系以各职能的负责人为第一牵头人。因为只有一把手、负责人才能站在全局的高度去整体思考。否则，各个业务部门只关注自己的一亩三分地，不跟其他部门交流协同、打通壁垒，现在的精益化运营成果就很难实现。姜孟军除了考虑地产板块，还将视野放到了整个集团，跳出地产看数字化，将数字化的思路和边界大大拓展。

3. 业务导向驱动迭代

目前，规模房企数字化部门的人员普遍很多，碧桂园、万科都有数百人，新希望地产同样如此。姜孟军告诉明源地产研究院：目前，新希望地产总部总共有300多人，负责数字化的团队就有100多人。

虽然技术人员较多，但坐在数字化主驾驶位的还是懂业务的人。过去，不少房企的数字化进程断断续续，一部分原因在于，懂业务的人不懂技术，懂技术的人不懂业务，两类人沟通壁垒过高，最终做出来的东西并不能驱动业务流程的优化。

姜孟军指出，数字化应该是由业务和技术双轮驱动的，因为只有建立在对业务和经营逻辑深刻理解之上的信息化、数字化，才能真正为业务赋能。为了信息化而信息化，为了数字化而数字化，反而会拉低经营的质量。

姜孟军打了一个形象的比方：就像你原来写字用毛笔，后面用钢笔，现在用电脑，工具不同，但你写文章的水平不会因为你用了电脑就提升，数字化也是一样，最核心的是将管理逻辑与技术融合。

对于未来的数字化建设，姜孟军有三大设想。

一是将客户的全生命周期，包括准客户纳入管理。新希望有很多其他产业。目前，新希望已经是中国最大的肉、蛋、奶供应商，也是全球第二大饲料供应商，未来还可能成为第一大猪肉供应商。即便客户不买新希望的房子，新希望同样可以为他服务。如此，客户从第一次接触新希望到成为业主，都能享受到服务。一旦具备这种能力，新希望就相当于在自己的小区之外，还有大量其他小区。

二是将项目的全生命周期纳入管理。姜孟军希望从项目立项开始，到最终这个项目交付完毕，再到后期的社区管理，围绕整个项目周期搭建专业系统。

三是业财税一体化。新希望地产目前布局了15个新一线和强二线城市，每个城市都有多个项目，每个项目承担的功能并不一样，需要进行全局思考。只有进行了全局思考，才会有相应的报表，才能制定不同的经营逻辑来指导实践。

五、坚持核心人才内生培养，提倡园丁式人才管理

2017年和2018年，三、四线城市市场火热，一些此前只布局一、二线城市的房企也终于按捺不住进入三、四线城市。当时，新希望地产认为三、四线城市确实有机会，但它并没有选择下沉。因为对新希望地产来说，这既不符合战略规划，也不符合企业文化。

前者很好理解，后者的意思是：新希望地产招一个人进入公司，就希望他能在公司有长足发展，如果机会性进入三、四线城市，那么项目结束后团队怎么办？外包更不行，因为没人为新希望地产的品牌买单和兜底。

由此，我们可以看出新希望地产的人才观。新希望地产一直坚持自己培养人才，培养体系主要分为两类：一个是校招，分别有新领袖、新未来、新梦想、新势力系列；另一个是公司内部的培训学院，比如外部招聘的项目经理，需要经过新希望地产的培养，再次成长。

姜孟军表示，之所以坚持人才内生培养，是希望员工对公司的战略、文化有更深的理解。比如，新希望地产内部的培训学院，除了专业赋能，还特别注重企业文化的灌输。因为整个房地产项目开发周期很长，如果员工没有理解新希望的文化，就会出现拿地不顾利润、建设过程中为了利润降低品质等短期逐利的问题。新希望从集团到地产板块，追求的都是长期主义。

相比行业同等规模的企业，新希望地产总部要大一些，员工数量也多一些：一是因为新希望地产是总部—城市的二级管控机制；二是总部是管理的发动机、管理办法产生的摇篮以及人才的蓄水池，总部负责输出高素质的干部和价值观到一线，一线负责专心搞好生产。一方面，新希望地产总部会将合适的人放到合适的项目和位置上；另一

方面，总部会给予相应的赋能。赋能主要是两个方面：一是制定合适的政策；二是给予专业上的指导，比如某个城市或项目出了问题，总部会派专业的人员去会诊。

姜孟军告诉明源地产研究院，2019年其分管营销线时，对全国9个城市公司的营销负责人做了一次大换防，大家都很乐意接受，而且2020年的完美交付，也证明这次换防非常成功。换防成功，是因为员工认同公司的文化，忠诚度高；换防本身，则是让合适的人到合适的位置上去。比如，公司认为A城市的营销总更适合负责B城市，就将其从A公司换防到B城市。这也让新希望地产的员工能够更快成长起来。

小　结

过去很长一段时间，得益于土地红利和金融红利，整个地产行业蓬勃发展，一大批企业快速崛起。进入管理红利时代，行业增量收窄，在相对固定的空间里博弈，房企想要生存发展，拼的是融资、拿地、产品打造、精细运营、人才队伍建设等全方位的能力。

这种综合能力的形成，一方面来自企业的基因，另一方面则需要长期的坚持，绝非短时间内可以速成。作为新希望集团其中一个产业板块的新希望地产，在这两个方面都有自己的优势，其过往的稳健表现也充分证明了这一点。在管理红利时代，新希望地产有望持续扩大这种优势。

第二篇

品质之王

对品质有高追求的房企，在很长一段时间内，都属于中国地产行业的稀有物种。在很多人看来，在供不应求的市场上，如果70分的房子也能卖出去，那为什么一定要做到90分呢？

如果要把房子做到90分，那么不好的地不能拿、产品不匹配的城市不能进、太刚需的项目不能做，会严重影响房企的规模扩张速度。在大多数人把规模作为第一追求的时候，只有能够克制自身欲望的房企，才能成为品质之王。

三道红线政策出台之后，大家吃惊地发现，品质口碑好的房企，杠杆都很低。品质之王们规模扩张的欲望不强，所以就不用加太高的杠杆，而没有了杠杆的压力，也就有时间精选土地、雕琢项目，这是一个良性循环。

在地产行业利润越来越薄的今天，大家还发现，品质、口碑好的房企，利润率远高于行业平均水平。

- 利润率高，是因为品牌力、产品力产生的溢价。本篇提到的仁恒置地、滨江集团，恰恰是百强房企中，产品销售均价最高的两家。
- 利润率高，还因为企业增长速度适中，所以内部管控到位、人效很高。比如，2020 年，滨江的人均销售额达到 1.29 亿元。
- 利润率高，更因为口碑好、老带新多，项目卖得快，财务成本、营销费用也就花得少。

当改善取代刚需成为主流客群，当楼市的供需逐渐趋向平衡，当高杠杆成为不可触碰的红线，越来越多的房企开始追求品质和长期主义。先行一步的品质之王，此时也就拥有了自己的领先优势。

第四章
仁恒置地，是怎样炼成的

地产行业，哪几家房企的房子品质最高？

明源地产研究院就这个问题，问过不下100名业内高管，其中90%以上的人提到了同一个名字：仁恒。而根据2020年的统计，仁恒的产品销售均价在百强房企中排名第1，达到了每平方米39 563.5元。仁恒的销售总额，近两年也有较迅速的增长，2020年达到888.2亿元，排名第47位。

- 仁恒的品质，为何能在业界、市场同时获得如此高的认可？
- 仁恒如何在品质和规模发展之间找到平衡？
- 在三大红利消失，大家都在追求"管理红利""长期主义"的今天，其他房企又能向仁恒学习些什么？

明源地产研究院在上海对话了仁恒置地集团董事局主席钟声坚（见图4-1），他非常坦诚地讲述了仁恒的成功经验：仁恒的三大初心，以及如何通过制度、团队的建设保证初心的落地……

图 4-1　仁恒置地集团董事局主席钟声坚

一、仁恒的三大初心

很多开发商是在 2016 年市场供需逐渐平衡、客群从刚需转向改善之后，才开始做精品。而仁恒，从 20 世纪 90 年代刚入行的时候，就已经坚持精品战略了。仁恒十几年前做的项目，各种设计都非常人性化，对比今天的产品毫不过时。之所以能如此超前，是因为仁恒有三大初心。

1. 对珍贵土地的敬畏心

要充分挖掘每一块土地的特质，因地制宜。

钟声坚早期在新加坡创业和生活，而新加坡是一个土地资源极度稀缺的国家。因此，"土地珍贵、善待土地、用心造好房"，从仁恒诞生之日起便是它的信念。

具体到实际操作来说，仁恒会针对每一块土地的特点，给出个性化的设计、开发方案。也就是说，几乎每一个项目，仁恒都是针对相应地块量身打造的。举例来说，仁恒在三亚的酒店（见图4-2），就像一艘邮轮停在海边，每一个房间都能看到海。仁恒在珠海拱北的项目，正对港珠澳大桥，整个项目包括酒店、写字楼、公寓，设计得很有特点，已经成为一个地标。

图4-2　三亚仁恒海棠湾皇冠假日度假酒店

地产行业不断流行各种风格，项目一味跟风的话，总会过时。而仁恒的项目，因为几乎都是因地制宜设计的，所以几乎不会过时。

2. 对客户的同理心

客户不容易，要做质量好的、人性化的、舒适的项目。

20世纪90年代，仁恒刚起家的时候，人民币最大的面额是10元，很多人都是用麻袋装钱来买房子，花掉家庭所有积蓄之外，还要借很多钱。仁恒的核心团队从一开始就认为，客户买房不容易，"如果不把房子的质量做好，企业从业人员的品格就有问题"。

仁恒认为，项目质量不是指某个单一的方面，而是指一套完整的生活方式。也正因为这种理念，仁恒设计项目时非常注重人性化的"舒适感"，而不注重好看不好用的装饰，比如石头、镜子太多，看起来富丽堂皇，但不舒适，小孩还容易撞伤。

舒适感，是一种生活方式的体现。

- 房子外观建得好看，就满足了客户对美的需求。
- 社区管理得好，安全、卫生、井井有条，就满足了客户对安全、私密的需求。
- 做精装房交付，使住户免受邻居装修的打扰，是舒适。
- 提供室外泳池、篮球场、网球场、烧烤场所、儿童活动区、戏水池、宠物乐园等配套，便利业主的生活，是舒适。
- 社区园林绿化充分考虑到季节性，春夏植被茂盛，秋冬也不会枯叶凋零，四季有多样景观，是舒适。
- 一个社区内有100个社群，社交充分，还是舒适。

仁恒社区门口都设置了迎宾楼，一为落客，二为方便快递取放。在仁恒社区的入户大堂外，缓坡代替了台阶，这是为了婴儿车和轮椅等工具能便利入户。

3. 坚持长期主义的"恒"心

要带给客户长期价值，不能为了规模而不顾风险。

仁恒认为，要给业主更好的体验，势必要多付出一些成本，牺牲一部分利润。短期来看，这部分成本似乎可以节省，但从长期主义的角度来说，却是必须付出的。

从客户口碑的角度来说，如果某家企业因为节省成本而让消费者受到伤害，消费者对该企业就会有不好的认识，不会再购买产品。有些房企把成本分为敏感成本和非敏感成本，它们认为非敏感成本很多客户感受不到，可能是无效的。但仁恒认为，从长期来说，所有的付出客户都感受得到！仁恒很早就开始做地暖，当时客户还不知道地暖是什么；仁恒刚开始做标准泳池的时候，客户也完全没有相关意识。但时间证明，好的东西，客户是会欣赏的，而且会传播。

从历史的角度来说，建筑的寿命是很长的，巴黎的房子几百年了，雅典的神殿几千年了，中国的很多建筑也历史悠久。今天的开发商即使没有历史上的人那么伟大，也可以做到让孙子能触摸到爷爷生活过的印记。

"钱是没有名字的，但产品是有名字的。"一些企业看起来赚了很多钱，但一旦战略错误，钱就会消失。可"仁恒河滨城"（见图4-3）、"仁恒世纪"这些建筑的名字却永远都在那里。

仁恒认为，除带给客户长期价值之外，长期主义的另一个方面是要掌握好快速发展和防控风险之间的平衡。市场是多变的，政策是多变的，各种灾害也是不可预测的，仁恒宁可发展慢一些，也不希望因为战略或者投资的失误而让企业一蹶不振。

首先，仁恒不是不重视规模，只是希望走得很稳。"如果思想太快，脚跟不上，就会摔倒受伤。"仁恒追求规模的前提，是不能突破两个底线：产品质量不能下降；要保证利润，不能为了规模而牺牲利润。

图 4-3　上海仁恒河滨城实景图

其次，仁恒建有应对危机的底线防火墙。比如，仁恒核心管理者从没有拿一股公司股票出去抵押，因此即使股价大跌，公司也可以正常运转。再比如，钟声坚个人在新加坡有八九栋租金收入颇丰的大厦，其在中国香港的资产收入也全部归入家族办公室，这部分钱不再购买固定资产，只买债。这样一来，如果公司真的面临缺钱的极端状况，那么钟声坚个人还有钱反哺公司。

钟声坚给自己的定义，首先是一个长期主义的商人，其次是一个追求完美的工匠。仁恒的名字，是由"仁""恒"两个字组成的。其中，对客户好、有同理心等，都是"仁"的一部分，而坚持长期主义，则是"恒"的一部分。

事实上，很多房企也和仁恒一样，有良好的初心，但在发展过程中，却逐渐丧失了初心。那么，仁恒是如何保证自己的初心能够落地并且长期坚持下去的呢？

二、做好产品的六个核心动作

仁恒能够实现自己的初心，做出好产品，关键是做了六个核心管理动作。

1. 选对城市：藏富于民的地方，客户会为优质产品买单

好的产品，价格肯定会高于一般的产品。如果选错了区域，做出好产品却没人欣赏和买单，企业经营就会出现问题。仁恒近两年规模增长有所加速，就是因为布局有所扩大。仁恒目前进入了18个城市，都是精选过的。如果按区域来说，则是长三角50%，珠三角30%，天津、成都、武汉、山东等20%。

仁恒选择的城市，经济要好，还要藏富于民。如何判断这一点？除了人均GDP（国内生产总值）等大数据，仁恒有自己独特的判断指标。

- 当地的民营企业是否活跃，民营企业家是否勤奋？
- 当地的老百姓对地方政府的认可度高不高？如果高，就说明当地人获得感强。

有个城市，老百姓结婚，车队会绕着政府大楼兜三圈，这就是出于其对地方政府的认可。

2. 买好材料：让项目耐用、不易旧

仁恒重视采购材料的品质，降低采购成本主要通过集中采购来实现。仁恒也重视采购经验的积累，门、水龙头、木板等材料，都通过反复实践，筛选出细节做得最好的供应商。

仁恒1997年、1998年交付的几个项目，其中的栏杆是用锻铁去

日本镀的，到现在都有 20 多年了，还像新的一样。仁恒在南京的国际公寓使用的铝板是德国进口的，多年过去仍然屹立不倒。仁恒的几栋办公大厦都建成 15 年了，但因为使用的材料好，看上去比隔壁 2020 年交付的办公楼还新。

3. 做好产品：在标准化和个性化之间找到平衡

前面已经说过：仁恒坚持因地制宜，做适应周边环境的建筑；仁恒坚持人性化，做让客户感觉舒适的社区。可要做到一定的规模，势必要有一定程度的标准化。在实际操作中，仁恒如何保证相关要求能落到实处呢？

仁恒的标准化体系不同于其他一些地产企业的单一标准化，而强调一体化设计，即提供完整的项目产品力解决方案，根据项目、客群的不同进行创新。

就社区总体规划来说，仁恒会进行产品对标选型、描摹初步形态；总图规划时充分考虑景观空间，提供花园居住环境；推敲客户舒适归家动线，提供迎宾楼＋无雨通道；提供高品质运动会所，满足现代人健康需求。仁恒长期合作的成熟设计资源，保证了仁恒这些基本理念的充分实现。而在各项目落地不同城市时，仁恒又会根据当地城市脉络、景观资源、文化背景及客户特性进行突破创新，保证项目的个性。

就室内来说，仁恒始终强调"成品房"概念，将户型标准化为一些基础模块，重视空间舒适度及设计细节表达。建筑设计阶段即与室内高度整合，推敲出适宜的空间比例。

而在个性化方面，仁恒又会结合当地客户反馈，不断优化调整户型库。例如，苏州公园世纪是基于苏州星屿 1.0 版、苏州双湖湾 1.5 版成品房进行的 2.0 版本迭代（见图 4-4）；户型保留基本模块和基因，加强了收纳功能，提升餐厅舒适度；整体风格配色也进行了调整，更具时代感。

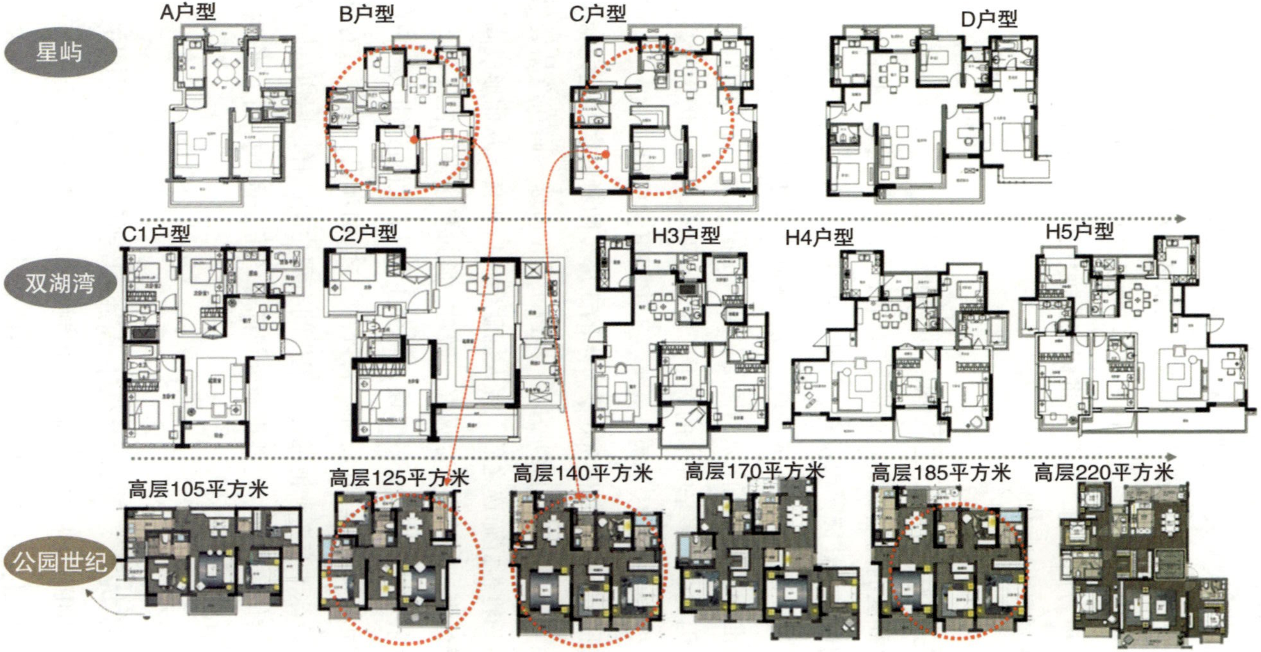

图 4-4 苏州星屿 1.0 版、双湖湾 1.5 版至公园世纪 2.0 版户型迭代示意图

第四章　仁恒置地，是怎样炼成的　/ 067

就景观来说，仁恒的标准化更多强调功能化模块的固化，例如小区入口功能模块（人车动线出入口、访客、快递、生鲜配送、消防等的有效组织）、楼栋单元入口模块、主景区、功能配置（烧烤区、漫步道、林下空间、全龄活动区等）。因为各个项目面临的气候、场地形态、客户习惯不同，仁恒会将标准化模块进行不同的组合、创新，整体风格强调简洁现代。

4. 定位准确：在社区内形成高端生态

仁恒社区的高端圈层在业内是有口碑的。仁恒还有一些社区被称为真正的国际化社区，据说有一个小区的住户来自60多个国家。

仁恒的社区是如何形成高端的或者国际化的生态的？关键在于产品定位的准确。仁恒在南京的国际公寓，定位就是给来自国内外的总裁居住，因此380多平方米的房子，就只有两个房间。因为这些总裁一般都是带着夫人、孩子两个人来，不需要更多房间。

300平方米的2房和300平方米的5房，两者的客群是完全不同的，原始设计就让它们完成了第一轮的客群筛选。而在产品凭借定位完成第一轮客群筛选之后，客人们就会口口相传，从而形成高端圈层。仁恒认为，坚持把产品做好、做对，胜过打很多广告。

在浦东开发还不充分的时候，有个住户从浦西搬到浦东仁恒的项目中，仁恒高层问他原因，他回答说：仁恒的项目，储藏室有储藏室的样，游泳池有游泳池的样，卫生间有卫生间的样，厨房有厨房的样，他之前住的楼盘，这些设施全部都有，可是都不好用，比如保姆在工人房里连腿都伸不直。

5. 品质优先：集团研发中心强力管控，全周期把关

仁恒集团研发中心形成标准管控制度，以"方案规委会+工地巡场+开盘及交付后评估"模式，对项目全周期重要阶段进行把关。

在前期研发设计阶段，仁恒敢于花时间、花钱。在方案阶段，仁恒许多时候会在研发基地做 1∶1 的研发房，进行各种推敲，看使用功能、效果等是否真能达到预期。即使在客户不那么敏感的地方，仁恒也敢于投入。比如，市场调研表明客户对空调管线的位置敏感度并不高，但仁恒的管理层和设计团队认为这会影响外立面效果和使用功能，就主动把管线位置设计在看不见的地方，仅此一项单项目成本就增加了 700 多万元。

在施工阶段，仁恒会把自己的理念灌输给施工方，并强力管控。仁恒选择总包单位和监理单位时特别注重价值观和文化的匹配，对监理单位的要求很高，并且相关规定细化到不同阶段监理人数要求、参与施工检查和验收的频次等。在施工过程中，仁恒贯彻"三检制"的质量管理体系，即公司检查项目部、项目部检查监理、监理检查总包，然后总包自检。仁恒内部的防渗漏标准比国家要求还要高好几倍。

不管项目进行到哪一个环节，只要有品质问题，仁恒都敢于砸掉重来。项目的标准化到不到位，创新到底够不够，由集团领导和研发中心说了算，他们会到处去看项目。如果品质真有问题，那么他们敢于在任何环节否决原来的方案。

例如，项目临近开工时，仁恒也敢于调整设计方案。仁恒苏州海和院原来被规划为叠墅产品，后来因为项目开发周期较长，客户诉求与市场发生变化，在开工在即的关卡，公司高层及时调整项目定位为联排，提供标准更高的低密产品。该项目推向市场后取得了良好口碑。

即使项目已经开工，仁恒仍然敢于调整设计方案。上海由由公园世纪户型面积段原定为较大面积，营销团队通过对目标客户诉求的反复梳理和判断，在项目刚开始施工时提出调整项目定位的建议，将面积段大幅减小，切实满足了客户的居住需求。

即使项目已经全部卖掉,在和业主充分沟通后,仁恒仍然敢于调整设计方案。在南京翠竹园项目已经全部卖掉之后,公司高层发现中心花园里有一座小山,把路和视野都挡住了,于是决定重新做方案,把小山推平,做成一个中心广场(见图4-5)。一些业主当时有误解,还来和仁恒交涉,但仁恒说服了他们。部分业主很感动,因为只有仁恒这样的企业,才会在房子卖掉之后,付出大量成本进行景观优化。

图4-5 南京翠竹园项目中心广场

6. 物管服务到位:让项目不断焕新

很多开发商在房子交付以后,特别是几年的保修期过了以后,就不再管项目了。可仁恒针对老社区,有清洗外墙等很多免费的服务。仁恒给物业公司的任务是:不断地创收,创收的部分不断地回馈给业主。

当然,再好的制度,也是要人来实现的。仁恒的产品做得好,除了各种制度,还在于组建了坚持品质优先的团队,打造了坚持长期主义的企业文化。明源地产研究院拜访钟声坚主席时(见图4-6),他反复提到了这一点。

图 4-6 钟声坚主席（左）和明源地产研究院总编王恒嘉对话后合影

三、找到坚持品质优先的人，打造坚持长期主义的企业文化

仁恒认为，制度可以复制，文化不可复制。所以，打造坚持长期主义、品质优先的企业文化，从某个角度来说，比制定各种制度更重要。而打造企业文化的核心在于，仁恒的管理层在招人、用人、考核人、淘汰人这些关键问题上做出的选择。

1. 招人：慎重选择，长期培养

在仁恒的中高层中，一毕业就进入仁恒的"子弟兵"不少。即使是社招人才，进入仁恒后，也往往能干很长时间。仁恒员工的平均司龄达到了 6 年以上，这在地产行业是很长的。其中，超过 10 年的员工很多，甚至还有司龄超 20 年的员工。仁恒还有一个仁恒老友会，专门组织退休人员活动，甚至组织过他们出国旅行。

仁恒喜欢的人才，是能够为企业长久负责的人才。也就是说，做任何一件事情，这些人才都是负责到底的。比如：负责工程的，每天一睁眼想的，就是哪一个工程还存在问题；做设计的，想的都是图纸还有什么要改的。他们不只想现在，还会想未来项目会不会有什么问题。

仁恒不但重视中高层管理人员，对基层工作人员也很重视。比如，仁恒对物管工作人员的要求就很高：管一栋楼的工作人员，要能认识绝大多数客户，甚至要知道他们的生日是什么时候。因为要求高，所以仁恒给物管一线工作人员的待遇也高于行业平均水平。

2. 选拔人才：核心是要符合仁恒的文化

仁恒选拔高管，前提就是其要理解仁恒"坚持品质优先、长期主义"的企业文化。如果不能接受仁恒的企业文化，其他能力再强，仁恒也不会提拔他。

3. 考核：人性化管理，不做纯粹的数字考核

仁恒内部，一般不会定硬性的 KPI（关键绩效指标）数字。因为一旦定了硬性的 KPI 数字，可能就会出现牺牲品质、不择手段达到相关指标等问题。在保证每个人的工作都饱和的前提下，仁恒的人力、管理者会根据每个人的品质、能力以及用心的程度，客观评价。

此外，仁恒还认为，企业的人才必须要有"根植性"，如果一个企业的人才整天想着离职去找更好的工作，企业根基就会不稳。而如果仁恒单纯以数字指标来进行考核的话，人才就很难有"根植性"。

地产下半场，大家都在提"管理红利""长期主义"。有多少房企会学习仁恒？仁恒自己又将如何发展？时间会给我们答案。

第五章
滨江集团：包揽好品质、高人效、千亿规模

截至2020年年末，滨江地产板块员工总数为1 053人，管理项目100余个，平均每个项目10人，按2020年全年1 363.6亿元销售额计算，人均销售额达1.29亿元！

人均业绩超过1亿元，不是通过加班。在大部分房企"996""007"的今天，滨江从上到下，每天只工作7小时。

人均业绩超过1亿元，也不是通过入股并表。滨江合作开发的项目，95%以上都是自己操盘的。

人均业绩超过1亿元，更不是因为粗制滥造。滨江的项目品质在业内名声很响，和以品质著称的仁恒、绿城等不分上下，有的项目甚至超越它们。在一手、二手房市场，滨江的项目比周边同类项目贵20%~50%，却仍然很抢手。

在一些业内人士认为上规模就要牺牲品质，要好品质就只能"小而美"的情况下，滨江走出了一条与众不同的路！

项目品质好、7小时工作制、1 053名员工、1 363.6亿元年销售

额，这个奇迹是怎么实现的？明源地产研究院在杭州对话了滨江集团董事长戚金兴（见图5-1），他将滨江的成功经验和盘托出了。

图5-1 滨江集团董事长戚金兴

一、人均业绩过亿，核心是做对了五件事

滨江人均销售业绩超1亿元，主要是因为做对了以下五件事。

1. 布局：坚持深耕，保持城市的集中度

2019年，滨江57%的销售额来自杭州，浙江省内其他地方接近30%，浙江省外只有约13%。除了在浙江深耕，滨江进入哪个城市，

就会在哪个城市深耕，比如进入南京，第一个项目落地就是深耕的开始，未来可能会变成10个项目。

截至2020年年末，滨江土地储备可售货值约2 800亿元，其中杭州占65%，浙江省内其他城市，包括宁波、嘉兴、温州、金华、湖州、台州等经济基础扎实的二、三线城市占比18%，浙江省外占比17%。

2021年，滨江计划新增30块以上土地，其中杭州拿地比例占50%，浙江省内其他城市占25%，浙江省外占25%。在重点城市布局上，滨江会巩固杭州，加强宁波、南京，适度加强广东、上海、金华、嘉兴、湖州。

滨江未来会继续深耕三省一市：广东、浙江、江苏和上海。这几个地方的GDP占到了全国GDP的30%，其房地产市场则可能会占总市场的50%。对于三省一市范围内的新城市或者三省一市之外的城市，滨江则采用游击战。再过几年，滨江在杭州、浙江省内其他城市、浙江省外的拿地比例可能会变成4∶3∶3。

2.用人：团队共用，一人多角色

深耕带给滨江的好处在于：不需要重复搭班子，团队可以共用。例如：一个城市即使只有1个项目，也需要一个12人的销售团队；一个城市有5个项目，一个12人的销售团队也足够了。苏州的第一个项目，需要21~23人；在资源共享后，第二个项目可能只需要15个人，第三个项目则只需要8个人⋯⋯

滨江在杭州世纪城有5个项目，一个班组5个人就干下来了。之所以用这么少的人，是因为除了团队共用，滨江内部还提倡一人多角色。比如，一个项目团队会有两个负责人，一个正职、一个副职，两个人还各有一个助理。这个正职会在另两个项目担任项目负责人，而这个副职如果能力较强，也会兼管一个项目。

一个项目负责人如何能兼顾几个项目呢？项目打基础的时候可能会有很多变化，但出正负零之后就没有太大变化了。所以，在甲项目上主体的时候，该项目负责人以甲项目为主，同时监管正在做施工图的乙项目；而在甲项目进入正常施工后，他又会以乙项目为主。

一线人员一人承担几个角色，总部工作人员往往也是一人承担几个角色。戚金兴的秘书，除秘书角色之外，还是人力资源部经理，负责人力行政的工作，同时兼任阳光公益基金负责人。

城市集中度高，一人身兼多个角色，可以解释为什么滨江人均销售业绩高。而一人身兼多个角色，并不等于压力就很大。在其他房企工作过两三年后跳槽到滨江的员工，特别努力，因为相较白加黑、5+2 工作制，他们更喜欢滨江的 7 小时工作制。

身兼多个角色，应该很忙才对，为什么滨江的员工可以做到每天只工作 7 小时呢？这就要提到滨江的另一个法宝——标准化。

3. 标准化：涵盖众多部门，不断深化、持续进化

滨江的标准化涵盖项目运营、工程管理、投资、财务、人力、行政、销售等各部门，共有 46 套标准化制度，其中最核心的是管理标准化、产品标准化。

滨江管理标准化的核心是负面清单管理、例外管理。以人力资源为例，新到一个城市，如果第一个项目规模在 10 万平方米以上，项目团队总人数标准为 21~23 人，销售人员是 12 人。如果项目团队总人数最终就是 21~23 人，就不需要向上报告，但如果少于 21 人、多于 23 人，就要向上报告。再以财务为例，管理团队授权给财务人员一个确定的利率和总额，不管财务人员去找谁贷款，只要符合标准就不需要上报。

滨江一个项目只需要 3~5 人管工程，而且他们还能兼任别的角色。滨江认为，如果一个项目需要几十个人才能做，那就是产品标准

化的深度不够，还需要团队协调，以及一天到晚看PPT（演示文稿）进行判断。

在产品标准化方面，滨江建立了"A+定制、A+豪华、A+经典、A豪华、A经典、A舒适、B豪华、B经典、B舒适、C豪华、C经典、C舒适、D豪华、D经典、D舒适"共四大产品体系15个标准版本的完整产品标准化体系，并将标准化体系进一步延伸到小区配套及专业服务等相关领域。产品标准化使产品打造具有可复制性，能大大提高项目定位、方案设计、招标及材料采购等各开发环节的效率。

滨江的产品标准化体系还包括微调的标准，即对哪些方面可以加强、优化，以及如何优化，都有详细的规则。细分来说，仅外立面标准就有几十项，足以满足所有档次项目的需求。在一个新项目拿地之后，项目负责人可以将其和标准进行对比，比如其处于哪个档次、限价还是不限价，对比完了，设计方案也就出来了。

在工程管理标准化上，滨江建立和完善了样板先行制度、工程防渗漏水管控制度、隔音降噪专项管控制度、门窗系统专项管控制度、成品保护制度、交房验房制度等一系列工程管理标准化制度，在关键时间节点和重点环节加强工程质量控制。

在项目运营管理标准化上，滨江对项目开发全周期各环节和节点进行了系统的梳理，出台《项目运营管理办法》，明确项目开发运营节点，加强对项目各环节的监督和管控。

滨江的标准化也在不断进化。2017年，在规模大幅提升之前，滨江搞了一次标准化深化，2019年又搞了一次。2017年的深化是出于企业发展的需要。2018年，滨江新布局了6个城市，项目数量则增长了60%，之后两年又有大幅增长，但滨江并没有手忙脚乱，就是因为在2017年深化了产品标准，把每个环节都细化了。2019年的深化则是因为"双限"之下，如果不提高竞争力，企业就没有战斗力。

随着业务规模和管理半径的扩大，滨江会继续对标准化管理制度进行更新和深化，让管理标准化更加细化、清晰、务实和有效。

4. 找对合作伙伴：有强大的"盟军"，效率自然很高

在杭州，农民工都知道，在滨江只要做好了，钱就不会少。这就是滨江在合作伙伴心中的形象。滨江的"盟军"包括政府部门、合作开发企业、银行、新闻媒体、总包单位、装修单位、社会朋友等。

以工程合作为例，滨江一直坚持建立稳定的、高品质的供应商体系，涉及设计、总包、装修、幕墙、门窗、环境、设备设施等，致力与合作各方结成互信互利的长期战略合作伙伴关系。

滨江成立 29 年，与一些总包单位合作年限在 10 年以上，最长的达 25 年以上，在长期合作中形成的互信互利关系，促使各方能够高效配合，形成合力，取得 1+1>2 的效果。

合作伙伴对滨江保证品质前提下的成本要求、时间要求有充分理解。在项目开发过程中，滨江与各环节合作方之间、合作方与合作方之间能够高效配合，这也为滨江保证项目开发质量和抢时间提供了有力保障。

滨江的员工工作 7 小时下班之后，施工单位、监理公司都还在，它们出于对滨江的信任和长期合作的愿望，会继续努力。

5. 文化：让员工幸福，工作自然高质高效

滨江的员工，幸福感是比较强的。

这种幸福，首先体现在 7 小时工作制上。除了财务部在审计的几天要加班，销售部在开盘的几天要加班，工程部在抢样板房的几天要加班，其余时间滨江员工都只工作 7 小时，这与其他房企的"996""007"形成了强烈的对比。虽然不加班，但滨江员工的薪酬并不低，"每天工作 7 小时，做其他企业 3 个人的事情，拿同行 1.3 个

人的工资"。

- 这种幸福，体现在独特的"幸福分享计划"上：赚了是员工的，亏了则由公司保底。
- 这种幸福，体现在2020年春节，滨江不仅放了19天的假，而且给每位员工发了20 000～50 000元的旅游经费，鼓励大家带家人出去旅游。
- 这种幸福，还体现在滨江食堂里的菜是很好的有机蔬菜。

滨江认为，员工正常工作、有时间锻炼、吃最好的食品，身体好了、家庭好了，工作精力就旺盛了，效率自然会非常高，可以在上班时间内完成超有效时间的工作。而不加班，员工又可以照顾家庭、锻炼身体，这样就形成了良性循环。

滨江的高质高效，不是靠哪一个人，而是靠整个团队，靠独特的企业文化。很多房企来滨江学习这种高效方式，也想"减人"，但它们都失败了，原因可能在于一种惯性。滨江在规模扩大之前，一直在高效运转，又做了充分准备。而很多房企已经有很大的规模，再想"从头开始"，已经不可能了。

一个区域本身就有150人，它是能正常运转的，可是如果一个区域本身有300人，你想减掉150人，那么结果可能是最好的走掉一半，最差的走掉一半。一棵树，小的时候修剪比较容易。企业也是一样的，你小时候给它"整形"容易，等它长大了，要想改变它就没那么简单了。

滨江人均业绩超过1亿元的秘诀，到此基本揭开了。那么，滨江是如何一步一步走到今天的呢？除了上面说到的，滨江还有哪些核心优势？其近两年规模异军突起的底气又来自哪里？

二、滨江发展的三个阶段和三大优势

滨江发展到今天，上了三个台阶。

第一个阶段是通过苦练内功，让客户"小有认可"。

2001年，滨江开始开发建设万家花园。万家花园是一个以经济适用房为主，辅以少量商品房的小区，在当时设计基本依靠本地力量的背景下，滨江做了一个大胆的举动——斥巨资引进国际知名的贝尔高林来做环境设计，将做环境的费用由500万元提升到2 100万元。

滨江当时坚持提升项目品质的理由，戚金兴说有两个：一是从当年开始，他就意识到滨江将来要造的是航母，并不是小舢板，因此需要给自己铺好台阶；二是他当时就认为，要给大家造最好的房子，而不仅仅是提供一个水泥盒子。

2002—2012年，滨江做了金色海岸、阳光海岸、城市之星、武林壹号（见图5-2）等项目，苦练内功。2003年，滨江开发的金色海岸，抹平了钱塘江与西湖之间的价差，让杭州的住宅完成从"西湖时代"到"钱塘江时代"的转身。这次"冒险"让滨江名利双收：一方面，滨江赚到了钱；另一方面，滨江就此打出了名气，树立起高端品牌的形象。2008年，滨江成功上市。到2012年，滨江虽然在全国名声还不响，但在杭州本地获得了业主的认可，同时内部管理、品质、品牌、团队都已经相对完善。

第二个阶段是通过和竞品项目"同台演出"，品质为广大客户、行业认可，同时完成了多元化布局。

2013—2018年，滨江的项目打败了多个地产巨头的竞品项目，其品质引起广泛关注。而滨江产品的品质，也通过口口相传，获得了广大客户的认可。在地产行业，大家公认全国品质最好的是杭州，杭州品质最好的是绿城和滨江。

图 5-2　滨江武林壹号项目

2015 年,滨江走出浙江,突破传统开发模式,开始广泛布局。滨江为 2015 年制定的战略是:两保持两下降,即保持销售量、保持现金量,下降贷款、下降负债率。滨江在少拿地、降低负债率的同时,开始了更广泛的布局。

- 滨江开始突破传统开发模式,尝试代建。
- 滨江开始拓展区域,走出浙江,在上海和平安合作拿地。
- 滨江突破增量思维,进入存量市场,进行了资产国际配置,花了 1.8 亿美元在西雅图中心位置拿了一个项目,1~12 楼是酒店,13~41 楼是公寓,并且于 2019 年 2 月交付。这个项目完全是持有的,布局比国内大部分存量布局都要早。
- 滨江走出地产行业,拿出 40 亿元投资产业,包括动力电池、医药、互联网、人工智能,做的是股权投资。

第三个阶段则是通过上规模,让业内刮目相看。

2019—2020 年,滨江成为千亿房企,进入前 30 强。大家意识到,滨江不但能把房子做好,也能把规模做大。规模能迅速提升,得益于滨江的杠杆一直都很低。2015 年年底,滨江的有息负债比净资产只有0.3，在100多家上市房企里面排倒数第二，很多银行人士都说，这是不合理的。于是，2016年，滨江开始加杠杆、收并购，冲千亿。滨江用4年半时间，在2019年冲上1 100亿元；2020年，滨江再上一个台阶，全年销售额达1 363.6亿元。

通过以上三个阶段的发展，滨江目前具备了三大优势，足以支撑其千亿规模和未来的发展。

1. 在C端客户方面：滨江的品牌、市场势能越来越强

作为房企，项目品质是品牌的基础。滨江每进入一个区域、一个城市、一个区块，都力争做综合性标杆。近两年，滨江提出要做"行业品牌领跑者，高端品质标准制定者"。

（1）为了打造品质品牌的引领优势，建立了有效的产品创新机制

滨江一方面自己创新，另一方面引进大量优秀的设计单位。滨江对产品创新的要求，细化到每个分项都要有创新，即建筑、装修、环境、配套、设施设备等都有创新的成分和引领行业的内容。

- 就产品整体来说，滨江保持每年都有2~6个新品推向市场。
- 就科技来说，滨江坚持在智能化上做点的突破。
- 就环保来说，滨江不仅仅是使用环保设施设备，更要在配套和服务上深化、细化、完善项目环保，比如考虑水资源的循环利用。
- 就精装来说，滨江的精装标准历经四代演变升级，始终走在行业前端。
- 就户型来说，滨江专注于户型的设计提升，力求动静分区、布局均衡，首创豪宅化收纳标准，实现"精致、舒适、实用"。

针对客户，滨江还提出了三个一样：客户家里和样板房一样，和

合同一样，和政府备案一样。如果不一样，那么客户可以找销售、找项目团队；如果项目团队不处理，那么客户可以找集团。

（2）滨江对品质的追求，已经产生巨大的品牌、市场势能

滨江的管理和营销成本加起来只有1%，而行业平均水平是4%~5%，其中品牌、市场势能功不可没。

一手房销售，滨江的项目售价更高、销售速度更快。

- 曙光之星项目，2019年全年签约金额8.82亿元，位列如皋市区销售前3名；2019年签约均价11 154.8元每平方米，位列全市新建商品住宅签约均价前2名；2020年签约均价达12 782.68元每平方米，并于2020年上半年售罄所有推出房源。
- 江西上饶公园壹号2020年合计总推房源901套，去化率高达97%，位列上饶广信区年度单盘销售榜第四名，并以每平方米近13 000元的均价，领先上饶每平方米8 000元左右的市场均价。
- 实施限购限价的杭州，2021年2月共有19个项目集中开盘，平均中签率为13.6%，而滨江的7个项目平均中签率仅为6.3%。限价摇号区域的项目，滨江经常能做到1∶20的认筹，远高于周边项目1∶5的比例。

滨江的二手房能获得较高的市场溢价，溢价率在30%以上的比比皆是。江干区的华家池公寓，二手房挂牌均价较周边可比项目溢价高达18%；余杭区的万家名城，二手房挂牌均价较周边可比项目溢价达12%左右；位于杭州市中心板块的武林壹号，二手房挂牌均价较周边可比项目溢价达42%；而滨江早期开发的御景苑项目，目前二手房挂牌均价较周边可比项目溢价高达30%以上。

交付的满意度高，滨江项目交付收房率超99%。客户忠诚度高：

业主的满意度调查显示,滨江的产品和品牌是促成成交的首要因素,有超过96%的业主愿意推荐身边的亲朋好友购买滨江开发的楼盘。

2. 在B端伙伴方面:滨江的信誉很高,各方合作意愿很强

(1)金融机构:愿意主动借钱给"三条绿线"的滨江,利息还很低

很多房企对"三道红线"很头疼,可这对滨江影响并不大,因为滨江目前是"三条绿线"。滨江有一条军规:不要轻易打出最后一颗子弹,无论多艰难的环境,因为你不知道接下来的情况是不是更糟。

戚金兴董事长在和明源地产研究院交流(见图5-3)时表示:前几年,无论在什么情况下,他们总会在银行放几十亿元的现金,以备急用。这使得滨江很受银行的欢迎,"很多银行要主动贷款给我们,往往被我谢绝"。戚金兴说,如果他能从银行贷10个项目的款,那么他最多会贷7个,"市场永远存在风险,就像遇到调控,我们能做的就是未雨绸缪"。

图5-3 戚金兴(左)和明源地产研究院总编王恒嘉对话后合影

截至 2020 年年末，滨江共获银行授信额度 717.7 亿元，较上年末增加 64.2%，已使用授信额度 294.4 亿元，剩余可用授信额度 423.3 亿元，占总额度的 59%。

因为信誉，滨江在获得资金方面很有优势。在融资规模增加的情况下，滨江的融资成本却持续下降：2017 年融资成本下降 6%，2018 年融资成本下降 5.8%，2019 年融资成本下降 5.6%，2020 年融资成本下降 5.2%；2020 年融资成本下降幅度最大，达到 0.4%，按照权益有息负债 395 亿元计算，其可以节省利息 1.5 亿元。要知道，根据《中国房地产百强企业研究报告》，房企债券融资的平均成本在 2019 年是 7%。

2020 年 6 月，联合信用评级有限公司将滨江主体信用评级由 AA+ 提升至 AAA，滨江因此成为浙江省第一家获得 AAA 评级的上市房地产企业。此前获得 AAA 主体信用评级的上市房地产企业大多是国企或央企，民营企业很少，民营房企更少，AAA 资信评级的取得为滨江发挥融资优势创造了基础。

（2）其他合作企业：与滨江合作，都能 1+1>2

滨江目前和全国地产企业前 20 强中的 16 家都有合作，95% 以上的合作项目由滨江操盘，这也代表着同行对滨江品质、品牌和开发能力的高度认可。

在工程方面，滨江一直坚持建立稳定的、高品质的供应商体系，包括设计、总包、装修、幕墙、门窗、环境、设备设施等，致力与合作各方结成互信互利的长期战略合作伙伴关系。

成立 29 年来，滨江的总包单位均为特级及一级资质企业，其中有 5 家合作年限在 10 年以上，最长的达 25 年以上。由于对滨江信任度高，预估合作风险小，总包单位给滨江的合作价格也更加优惠。对不熟悉的甲方，利润率 5% 也不敢做，而对滨江，利润率 1% 也敢做，因为它们知道没有风险，所有纸面上的利润都能变成现金，滨江不会拖欠，更不会用房子抵。

3. 在成本方面：建立起全方位的综合优势

在贷款点数差不多的情况下，滨江的项目成本仍然可以比某些巨头的同类项目低 5 个点。这是如何实现的？滨江的低成本体系是全方位的。

（1）财务成本低，因为销售速度快

除了上面提到的获得资金的利率本来就低，滨江的财务成本低，还得益于销售速度快、回款快。从拿地到销售，滨江最快的一些项目只需要 5 个月左右。而滨江项目的质量，又是有口皆碑的。

滨江认为，高速度销售和高品质建设并不矛盾。

要想快速销售，一个项目 10 栋房子，只需要抓住首期 3 栋就好；而首期 3 栋如果造到第 5 层就可以销售，就只需要抢 5 层以下的建设时间，5 层以上可以慢慢修建。即使是这 3 栋 5 层以下的建设时间，滨江更多也是抢设计单位的时间，抢政府办手续的时间，而不是抢施工单位的时间。因为产品标准化深度足够，滨江抢前期的时间非常容易。

在项目可以销售以后，品牌优势让滨江的去化速度也要快于竞品项目。滨江的回款率也很高。2020 年，滨江的平均回款率达到了 90%。从拿地到回款的周期短，开发资金被占用的时间短，财务成本自然也就低了。

（2）工程、采购成本低，因为对设计、施工、采购的研究都足够深入

在保证产品品质的前提下，滨江将成本控制作为一个系统而不是一个单项进行研究，建立起全项目、全周期的成本控制体系，这主要

体现在五个环节。

- 产品定位环节：建立了详细的产品标准，拿地后即可根据地块特征，选择合适的产品标准，做到合理定位。
- 设计环节：从设计抓起，设计出品质，设计控成本，设计出利润。滨江制定了详细的设计控制指标，通过设计指标来保证项目合理设计、杜绝浪费；对成本控制的重点部位，通过设计方案比选，选择经济合理的设计方案以达到成本优化。比如说地下室是两层，挖在哪里最科学、最经济？车位多了能不能产生溢价，车位少了会不会造成销售困难？这些问题会被反复深入研究。
- 招标采购环节：通过不断引进优秀供方，提高招标的竞争性，同时采用战略采购、集中采购的模式来降低招采成本。滨江是总经理管采购。2019 年，滨江把所有兄弟房企的采购系统、配件价格对比了一遍：门窗采购价格，甲房企最低，但降低了用材标准，不学习；乙房企次低，因为由总部直接和厂家签约，可以借鉴。进口材料采购有几十种价格，最便宜的是工厂价，第二是全球价，接下来是亚洲价，再下来是大中华价，然后是华东价、浙江价、杭州价，最贵的则是零售价。而滨江的采购价格是在工厂价基础上，再获得供应商节省下来的广告费的奖励。
- 施工环节：严把施工图设计关，有效防止因为图纸设计不详造成的后续变更；施工前，严格执行施工图交底制度，避免因设计理解错误造成的成本浪费；严格执行样板先行制度（含幕墙、精装修、景观等各项专业工程），通过样板先行施工，减少后续大面积施工的设计变更，降低无效成本；严控工程签证环节，通过建立严格的工程签证制度，明确审批权限，确保工程变更成本在控制范围内。滨江对桩的型号、桩的深度、边坡的处理等施工细节，都要反复权衡、竞标。

- 结算环节：针对项目的结算建立严格的管理制度，通过自审、第三方审核、复审等环节有效保证结算成果的准确性，确保工程成本在目标控制范围内。

三、滨江的未来：规模稳定增长，实现"1+5"发展战略

滨江在合作开发时，95%的项目都坚持自己操盘。所以，滨江当前的规模，非常接近自己操盘的规模。而滨江在开发项目中所占的权益，也正在连年上升。2020年，滨江全年销售额达1 363.6亿元，同比增长21.7%，其中权益销售700亿元，占比51.3%，比上年提升13.6%。

三道红线之后，某些房企被迫降杠杆、降规模，而滨江因为杠杆较其他30强房企低，排名还可能进一步上升。有息负债/销售规模这个数字，一些地产巨头是滨江的7~10倍，但滨江并不打算激进。2021年，滨江的销售目标是1 500亿元。滨江未来的目标，是做到第1名房企规模的1/5，销售规模排名进入全国前20~25。

地产是滨江的主业，但滨江的布局是多元化的。2021年，滨江将继续推进实施"1+5"发展战略："1"指房地产主业；"5"指的是服务、租赁、酒店、养老和产业投资五大业务板块。

- 在租赁方面，滨江在2018年年初就成立了自持商品房租赁社区品牌——滨江暖屋。目前，暖屋产品系列包括暖屋、暖客和暖驿，并已建立定制、经典、舒适三个标准装修产品体系。截至2020年年底，滨江持有用于出租的写字楼、商业裙房、社区底商及公寓面积约31.19万平方米，2020年实现租金收入2.26亿元。未来，在已持有物业基础上，滨江的租赁还将按每年新增

16万平方米的计划有序推进。
- 在养老方面，在2018年国外学习、2019年国内学习的基础上，2020年滨江开始组建养老团队，争取2021年形成战斗力，确保2022年完成养老产业试点。
- 在产业投资方面，滨江已投资新能源、互联网、大健康项目，目前正着力做好已投项目的投后管理，稳健推进已投资项目的退出和优质新项目的布局。

与众不同的滨江，未来的发展会如何？相信读者会有自己的答案。

第三篇
区域深耕龙头

2016年，当华为发现了网络及数据中心的战略机会时，华为创始人任正非在市场大会中这样讲道："我们要敢于在机会窗口开启的时期，聚集力量，实施饱和攻击……"

攻城略地、开疆拓土、全国布局……在很长一段时间内，都是地产行业的主旋律，诸如宁夏中房、邦泰集团这类区域深耕的房企，一度被业内贴上"保守"乃至"不思进取"的标签。

然而，自2020年以来，这些深耕型房企却突然受到热捧，很多此前激进扩张的规模房企也纷纷开始强调深耕，甚至要将一些此前好不容易进入的城市"收敛掉"。为何？

行业变了！过去是捡金子的模式，遍地是黄金，房企只要把物理的边界扩大，就能捡到更多的金子；现在整个市场规模上涨趋缓乃至横盘，房企就必须用采矿的模式。跟华为发现新的战略机会不同，地产行业仍是这个行业，但格局变了，只有采用饱和攻击的模式，房企才能在市场立足。

更多的项目、更高的客户密度、更强的品牌认知度、与合作伙伴的深度捆绑、更丰富的服务、大投入和获得长期回报……这些都需要饱和攻击才能达成，也都指向区域深耕的逻辑。

第六章
宁夏中房：年净利润复合增长率超 50%

面对地产行业急剧加速的"马太效应"，很多中小房企都觉得前路茫茫。宁夏中房，在近年却因优异的表现，被业内称为"西北黑马"。其做出了以下一些成绩：

- 2020 年是大家公认的中小房企的"小年"，却是宁夏中房的"丰年"，其当年销售额增长超过 165%，利润增长超 64%。而且，宁夏中房 2020 年在银川、西宁的市场占有率均超过 20%，是青海、宁夏两个省和两个省会城市的绝对销冠。
- 一般中小房企都惧怕外来巨头，但宁夏中房的定位是"既不妄自菲薄，也不妄自尊大"，其溢价率普遍高于周边项目。而且，由于自身的独特品牌价值，宁夏中房吸引了众多的合作方，其中它与万科的合作尤其引人注目。目前，宁夏中房与万科合作的平台公司已经进驻 3 个城市且有十几个项目落地开花。
- 其他中小房企总是发愁留不住人才，可宁夏中房的人才队伍非常稳定，高层平均司龄超过 25 年，基层平均司龄超过 5 年。其核心原因在于，让团队"有钱、有爱、有未来"。

- 其他中小房企还在一味做住宅、卖住宅，宁夏中房已经在地产上下游重兵投入，其全龄段的教育体系，依托社区的嵌入式养老产品已经形成了独特的品牌价值。

明源地产研究院在银川对话了宁夏中房集团董事长方陆（见图 6-1），并进入宁夏中房多个项目进行了深度调研。

图 6-1　宁夏中房集团董事长方陆

宁夏中房的另类，核心原因在于其作为区域深耕企业的"长线思维"，即绝对不做赚一笔钱就走的一锤子买卖，而是敢于投入、长期投入。这已经不是一种技巧性的"术",而是立足于某种深层信仰的"道"。大商谋道,小商求利;谋道者,道与利兼得;求利者,道与利俱失。

具体来说,宁夏中房的敢于投入体现在以下三个方面。

- **在住宅产品和服务上敢于投入**。从短期来看,这牺牲了部分项目利润,但从长线来看,却带来口碑和品牌,让宁夏中房的项目不愁卖且能溢价。而口碑、品牌和深耕的经验,又成为其与地产巨头等深入合作的基础。
- **敢于且乐于在员工身上投入**。宁夏中房的薪酬极富竞争力,高、中、基层的年总收入显著高于外来房企,加上运动买单、健康买单、学习买单、乐趣买单、梦想买单等极富特色的福利体系,让员工不但有钱、有爱,还有未来。
- **在未来趋势上敢于投入**。宁夏中房在教育、医疗上的投入是大手笔的、战略性的,其投资的学校是整个银川最好的学校,其养老设施和一线城市相比也毫不逊色。这两个方面都已经成为其地产主业强有力的支撑。

一、在产品和服务上深耕、投入

面对外来巨头的挑战,宁夏中房也经历过迷茫和恐惧,以为像自己这样的中小房企没有多大生存空间了。但是,通过近几年的实践,宁夏中房现在越来越有信心。宁夏中房的信心,来自两句话。

- 一句话是"强龙难压地头蛇"。外来巨头虽然强大,却不如宁夏中房了解本区域和本地客户。宁夏中房是"最懂咱们宁夏人的开发商"。

- 另一句话则是宁夏中房给自己的定位,"我永远都不走,陪护您一生"。在宁夏中房很多项目展示区,都有这句宣传语(见图6-2)。宁夏中房把自己定位成暖男,永远守护本地客户,外来巨头则是高富帅,很可能捞一票就会走。

图 6-2　宁夏中房某项目展示区的宣传语

从数据来看,宁夏中房有理由自信:其项目的价格、销售速度,均高于外来巨头的竞品项目。宁夏中房面对外来巨头时,有以下五个方面的优势。

1. 在本地化上敢于投入

外来巨头的产品大多是标准化的,即使做一些本地化,也因为它们不是很了解本地,或者不敢过多投入,不能真正满足本地客户的需求。而宁夏中房的本地化,则敢于在研发上投入,敢于在产品上投入。宁夏中房拥有更契合本地客户的产品,这是因为外来巨头在用力,它则在用心。

宁夏中房的每一个项目方案都有董事长亲自参与,都有自己独特的文化主题。

- 西北阳光宝贵,宁夏中房就一直在研究怎么让客厅和卧室能充分享受阳光。
- 外来大牌房企基本上都是做车位,可宁夏中房却做出了家家都有门的地下车库,其夏天还可以当地下储藏间使用,很受欢迎(见图6-3)。

图6-3 宁夏中房某项目地下车库

- 银川干燥,寒冷,宁夏中房就成为银川最早做恒温恒湿恒氧产品的房企,屋子里的PM2.5不超过20,吸烟、养狗等产生的各种异味都可以置换出去。
- 银川的风沙比较大,宁夏中房就在窗户上下了很多功夫,最终让窗户的密闭隔音达到高标准。
- 银川是地震多发区，是八度设防区域，这是客户的敏感点。宁夏中房就用了橡胶垫隔震技术（见图6-4），其属于国际领先的技术。

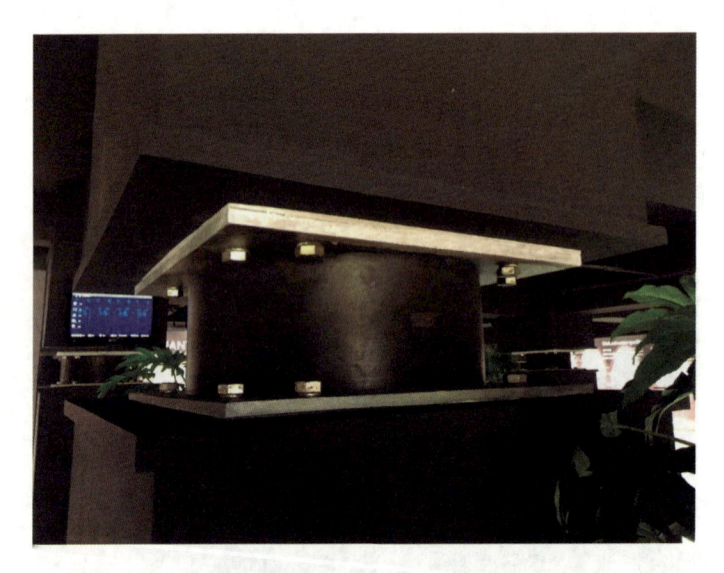

图6-4　宁夏中房某项目应用橡胶垫隔震技术

- 因为沙蒿的花粉容易诱发客户的季节性鼻炎，所以宁夏中房正在研发能防治这种过敏性鼻炎的房子。

总之，宁夏中房的房子几乎解决了本地客户的所有痛点，而外来巨头能解决其中一半都不错了。

2. 敢于在"看不到"的质量上投入

外来巨头都是一个一个项目算账的，对于客户看不到且无法对销售产生直接作用的投入，它们都是能省则省。宁夏中房深耕本地，是

"几十年一起算账"的。宁夏中房相信，项目质量好，客户一定能感受到，即使现在感受不到，5年、10年后感受到也一样有意义。

就实测实量而言，国家标准是85分，而宁夏中房的实测实量都在97分以上。为了这个97分，宁夏中房每平方米要多花200~300元。宁夏中房认为，把钱花到结构质量、水暖配件等"看不到"的地方，虽然交房的时候客户感觉不到，但用起来他们就能感受到。

明源地产研究院在当地走访宁夏中房老业主，发现他们有两个很有意思的说法。一是毛坯房装修的时候，装修队感慨说，这个房子又省力又费力。省力是因为墙面、地面平整度非常高，甚至达到光滑的程度，根本不用二次加工找平；费力则是因为结构都太结实了，如果要砸墙，就要比别的项目多费好多时间。二是搬到宁夏中房的房子里以后，打扫卫生的频率和以前相比降低了。因为房子的密闭性更好，屋子里灰尘少。

宁夏中房在2018年获得了自治区政府最高奖——宁夏回族自治区政府质量奖，这是房地产业和建筑业首次获得该奖项。宁夏中房把100万元奖金拿出来，又捐款和配资400万元，成立了500万元规模的"磐石质量基金"，旨在每年拿出50万元的收益，奖励给在质量工作方面有突出贡献的部门和个人。

3. 敢于在服务上投入

从买房开始，客户就被纳入了宁夏中房的"360度金牌客户服务体系"。在客户买了房子后，有的房企只是交房时通知客户，平时一两年都不搭理客户。而宁夏中房的标准动作包括邀请客户参加工地开放日，告诉客户工程的进度……交房后，还有一个"美丽家园计划"。宁夏中房的老旧小区，早已经过了保修期，但宁夏中房还会去维护，比如在20年的小区里面补种树，重新修整道路、座椅、游乐设施、小区大门等。

自2016年起，宁夏中房在所有项目中推行"168社区服务体系"："1"是"一个和谐的社区大家庭"；"6"是"6大社区服务中心"，包括客服中心、健康中心、健身中心、长者服务中心、儿童娱乐中心、家居服务中心；"8"是社区周边的八大配套服务，包括超市、果蔬、餐厅、美容美发、药店、洗衣、咖啡厅、银行。

这些服务配套本身不为赚钱，只为让客户生活更方便。但是，客户在享受这些服务之后，有好的感受，他们就会帮宁夏中房宣传，给宁夏中房的发展带来巨大的品牌势能。

4. 深耕优势带来大量合作需求

因为宁夏中房在本地的优势，各大巨头没有人想吃掉它，反而纷纷来找它合作。宁夏中房认为合作的前提是价值观相同、理念相近，比如是否像宁夏中房一样注重企业诚信、注重产品和服务品质、注重客户关系、有良好的企业文化。

宁夏中房最终选择了万科，成立了"中房万科"公司，由来自万科、宁夏中房的人组成，实现了合钱、合人、合智。中房万科的发展非常迅速，目前已经进驻3个城市，有十几个优质项目，这也是宁夏中房近几年实现高速增长的重要原因之一。

除地产巨头之外，平安不动产等明星企业也是宁夏中房的战略合作方，中国银行、中国工商银行等金融机构也高度信赖宁夏中房并为其发展保驾护航。

5. 深耕让标准化的深度更深

宁夏中房早年发展较慢，是因为其认为要"好"就得"慢"。宁夏中房近几年增长越来越快，是因为其意识到，在有一定基础和保障的情况下，是可以又快又好的。

宁夏中房的基础和保障的核心是其标准化的深度。举例来说，宁夏中房有自己的三好住宅白皮书，其中对产品的每一个细节都有要求，包括灶台上的挡水坎、水龙头、洗菜盆的高度等都有详细的规定。

在这样的基础之上提速，产品品质、服务品质都是有保证的，总部也就敢于放权。近两年，宁夏中房提出精总部、强一线、快集群，即总部变精，做关键点的管控，给一线放权，让一线强大，同时让一线承担更多责任、分享更多利益。

二、留住优秀人才，靠物质收入，也靠专业追求

三线城市的人才招聘是很多公司的痛点，但是宁夏中房的核心员工离职率很低，为什么呢？因为宁夏中房具有极富竞争力的薪酬体系和丰富的职业发展通道。

"我们的宗旨就是要让团队不但有钱，而且有爱、有未来。"方陆董事长如是说。这也是面对外来房企高薪酬、大平台的持续"挖角儿"，宁夏中房能始终保持核心队伍稳定的原因所在。

1. 宁夏中房舍得给员工极具竞争力的薪酬

宁夏中房的一线岗位年平均总收入是当地房企平均水平的1~2倍，有些岗位甚至达到3倍，管理层的年总收入更是直逼一线城市一线房企水准。

2. 宁夏中房会给员工清晰确定的发展通道

就管理职位而言，宁夏中房的所有管理职位（副总裁及以下）全部是公开竞聘的，一般任期为3年。在刚刚结束的新一届干部竞聘中，其旗下的西宁公司干部"上新率"超过40%。

而善于精专、喜欢钻研专业技术的员工则可以走"专业技术等级评聘"通道，从初级、中级、高级到资深、首席，每个层级都有清

晰的专业资格要求。获评资深、首席等级的员工，个人收入会显著增加，可能翻倍，甚至和管理职位持平。

3. 宁夏中房有独具特色的文化活动和福利体系

在宁夏中房，员工运动企业买单，员工健康企业买单，员工学习、培训、考取相关专业证书还是企业买单（在考取一些重要的注册证书时，员工还可享受专门的复习假），并且在员工及其家属的重要日子（生日、婚丧嫁娶、生孩子），公司都有专门的礼金和礼品。

宁夏中房的运动文化尤其特别：每人每天定量运动，一起打卡，年度运动量超额的发奖金，运动量不足的扣奖金。员工根据自己的兴趣爱好，分头组织健跑、赛艇、羽毛球、游泳、撸铁等各种小组，丰富多彩。

体重超标的同事可以直接找董事长签订减重赌约，如果在一定时间内通过健康的方式达标，就可以从董事长手里赢得现金奖励，数额能达到几万元。迄今为止，方陆董事长已经输了很多现金给员工。

2021年，宁夏中房又推出了"梦想合伙人"项目，即从董事长到各级干部带头帮助自己的团队成员去实现他们的个人梦想，比如学相声、拍视频、中大奖……大家的想法千奇百怪，但是方陆董事长和各级干部都真诚地帮助大家去圆梦。宁夏中房实现了从事业合伙人到梦想合伙人的跃迁，团队凝聚力更上一层楼。

4. 宁夏中房还希望建立起规模之外的专业追求

对产品的钻研是无止境的，优秀人才只要有一个奋斗目标，就会有强烈的认同感。宁夏中房对专业的追求，除了前面已经提到的恒温恒湿恒氧等技术追求，还有文化的追求。

西宁的萨尔斯堡项目有一条弯弯曲曲的河，像一个五线谱，这触动了宁夏中房，于是它就请中央音乐学院的一位教授来做音乐文化社区的策划。在你距离小广场上的椅凳 5 米远的时候，音乐就开始响了，然后你就可以坐在那里听音乐，而你一离开它就停了。有的地方有孩子可以玩耍的击打乐器，而售楼部会馆做了音乐厅。

东城人家项目在确定文化主题时选择了西夏文化，宁夏中房就把宁夏的顶级西夏文化专家聚集到一起研究，最终做了琴、棋、书、画四个园。西夏的建筑符号、西夏的羊拐棋、西夏的音乐、西夏的书法，都在一个社区里得以呈现。

当然，西部的人才总体上跟发达区域还是存在差距的。宁夏中房在留人之外，还有另一个渠道把产品做得更好，那就是借助资源，不求所有，但求所用。比如，宁夏中房的恒温恒湿恒氧系统，后台管理就在南京朗诗。

三、养老、教育等产业既是地产的支撑，也能独立生存

宁夏中房对教育和养老的布局是一箭双雕。

一方面，教育和养老是地产主业的配套，让宁夏中房的房子有了更完善的生活配套。比如，因为宁夏中房有从幼儿园到高中的 12 年完整教育体系，又有养老体系，客户从 3 岁开始，一直到老年，都可以享受宁夏中房的服务。宁夏中房提出：别的开发商卖的可能只是一套房子，宁夏中房卖的是一种生活方式，是未来的美好生活，是一项全生命周期的服务。

另一方面，教育和养老将来也能赢利，成为独立的产业。宁夏中房给教育板块的定位是民办教育，要个性化、差异化、特色化、多样化、优质化、国际化。宁夏中房下属的景博学校，目前是银川数一数二的民办学校。很多人为让孩子有优先进这个学校的资格，会去买宁夏中房的房子。

景博学校的小学有综合素质班、艺术特长班、科技创新班、双语班、国际班。这些班不是业余的兴趣班,而是根据孩子的特点对其持续进行某个方面的培养。这些班除正常的文化课以外,会结合孩子的特长,对其持续进行针对式的教育,比如:孩子偏理科,就到科技创新班;孩子想培养音乐特长,就到艺术特长班。

宁夏中房景博学校有室内体育馆和攀岩墙(见图6-5)、动物园(见图6-6)。这些配套设施,很多一线城市的学校都没能配备。

图6-5 宁夏中房景博学校室内体育馆内的攀岩墙

根据统计,2020年,中国60岁以上的人口已经占到总人口的19%,到2025年将占总人口的20%,2033年将占总人口的25%,2050年将占总人口的35%。因此,宁夏中房很看好未来的养老市场。

中国目前的养老大致分为三类:90%是家庭养老,7%是社区养老,3%是机构养老。其中机构养老远离儿女亲人,很多老人并不喜欢。因此,宁夏中房提出了自己独特的"替天下儿女尽孝,让父母在儿女身边养老"的理念，并打造了三类产品，分别是幸福家、幸福汇、幸福里，针对"家庭养老+社区养老"这97%的人群，提供更加丰富的服务。

图 6-6　宁夏中房景博学校内的动物园

- 幸福家：主要进行家庭适老化改造，以及适老化用品的推介与服务，比如家里的防滑设施、自动省力设施等。
- 幸福汇：提供家庭养老所需要的医、食、住、行、购、娱、学。其中："医"，就是找到好的医生和医疗资源，给予相应的激励制度，让他们为社区老人提供服务，可以是互联网医院，也可以上门救治；"食"，老人们可以到社区公共的老人食堂去吃，也可以订餐上门，20元就可以吃到四菜一汤。"学"，主要就是老年大学等活动；而"购""娱"等也有相应的服务。
- 幸福里：升级"幸福汇"提供的各种服务，并提供同一社区内的居住服务。也就是说，老人还和子女们住在同一个社区里，但是老人有一个集中活动和养老的地方，失能或半失能老人也可以享受全天候的服务。子女可以在方便的时候随时来看望老人。

幸福里项目是嵌入小区的，业主既可以从社区里面进入，也可以从小区外面进入。它一般是一个三层建筑，三楼是一个活动平台。明源地产研究院曾考察了宁夏中房的一个幸福里项目，当时里面的老人们正在参加教育、健身等活动。而宁夏中房集团董事长方陆本人的母亲，也在幸福里养老，足见宁夏中房对自己项目的信心。

目前，宁夏中房的养老项目已经走出银川，在多个城市落地开花，并成为当地标杆。幸福里养老项目的设备是国内领先的，工作人员曾向明源地产研究院演示给失能或半失能老人洗澡的装置（见图6-7）。

图6-7 宁夏中房幸福里养老项目中给失能或半失能老人洗澡的装置

宁夏中房认为，中国的房地产业有一天会触及天花板，而养老跟教育则是长青的产业。宁夏中房的教育、养老和地产既独立发展，也相互支撑。宁夏中房有非常优质的早教、幼托、小学、中学，加上日常的社区服务、养老服务，就是全生命周期的服务，这是宁夏中房的价值点，是宁夏中房项目能够溢价的原因。

四、抓住区域窗口期，建设"美好企业"

对于区域深耕房企的未来，以及整个地产市场的未来，宁夏中房是偏乐观的。

1. 区域深耕房企迎来一些窗口期

早期的调控措施经常是出台全国性政策。政策的本意是用猛药抑制经济发达地区的房价过快上涨，可是房价并没有怎么上涨的中西部地区，也遭遇周期性打击，这是区域深耕房企面临的最大危险。而因城施策之后，在地产对地方财政、税收贡献很大的区域，若房价没有大幅上涨，地方政府基于对本地情况的了解，是不会随便加码调控的。

许多区域出现了自己的小周期，也就有了一些区域的窗口期。比如，一些之前房价上涨很缓慢的西北城市，陆续出现了补涨，上涨幅度较大，但因为单价仍较低，政府并没有出台严厉的限价政策。宁夏中房等房企预测并抓住了这个窗口期，也就实现了销售额、利润率的快速上涨。

2. 地产行业的未来一定光明

宁夏中房认为，地产行业的未来一定是光明的。如果说有变化，那就是转向更有质量的发展，因为房地产业对于经济仍然是很重要的。发达国家也是一样的，比如美国的房地产业对GDP的贡献率为13%～15%，而很强大的金融和保险业对GDP的贡献率也才8%。

中国的城市化还远远没有完成。目前，中央的态度是稳房价，所以房价不会大涨也不会大跌。所以，宁夏中房认为站在5年、10年的周期来看，地产行业的未来是一片光明的。

当然，短期内也不排除楼市出现短暂冬天的可能。如果因为某种黑天鹅事件，购房者的预期急剧下降，大家都不买房了，地产行业就会出现短暂的冬天。而所有政策发挥作用都需要时间，购房者信心的恢复也需要时间。

宁夏中房现在的做法是"应对第一，预测第二"。没有人是神仙，所以既要做出判断，也不能盲目相信自己的判断，而要做好应对的准备。宁夏中房目前已经总结了"过冬18法"，主要着眼于事前的风险防控体系和机制建设。

上面讲了宁夏中房如何对客户好、对员工好，而宁夏中房认为，只让这两个群体感受到自己的美好还不够，还必须让所有利益相关方都感受到。除客户、员工之外，企业的利益相关方还包括合作方、股东、社会。

例如，对于供应商等合作方，宁夏中房不仅保证合作量级，而且在算账付款时更诚信、更可靠。甚至在有些合作方遇到困境时，宁夏中房会提前付款，伸手拉它们一把。因此，很多供应商愿意长期和宁夏中房合作，甚至愿意以较低的利润率和宁夏中房合作。

宁夏中房认为，让所有利益相关方都满意的企业才是"美好企业"，它比仅仅业务出众的"卓越企业"要更长寿，离成功也更近。卓越企业偏重于经营指标的评价，而美好企业更多地上升到一种情感、情怀和责任。

宁夏中房，正大步走在通往美好企业的路上。

第七章
邦泰集团：中小房企依靠区域深耕崛起的样本

近年来，行业集中度加速提升，大鱼吃小鱼、小鱼吃虾米成为新常态。很多中小房企都活在"小而没"的恐惧中。然而，有一家区域深耕房企却逆流而上，10年间从零开始，排名一路飙升，跻身百强。

到2021年一季度，这家房企的业绩仍保持几何倍数增长，并走出四川，布局周边，可谓中型房企成长的样本。这就是邦泰！

一家2007年才起步，扎根西南，80%项目集中在三、四线城市的房企，何以爆发出如此巨大的能量？在其成长的历程中，有哪些经验值得相似的房企学习和借鉴？明源地产研究院奔赴成都，独家对话了邦泰集团联合创始人、副总经理何流（见图7-1），解读邦泰飞速成长的奥秘。

图 7-1 邦泰集团联合创始人、副总经理何流

一、兼顾战略与布局，顺应趋势

很多企业只顾（或者只会）埋头干活，不会抬头看天，天一变，它们就容易走向衰败。天时，就是势，任何人都不能与趋势为敌。很多房企的起点比邦泰高，但发展却不及邦泰，何流认为邦泰的成功源于清晰的大局观：战略上，做正确的事而非正确地做事；布局上，精选值得深耕的城市。

1. 注重市场研究，踏准周期

成立于 2007 年的邦泰，发展速度极快。从 2012 年到 2018 年，邦泰的业绩增长了 20 多倍，成长速度丝毫不比很多巨头慢。只不过因为基数比较小，所以邦泰的整体规模较小。到 2021 年一季度，邦泰的业绩仍保持几何倍数增长。一家企业能从零发展到这种程度，一定存在某些必然的原因。

邦泰是由四川乐山一家做营销策划的销售代理公司转型为地产开发公司的，其创始人明白公司在初创阶段存在各种各样的短板。所以一开始，即便是很小的项目，邦泰也是与其他企业合作开发的。

然而，有时候劣势也是优势。何流表示，当时很多开发企业都是由建筑企业转型而来的，加上市场供不应求，整个行业都十分粗放，市场也不细分，对产品的研究和客户的关怀几乎是零……对于这些弊端，长期沉浸于二级市场的邦泰前身都看在眼里。

为此，邦泰成立之初就特别关注产品和客户。董事长罗勇提出，销售为客户服务，而所有部门为销售服务，所谓"客户第一"，首先就是要为客户创造价值。这一思维和理念超越了区域市场上的其他开发商。

邦泰很早就在营销中心设立市场部，专门做各种市场和客户研究。2016年，这个部门成为升级后的营销投资管理中心的一个重要战略部门，专门做经济理论、地产经济学和投资战略等研究。2019年，邦泰的投资管理板块从营销投资管理中心独立出来升级成中心，做投资战略研究的人数也由最初的4个人增加到2020年的八九个人。

扎实的研究，不仅使邦泰实现了资源配置效率的最大化，还让邦泰比别的房企能更准确地踏准周期。比如，2017年市场一片火热，提出冲千亿和三千亿的房企层出不穷，邦泰却主动将企业战略调整为"稳健发展"。2019年年初，邦泰提出以出量为主，当年其销售面积达184.5万平方米。2020年年初，邦泰宣布在稳住三、四线城市市场的基础上，逐步回归一、二线城市。如今看来，市场的走势，一次次印证了邦泰预判的准确性。

目前，邦泰的土储够开发两三年，基于对大势的判断，接下来邦泰会控制拿地速度，降低开发节奏，将工作重心转移到练内功、练团队、打磨产品和升级服务上。

何流总结说，中小房企要看明白、想明白，在定方法之前要先定方向。对此，邦泰用 12 个字总结——"谋对路子，找准法子，摘到果子"。2007 年至今，中国房地产市场经历了几轮波峰和波谷，邦泰都平稳度过了，关键就在于它看清楚了大局，顺势而为，踏准了每一轮的周期。

2. 做正确的事，而非正确地做事

制定战略很难，坚定地执行战略更难。因为很多个人和房企，为了正确地做事，而忘了做正确的事。

何流告诉明源地产研究院，2009 年，邦泰手里已经有两亿元的流动资金。当时一家公司在峨眉有个 200 亩的项目要转让，这个项目位于天下名山，位置很好，人流量大，而且转让价格刚好两亿元。面对这个诱惑，邦泰也很犹豫——要不要投？

经过探讨，邦泰最终放弃了这个项目。因为即便拿下它，公司也没有后续资金能够将它培育起来，而且公司没有操盘别墅和低密建筑的经验。最后，这笔资金被投入到了快周转的项目上。何流表示，这个决策源于我们对市场的研究，对自己实事求是的态度，有些项目从行业标准来看是好项目，但不一定适合你做。

不少房企在发展过程中容易得意忘形，做超出自己能力圈的事情，但往往一个项目失败，就足以让公司从此一蹶不振。何流强调，做决策时不能头脑发热，要认清楚自己。如今，对于什么样的土地该拿，什么样的土地千万不能拿，邦泰已经有一套标准的模板。

3. 精选城市，持续深耕区域市场

邦泰早期拿的都是面积比较小、位置比较偏的地块，而且清一色都是拍下来的，现在基本还是这样。谈及布局，何流表示，未来还是深耕西南，以四川为大本营，除已进入的云南、重庆等省市外，也会持续关注周边省份的一些机会。

邦泰主要深耕的是三、四线城市，而其他人对此的看法颇有分歧。比如，有些人认为，一些三、四线城市缺乏产业的支撑，一旦遇到市场疲软，价格就会下行特别快。因此，在三、四线城市发展十分考验房企的眼光。

邦泰是怎么投资布局的？它的信心来自哪里？

这要从居民住房发展阶段说起。居民住房分为三个阶段：

- 第一阶段是刚性需求旺盛，改善需求为辅。
- 第二阶段是改善需求为主，刚性需求为辅。
- 第三阶段是刚性和改善需求基本得到满足，投资需求增加。

现在邦泰布局的城市正处于第二到第三阶段，城镇化还在进行中，区域房地产还有一定的成长空间。其典型的表现是：邦泰布局城市的二手房交易量不错。

邦泰选择全域人口在200万人以上的城市深耕，其中一些城市短时间内缺乏足够的产业支撑，但属于资源输入型城市。以乐山为例，凭借创"双百大城市"以及本地丰富的旅游资源支撑，乐山的人口持续增长至355万人以上，目前仍保持每年新增3万~5万人的速度，足见其对周边区县的吸附能力。加上其距离成都近，成绵乐高铁开通以后，又对区域发展产生了进一步的拉动作用。又比如邦泰市场占有率第一的内江，作为巴蜀腹心、成渝中心的"节点城市"，内江北达成都、东连重庆、南接云贵、西抵川西，有"巴蜀要冲""川南咽喉"之称，自古就是西南重要的物资集散地。

邦泰不会因为要规模而盲目扩张，一旦选定布局一个城市，就会拿出足够的诚意与其共同成长。

近年来，国家推动成渝地区双城经济圈，两地的"集群效应"进一步增强，川渝城市群也将迎来新一轮的发展，楼市更加繁荣。邦泰重仓布局的成渝经济圈的西部城市群正迎来新的发展机会。基于这个判断，2018年至2021年一季度，邦泰先后进入川南的自贡、川北的巴中、中部的遂宁、川东的达州、中部的德阳，云南的昆明、玉溪以及重庆的奉节。三年时间，邦泰的业务覆盖从川内10城到西南近20城（见图7-2）。

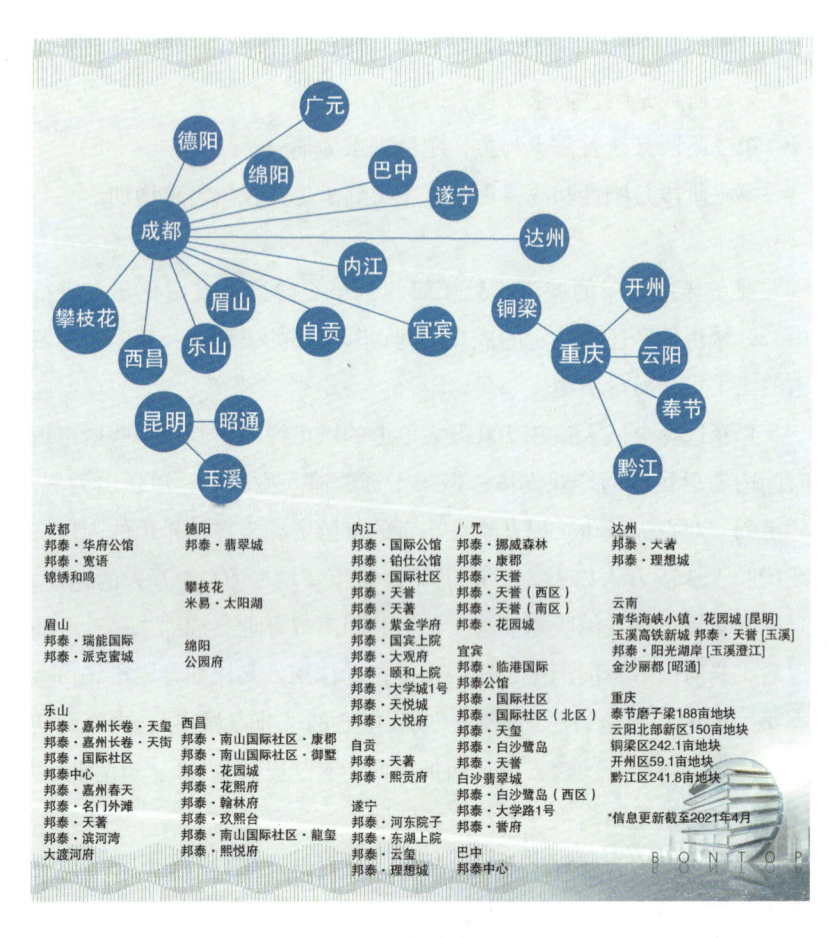

图 7-2 邦泰布局图

资料来源：邦泰。

综上，邦泰基本上只做其熟悉的、可控的产品，对投资的判断极为谨慎，同时对进驻的城市全情投入，与城市共同发展。

何流认为，整个地产行业还是增长的，只不过从过去的快增长变成如今的稳增长。这是一个巨量的市场，政策会影响其短期的走势，但房企只要在大方向上不出太大偏差，想清楚和看明白大趋势，尊重市场和行业规律，科学管理，做适合自己和自己能做的事情，中长期发展一定是没问题的。

二、打造高性价比的优质产品，不断升级服务水平

西南的三、四线城市，一段时间以来基本上属于封闭型市场，辐射的物理半径有限，房企想要持续深耕，口碑特别重要。而房企要想赢得口碑，就要用产品和服务说话。

正如在每个班级皆有对学习重点了然于胸，努力学习、提前计划、帮同学们划重点、解答疑惑的"三好生"，邦泰的产品与服务就被誉为四川房企中的"三好生"。

1. 注重客户研究，多渠道创新，创造众多产品奇迹

2006年，邦泰通过土地协议出让的方式获得乐山市中心体育馆后门的13亩土地，开发出128套住宅。该项目于2007年元旦开盘，开盘当天就被一抢而空，销售额达2 000万元，创造了乐山的销售奇迹。当时，邦泰做了一件事：在当地所有媒体上刊登了一封致歉信，向所有在这个项目排号却没买到房子的客户表达歉意，由邦泰赠送给他们一个礼品，这在当地引起了巨大的反响。2009年，乐山邦泰·名门外滩开盘，分两天选房，第一天开了300套，为防止有些通知到的客户不来，邦泰通知了前350号的客户到场选房，结果前300号客户就选完了房！2012年，邦泰创造了嘉州长卷·天玺项目（见图7-3）

单盘销售额突破10亿元的奇迹,半年开盘6次。

图7-3 邦泰嘉州长卷·天玺实景

资料来源:邦泰。

类似的例子还有很多。为何邦泰的房子卖得这么火?

邦泰早期的资金有限,因此做的都是体量小的项目,但是其定位非常清晰,即主要做超高性价比的刚需产品,能做大赠送的就做大赠送,不能赠送的就在总平规划上拼景观,拼对自然资源的利用……这些理念都超前于当时本地的其他开发公司。

对客户需求的精准把控,源于对客户的研究和不断的学习。在邦泰,市场研究部门经常组织团队成员前往深圳、北京、天津、成都、重庆等地学习,借鉴这些城市做产品的经验,并考虑如何本土化。

邦泰的主创设计团队之前每年都会前往欧洲、美洲、大洋洲、亚洲其他国家去考察和学习。一位在邦泰工作 4 年多的设计员工，已经去了 10 个国家研习。这样训练出来的员工所设计的产品必然会给客户带来惊喜。

以邦泰嘉州长卷·天玺项目为例，2015 年，邦泰嘉州长卷·天玺第一批次交房，为了突破乐山当时最高住宅标准，邦泰额外花费了 4 500 万元对小区的硬件进行升级：小区设置了游泳池及儿童戏水池、1 个篮球场、2 个羽毛球场，还有 5 人制足球场、乒乓球台、露天健身器材等，在架空层设置了室内健身器材（有跑步机等多种健身器材）、儿童娱乐设施、休息区等。当时乐山房地产市场还处于比较低迷的状态，但是该项目的收房满意度达到 99.5%，这一数据震惊了乐山同行。

同样，邦泰的产品会匹配当地居民的生活习惯。通过对四川人生活习惯的深入研究，邦泰将成果运用于自身在四川区域的产品。比如：四川人每家每户必备"泡菜坛子"，邦泰厨房或生活阳台就会预留"泡菜坛子"空间；结合四川人热情好客的性格特点，邦泰厨房和客厅的面积配置要足以支撑一场小型的亲友聚会……诸如此类特意为四川人量身定制的户型设计小细节，自然让邦泰收获了一批忠实业主。

对于一家区域深耕型房企来说，要"生存"，无疑也得走"快周转"之路。但"快周转"之于邦泰，并非简单的复制产品，邦泰的"快"更在于快速高效的产品升级能力。仅在内江，2018 年邦泰就落地了三种全新的产品系。邦泰把这三种产品分别界定为：礼遇城市新贵的品位华府"府台系"、中央繁华之上的人文名邸"天字系"、屹立城市巅峰的传世大宅"院子系"（见图 7-4）。每一种产品都是在深刻洞察三、四线改善需求的基础上，因地制宜地贴合四川当地的生活方式和城市人文特性精心研发而成的。

图7-4 "院子系"遂宁邦泰·河东上院实景图

资料来源:邦泰。

  同时,"快"与"慢"又是相对的。为了做出高品质的产品,邦泰又很"慢",以邦泰在业主中备受好评的园林景观为例。一方面,邦泰自己有100余亩的园林苗圃,从设计、施工、养护到园林苗木生产都是由自己的园林公司一条龙完成,来为集团各项目园林景观建设提供有力保障。另一方面,邦泰植物采购工程师为了保证最美的园林效果,从单株造价30万元的世界级树王加拿利海枣到每一棵行道树,都会全程参与采购,走过大江南北,遍寻宝贵树种,之后将各种名贵树种移植到苗圃,适应一段时间后再逐步迁居园区,这个过程叫"引种驯化"。

  随后,景观植物还要经过360度的精心选景,才能在项目里扎根安家。比如,遂宁邦泰·河东院子实景展示区庭院中假山上的松树,设计师就经过了三次现场调整才最终选定。设计图纸上最初是石榴,但栽种后无法匹配现场的效果,设计师几经调整,还前往山东选苗,最终挑选到了合适的松树,才完成栽种。仅仅为了这棵松树,设计师前后用了 20 天。

2. 多方面提升服务水平，赢得客户口碑

如果说房子是看得见的产品，那么服务就是看不见的产品。出身于销售代理的邦泰其服务客户的理念也十分超前。

比如，对走进售楼处的客户，邦泰全程标准化接待，对每个置业顾问的着装、交谈姿势和身上的工牌等都有严苛的标准，其服务标准和相应的处罚条例超过 200 条，公司从稽核部门、自查机制和客户投诉三方面确保制度和标准的执行和落实。

2012 年，对一个远在马边彝族自治县的客户，营销总监驱车三个半小时，上门做一对一的沟通。对前文提及的，因认购过于火爆而导致 301 号老太太选不上房子的情况，何流现场劝了半小时，当晚又带上礼物登门道歉。

邦泰对物业服务也特别重视。2015—2016 年邦泰进行战略转型，提出"品质服务，稳健发展"的公司发展战略。2017 年，邦泰实现销售产值近 90 亿元，销售面积近 130 万平方米，交房 16 000 套；邦泰物业成长规模增速达 253%，位居全省第一位，客户满意度提升了 12.8 个百分点，高至 92.5%。到 2020 年，邦泰物业覆盖客户数已达 55 万人，客户满意度上升至 97.1%。目前，邦泰物业有 2 900 余名员工，拥有国家一级资质，连续 5 年蝉联全国物业服务百强。

除了常规的动作，邦泰物业有便民日（给业主提供磨刀、擦鞋等服务）、邦里节、邻里宴等。万科、龙湖等公司在做的智慧社区，比如人脸识别、无人机小区巡查等，邦泰在三、四线城市也在同步做。除此之外，客户开车进入邦泰小区，全程无须摇下车窗，云停车系统具有车牌 +App 双重识别认证、车牌预约、视频远程协助等功能；外卖、访客到时，业主通过视频就可以远程开门。

邦泰还上线了自己的 App "邦泰汇生活"，各种费用都可以在上

面支付，还有家政、保洁、生鲜直购等服务，甚至连二手房交易都可以通过这个平台来实现。这些服务在一、二线城市或许不是太新鲜的事情，但在西南地区的三、四线城市落地的就不多了。邦泰因此荣获了"2016国际智慧城市建设优秀企业"和"2016中国智慧城市建设创新奖"。

邦泰有"邦管家"，一个管家专职服务三五百户业主。每个管家都有严格的星级认证体系和研习任务，既要服务好业主，还要成为业主生活的好顾问。

为了服务好客户，集团每年都会为物业输血。乐山邦泰·名门外滩已经开发完成超10年，但邦泰在消防、休闲等物业设施上仍持续投入，大门外的一棵银杏树死了，本来属于市政管理，但邦泰为业主进行了免费更换，为此花费了6万元；宜宾邦泰·临港国际项目常常主动上门关怀小区里的空巢老人，为老人们免费开展家政服务；一到夏天，邦泰的业主总能享受到邦泰物业的空调上门清洗服务；新冠肺炎疫情刚爆发之时，"一罩难求"，邦泰物业全员在岗悉心服务业主的同时，更是斥资数百万元从全世界采购口罩，在关键时刻空运回了口罩，并及时为所有业主（含已签约尚未收房的业主）进行了发放。邦泰物业每年都会在交付小区开展丰富多彩的业主活动：邻里宴拉近了业主们的距离；邦里节让小区居民的才艺有了施展空间（见图7-5）；邦乐园让小区的孩子们可以快乐地玩耍和学习；生"泰"旅游计划让业主们走出家门，畅享好山好水……

三、组织架构因时而变，吸纳优秀人才不遗余力

无论多么完美的战略，要落地执行，最终要靠人。何流也表示，企业竞争到最后就是人才的竞争。对此，邦泰在发展过程中，不断调整组织架构，吸纳优秀人才。

图 7-5　邦泰首届汇生活邦里节

资料来源：邦泰。

1. 调整组织架构，让听得见炮火的人做决策

权力的收放，在企业管理中向来是很棘手的问题。一放就乱、一收就死，这个问题困扰着很多企业，影响企业做大、做强，还有些老板根本就不愿意放权。2013 年之前，邦泰是总部管控。在企业快速发展的过程中，让前方的战士完全听从后方的指挥，难以对业务战略形成有力支撑。因此，当年邦泰果断将管理权限下放到城市公司，让前线听得见炮火声的人做决策，实行小单位作战，这种方式有种阿米巴的感觉。邦泰将权力下放以后，城市公司拥有了人权、物权和财权，积极性大幅提高，进而带动业绩的快速增长。

除收入等跟经营产出挂钩之外，集团还负责管一级目标、管考核。至于拿地之后什么时候亮相、什么时候拿预售证、什么时候开盘，在与城市公司充分沟通的基础上，集团营销管理中心和营运部专门负责统筹协调，为城市公司提供服务和支撑。同时，集团各职能中心直接服务城市公司，各部门之间协同合作，从而拉近了各部门的战略互通，为一线的工作提供便利，将内部管理体系标准化落实到每个城市。

邦泰还推出了独特的打分机制：一线员工和区域公司对集团总部的职能和服务质量打分，以此督促总部为一线赋能。相对扁平的二级管理架构，使得邦泰能够根据市场变化灵活调整推货策略，并迅速应变。

2. 为吸纳人才，将总部搬到成都并极尽关怀

邦泰从2006年就开始拿地，但正式成立是在2007年。2007年2月，邦泰通过竞拍方式获得名门外滩36亩的土地开发权；同年3月，邦泰置业（邦泰集团前身）才正式注册。当时公司只有几个人，在一间几平方米的民房里办公，只有3台电脑。如今，公司员工已超过4 300名。

为了吸引优秀员工，邦泰有许多举措，比如将总部迁往成都。2013年，公司将总部搬到成都，主要是基于两方面的考量：一是塑造公司的品牌形象，二是吸纳人才。之前公司总部在乐山的时候，为了引进人才，集团领导往往在周末或工作日晚上赶到成都与候选人进行面谈，但应聘者一听说要去乐山工作立马就不乐意了。总部搬到西南人才高地成都后，人才进入的障碍消除了。

在吸引人才方面，邦泰除了有竞争力的薪酬和无微不至的福利体系，有前途的事业和平台外，还有良好的文化氛围。2008年，汶川地震和全球金融危机对四川地产行业造成很大的冲击，刚刚成立的邦泰也受到影响。公司内部进行了一次"劝退"，公司仅保留了两个员工维持运营。公司创始人何流告诉被"劝退"的员工：等行业回暖了，业务恢复了，我再挨个打电话请你们回来。随着2009年市场回暖，邦泰业务恢复，何流兑现了当初的承诺，打电话邀请之前被"劝

退"的同事回公司工作。

除了内外部的培训，公司积极鼓励和支持员工自学成长。员工购买与工作相关的书籍可以报销，取得相应的学历和职称可以报销费用，还有带薪学习假期。2013年9月5日邦泰启动了"同心工程"，邀请华夏基石咨询管理公司针对邦泰企业文化进行诊断并提出建设性建议，通过一对一访谈、座谈、问卷调研、历史资料分析、标杆企业和竞争对手研究等方式，梳理形成邦泰诊断报告。2014年1月3日邦泰启动"同心工程"共识营，集团45名中高层领导进行了为期3天的"互动、对话、共识"封闭训练营，针对邦泰未来发展命题进行讨论，形成《邦泰企业文化共同纲领》(《邦泰之道》前身)。同心工程项目从项目启动到成果呈现历时8个月，并于2014年5月发布《邦泰之道》(见图7-6)。

何流表示，当时公司的规模还不大，为了跟华夏基石这么知名的咨询公司合作，公司投入了大量的财力、物力和人力，但公司认为那时候就应该这么干。《邦泰之道》明确了企业的价值观，比如，从2013年开始，集团不再录用直系三代以内或旁系三代以内亲属进入集团范围内任何公司工作。这避免了搞裙带关系的可能，让每一个员工都可以参与公平竞争，凭借能力而非关系获得晋升。

除了关心员工，邦泰还关心默默支持邦泰的员工家属。比如：组织开展员工子女夏令营；优秀员工还可以免费带家属一同出国旅游，有不少保洁大姐因为在邦泰工作，平生第一次带着家属到国外旅游。2018年，集团增设"春苗计划"，针对物业所有员工，子女考上大专以上高等院校每人每年报销4 000元的学费，直至其毕业。到2020年，"春苗计划"已经累计资助246位邦泰物业员工子女，发放了近百万元奖学金，除了专科和本科的学子，邦泰助力的硕士和博士阶段的物业员工子女也越来越多。

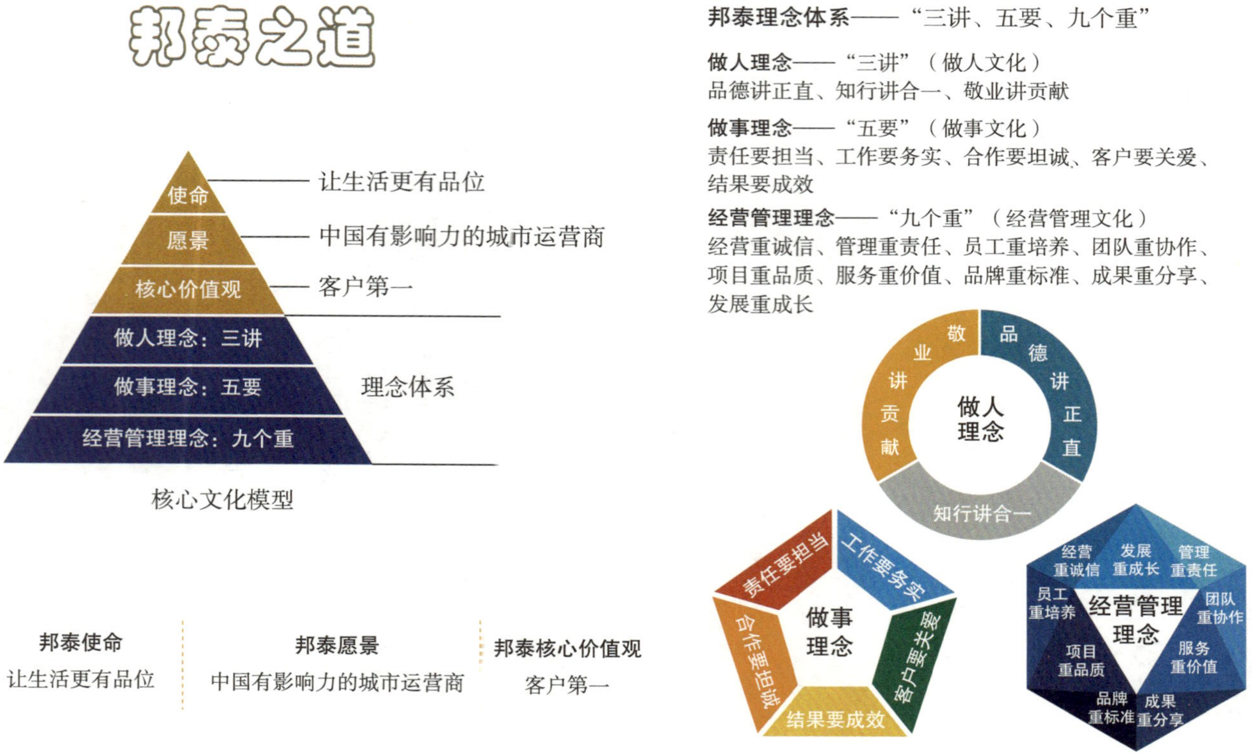

邦泰之道

使命 —— 让生活更有品位
愿景 —— 中国有影响力的城市运营商
核心价值观 —— 客户第一
核心理念：三讲
做人理念：三讲 ┐
做事理念：五要 ├ 理念体系
经营管理理念：九个重 ┘

核心文化模型

邦泰使命 —— 让生活更有品位
邦泰愿景 —— 中国有影响力的城市运营商
邦泰核心价值观 —— 客户第一

邦泰理念体系——"三讲、五要、九个重"

做人理念——"三讲"（做人文化）
品德讲正直、知行讲合一、敬业讲贡献

做事理念——"五要"（做事文化）
责任要担当、工作要务实、合作要出诚、客户要关爱、结果要成效

经营管理理念——"九个重"（经营管理文化）
经营重诚信、管理重责任、员工重培养、团队重协作、项目重品质、服务重价值、成果重分享、发展重成长

图 7-6 邦泰之道

资料来源：邦泰。

良好的激励和文化氛围使得邦泰的离职率很低。邦泰成立五周年的时候，一共离职不到 5 个人，经理以上无人离职，大多数离开的员工都是被劝退的。邦泰员工的归属感很强，狼性十足。比如：名门外滩销售团队从早忙到晚，就采用早晚轮流的方式休息；嘉州长卷的销售人员忙不过来，还请家属来帮忙。很多员工跟着公司打江山，"邦泰去哪里，家就在哪里"，在邦泰工龄达 10 余年的员工不在少数。邦泰为员工设置了"司龄工资"，且无上限。

2018 年，面对市场竞争与变化，邦泰提出"人才年轻化"战略，为未来布局：重视对高潜人才的引进和培养，同时激励内部员工持续成长，为公司发展提供源源不断的后续力量。邦泰近年来加大应届毕业生"邦筑生"的招聘与培养。截至 2021 年一季度，邦泰已有近 300 位"邦筑生"进入公司的各个部门。根据每个人的专业岗位，为期三年的专项培养方案，将帮助这些"邦筑生"实现从助理到经理级的成长。在社招方面，邦泰不惜培养成本，也向年轻人"倾斜"。目前，邦泰员工的平均年龄为 30.16 岁，各级别员工年龄皆低于行业平均水平 3~6 岁。

小　结

当前，不少正在挣扎求存的房企，对未来几年的行情走势比较悲观，邦泰对此却信心满满。早在成立之初，邦泰就特别注重品牌建设。2013 年之后，它更是加大投入力度，成立了集团层面的品牌部，在品牌建设上狠下功夫，打造"责任地产"形象，用软实力筑造邦泰的护城河。除了好产品和好服务，邦泰还积极回馈当地。在广元，邦泰就和当地政府、非政府组织一起成立了国内首个"无息借款"社区危旧房改建基金，帮助剑阁县姚家乡的村民们修缮住房（见图 7-7）。仅在乐山师院，邦泰就投入了近 1 200 万元，帮扶困难大学生，奖励优秀教师，完善教学设施。在巴中、达州、西昌、遂宁、广元、自贡等地，邦泰联合中国儿童少年基金会落地"怒放吧，少年！"计划，共为当地小学阶段的孩子们发放约 6 570 份"Hello 小孩"爱心礼包，并落地捐资建设了 13 所"邦泰安康图书馆"，为孩子们打开看世界的窗口……这为邦泰在深耕区域市场过程中赢得了良好的口碑和品牌认可度。

图 7-7　2017 年，广元剑阁县姚家乡邦 HOME（家）志愿者援建活动
资料来源：邦泰。

何流认为，只有不好的企业，没有不好的行业，何况房地产市场还是相互区隔的，只要通过设计和服务为客户创造价值，保持良好的品牌美誉度和客户忠诚度，就能够抗击市场的周期性风险，只要客户对公司的产品和服务满意，公司就一定有生存和发展的空间。

邦泰早期都是使用自有资金，何流等其他合伙人将自己的房子抵押，向银行借款。发展壮大之后，邦泰也非常注意控制杠杆。何流告诉明源地产研究院，邦泰只有极少的银行贷款，大部分都是自有资金。由于现金充裕，邦泰可以做到从不拖欠供应商的应付账款，即使在最困难的时候，也会把款项给到对方。因此，了解邦泰的供应商都愿意跟邦泰合作，甚至有时候合同还没签，供应商就先把工作做起来了。

邦泰一直强调与客户、员工、合作伙伴、股东、社会的共赢。2019年，邦泰围绕"砥砺同行，共创共赢"的战略核心，提出针对这五大关系，进行五大建设：对股东，邦泰让房地产继续成为一门好生意；对员工，邦泰要做一家负责任的好公司；对客户，邦泰将持续打造一个负责任的好品牌；对合作伙伴，邦泰必然是一个好的合作方；对社会，邦泰坚持做一家好企业。

下 部
专业赛道——产业链细分

第四篇　专业投资商

三道红线、房地产贷款集中管理等调控政策出台后，一方面使房企降低负债率的意愿变得空前强大，另一方面，也逼迫很多想投房地产的金融机构，不再以影子银行的身份，而是以股权的方式进入。

2020年的中国，在地产市场的某些方面，与1985年前后的美国很类似，黑石集团正是在那个时候起步的，到2008年已是资本之王。未来，中国也一定会出现黑石、喜达屋、凯雷这样的巨头。

第五篇　专业开发商

真正意义上的"专业开发商"，是像绿城管理这样的代建公司。

代建公司最初通过收取固定比例的代建费用和部分项目溢价，来赚取利润，这是真正意义上的"管理红利"。而当规模越来越大时，它们就逐渐转型为控制部分开发端口的平台公司。

第六篇　专业运营商

运营可以采用完全轻资产模式，只收取运营费用。运营也可以采用相对轻资产模式，"二房东"就是相对轻资产模式的一种。但如果持有物业，其租金等收入可以带来稳定的现金流，而REITs等金融工具的出现，让持有物业者能一次性把未来二三十年的收入变现，这就让持有运营模式也有了短期赚大钱的可能。

商业、产业、公寓等专业运营商们受到业内和资本市场的关注和热捧，不仅是因为其财务表现优异，更在于其代表了中国城市的发展方向。

第七篇　专业服务商

截至2020年年末，上市的38家物业服务企业，其市盈率平均估值为38倍，高于科技公司35倍的平均估值。

当楼市从供不应求进入到供需相对平衡时，人们的关注点必然从单纯的物理空间转向空间中的内容。

第四篇

专业投资商

在绝大多数行业，资本处于食物链的顶端。可是，房地产这个中国第一大行业，似乎是个例外。之所以说其例外，并非说大包大揽模式下的开发商不需要资本，而是说在很长一段时间里地产行业都缺乏专业的投资机构。

我国地产基金自2008年起步，2010—2011年首次出现爆发式增长，最高峰时，做地产基金的机构达到了几千家。可是在很长一段时间内，银行、证券、保险、信托等位于地产行业融资的主舞台，地产基金是最不受待见的，因为绝大部分地产基金以做债类（纯债或者"明股实债"）投资为主，为开发项目提供高息贷，因此只能捡别人挑剩的骨头吃，风险自然也大，一遇到行业和利率市场调整就纷纷"爆雷"。

三道红线、房地产贷款集中管理等调控政策出台后：一方面，使房企降低负债率的意愿变得空前强大；另一方面，也逼迫很多想投房地产的金融机构，以股权的方式进入（以前基本是影子银行的逻辑），房地产股权投资的大时代已经来临，专业投资商大有可为。

目前，我国已经有一些初具规模的专业投资商。除大名鼎鼎的平安不动产之外，鼎信长城已经与国内超过2/3的百强房企建立了合作关系，并且开展跨境投资业务，平均每1周就投出1个项目；高和资本更是已经深耕城市更新投资领域十余年，积累起了团队、经验和业绩的优势。

2020年的中国，在地产市场的某些方面，与1985年前后的美国很类似，黑石集团正是在那个时候起步的，到2008年已成为资本之王。未来，中国也一定会出现黑石、喜达屋、凯雷这样的巨头。

第八章
鼎信长城：1周投1个项目，投遍70%百强房企

亚当·斯密认为，社会分工是现代经济繁荣的基础。因为分工可以大大提高生产效率。随着社会的发展，各行各业的分工都越来越细。然而，中国的地产行业却是个例外。

与发达国家专业化和精细化的模式（发达国家的房地产开发模式，是一条横向价值链，所有环节均由不同的专业公司各自完成，真正的主导者是各种基金）不同，中国的地产行业是大包大揽的重资产模式——投资、开发、建设、销售，甚至运营和服务都由一家公司完成。不过，随着我国地产行业逐渐由增量开发向存量经营转轨，整个行业也逐步向发达国家模式靠拢，目前已经裂变出了专业投资商、开发商（代建）、运营商和服务商等标杆。其中，开发商、运营商、服务商容易被大众所熟知，而投资商则连很多房地产从业者也不知道。

专业的投资商怎么看待行业？如何寻找优质资产，控制投资风险？如何培养人才？投资商与开发商相比，有哪些异同？为了解这些

问题,明源地产研究院独家对话了鼎信长城投资集团有限公司(以下简称"鼎信长城")董事长章华(见图8-1)。

图 8-1 鼎信长城董事长章华

成立于2012年的鼎信长城,以产业投资、产业并购和财富管理等为主营业务,是国内领先的产业投资管理集团,投后管理资产总规模超千亿元。鼎信长城广泛参与中国银保监会、中国证监会、国家发改委、建设部、中房协、中国投资协会等主导的地产行业相关培训、政策研讨与调研等,并与多家央企共建了一系列子平台,实现深度绑定,持续输出大量合作项目。其中包括:与担保业"巨无霸"中国投融资担保公司合作建立不良资产处置平台,与光大金控合作成立鼎诺光华财富管理平台,与中国华电—华侨城集团联合投资成立股权投资平台，与中国金茂合作成立的房地产业务投资平台。同时，鼎信长城与国内外主流银行、保险、央企、外资等众多金融机构、产业投资机构建立联系，链接了深厚的金融资源。

截至目前，鼎信长城已经与国内超过 2/3 的百强房企建立了合作关系，并且开展跨境投资业务，平均每周投出 1 个项目，是唯一一个连续 8 年上榜融资中国的股权投资机构。章华是深耕地产行业 20 余年的老兵，他认为，三道红线让地产行业迎来了股权投资的大时代，专业投资商大有可为。

一、行业判断：房地产股权投资时代来临

20 世纪 60 年代，美国最早出现由专业机构管理的房地产投资信托基金，通过汇聚众多投资者的资金进行房地产投资。随着房地产投资运作模式的不断成熟，其规模也在不断壮大。数据显示，从 1980 年到 2010 年的 30 年时间里，国外房地产基金规模增长了上万倍。而彼时，中国的房地产基金刚开始萌芽。

新华社将 2010 年称为房地产基金元年。次年，随着房地产调控逐渐常态化，房企传统融资渠道越收越紧，地产基金迅猛发展，做地产基金的机构数量上升到几千家。正是在那时，章华从房企走出创业，于 2012 年创立了鼎信长城。当时，市场上涌现的投资机构主要有四类。

- 第一类是房企发起的基金，目的是开辟一条新的融资渠道，以解决自身的资金问题。对房企而言，这只是一个资金的通道或第二融资部。
- 第二类是信托、银行业推出的一些类似的产品，它们只是放贷做债权，不是真正意义上的股权投资。

- 第三类是外资基金，这类基金规模很大，但由于不熟悉中国发展阶段，在中国房地产增量开发市场斩获非常有限。
- 第四类是既懂地产又懂金融，还熟悉中国发展阶段，站在房企和主流金融机构之间，提供金融产品、风险控制与投后管理的PE（私募）股权投资房地产基金。

章华2012年创建的鼎信长城就属于第四类。按理说，当时中国地产行业正蓬勃发展，是做股权投资的大好时机。可是，当时的地产私募基金，大部分以做债类（纯债或者"明股实债"）投资为主，通过为开发项目提供高息贷，享受地价、房价上涨所带来的红利。

随着2015年地产行业的调整和利率市场的变化，中国房地产基金迎来转型潮，不少以做房地产投资为主的知名机构中地产基金的占比不断降低。但鼎信长城基金坚持了下来。鼎信长城之所以能坚持下来，源于其初心。

在欧美发达国家中，房地产基金数量惊人。比如，在黑石几千亿的管理体量中，房地产基金占1/3。对比这个规模和比例，中国地产基金的发展才刚刚开始。鼎信长城从成立之初，就以全球最大的资产管理机构黑石作为对标对象。鼎信长城第一笔房地产基金就是股权投资。

当然，能坚持下来更多的还是源于实力。章华认为，那些在行业稍陷低谷就撤退的机构，很多是机会主义者，90%以上的都在做债类投资，它们中很多没有能力在行业中立足，而机会导向者的出局则有利于行业的正本清源。

章华认为，真正做股权投资的机会，恰恰是在市场发生调整的时候，这时拼的是投资眼光和对时机的把握。如今，房地产股权投资迎来了最好的时代。

1. 这个行业市场依然非常大

章华认为，在我国 GDP 构成中，消费和投资占比最高，而在投资中房地产又占据重要部分，因此，房地产在我国经济中起到了稳定器的作用。经过过去三四年的严厉调控，房地产中投机的成分已微乎其微，但每年商品房无论是量和价却还在持续增长，这是真实的需求，也构成了整个地产的发展逻辑。如果说，过去房地产在整个经济发展过程中是发动机，那么今后则是压舱石或稳定器，一年 10 万亿以上的市场规模还将持续多年。

章华指出，按照中国城市化的进程，2020—2050 年，房地产市场将由此前的刚需驱动转到刚改驱动，2050 年之后城市更新会成为绝对的主角。

2. 地产行业需要降低负债

过去几十年，中国地产行业对城镇化的发展和经济的拉动，起到了重要的作用。不过，多年的狂飙突进，让整个行业的负债率也变得极高。

银保监会主席郭树清撰文指出：20 世纪以来，世界上 130 多次金融危机中，其中 100 多次与房地产有关。目前，我国房地产相关贷款占银行业贷款的 39%，还有大量债券、股本、信托等资金进入地产行业。可以说，房地产是现阶段我国金融风险方面最大的"灰犀牛"。降低地产行业的负债率迫在眉睫，因此有了"三道红线"。

截至目前，中国房地产业有两个阶段：2002 年之前是土地红利阶段；2004 年"831"大限（从 2004 年 8 月 31 日起，所有经营性土地一律要公开竞价出让，而且如果开发商在两年内不开发，政府可把该土地收回），之后是金融红利阶段。而三道红线之后，土地红利和金融红利都没有了。

三道红线出来后，一些房企声称这恰恰是它们的机会，但章华指出，对绝大部分房企来说，只有调整报表的机会。因为不少房企的负债率太高，要回到绿档，不是每年新增多少债务的问题，而是能不能增长的问题。

房企想要降低负债率，就要开放股权合作。三道红线之前，银行、证券、保险、信托等位于融资的主舞台，私募处于边缘地带；三道红线之后，私募将会逐渐走向舞台中央。私募股权基金的钱比银行的钱要贵，为什么房企愿意与其合作呢？

第一，基金的钱确实比银行的贵，但这仅仅是从债务一个角度来说的。私募股权基金的钱进去以后，是放在所有者权益里，可以降低企业负债率。过去这样做只是为了调节报表结构，未来就有了切实降低负债率的需求。

第二，私募股权基金除了带来股权投资，还允许项目进行其他的债权融资，以撬动杠杆，因为除了股权，还可以匹配相应的债权。比如鼎信长城，除了纯股权投资，还有夹层投资，全流程与房企展开各种合作，股加债也能提高整体股权的收益。

第三，股权投资在买地环节就可以进入。这是很多大房企需要的。过去的地产私募基金多为"明股实债"，相当于为整个社会加杠杆，在"穿透式"资金监管下，这种模式玩不下去了，房企只能接受真正的股权投资。

3. 房地产业正走向专业分工模式

章华认为，目前中国的房地产企业做的其实是资源整合的事。这种模式，其实地产基金也可以做，但地产基金不太擅长做这种事。由于整个社会的发展趋势是分工越来越细，专业的机构干专业的事，三道红线会使得中国的地产行业慢慢走向专业分工模式，各个环节的专业机构会脱颖而出。在这个过程中，地产基金会越发重要。

4. 专业的股权投资机构还很少

之前市场太好，大家躺着就能赚钱。地产基金做债权投资就可以轻松赚取借款利差，不愿意做难度大的股权投资，也没有培养起来投资能力和资产管理能力，如今，真正有能力做股权投资的机构凤毛麟角。经济和行业高速增长时，股权投资尚需要更强的专业能力。当前，中国经济和地产行业进入中低速增长，更考验股权投资机构的实力。

章华表示，做股权投资，挑选好项目、设定达成条件、做好投后几年的管理、实现安全退出等，这些都十分考验企业的谈判能力和全流程资产管理能力，唯有专业才能长久。章华相信，当前市场中债权业务的利差已被极大压缩，未来开展投贷联动、股权投资等业务时，最专业的机构一定是最受益的。

根据中基协的数据，截至 2020 年三季度末，基金管理公司及其子公司、证券公司、期货公司、私募基金管理机构资产管理业务总规模约为 56.17 万亿元，其中，私募基金规模 15.82 万亿元，而地产基金管理规模只有 1.86 万亿元，占比仅为中国资产管理总规模的 3.3%，发展空间巨大。

二、股权投资：坚持五优法则，平均 1 周投 1 个项目

目前，鼎信长城已经与国内 2/3 的百强房企建立了合作关系，平均 1 周投 1 个项目，可谓十分高频。它是如何选择投资标的的呢？

章华告诉明源地产研究院，对投资机会的判断，鼎信长城拥有一套十分立体的研判体系，内部称之为"五优投资"。五优，指的是项目、主体、城市、条件和团队都要优秀，这些都指向两大要点：其一，投资机会在哪里？其二，投资风险如何被有效地控制？

1. 主体：核心看 ROE 和土储质量

主体指的是合作伙伴——房企。目前，中国有几万家房企，跟谁合作就变得很关键。鼎信长城主要看重两点。

一是过去数年的 ROE（净资产收益率）。这一衡量公司运用自有资本效率的指标，反映了股东权益的收益水平。ROE 太低说明公司价值创造能力低，波动太大说明公司价值创造能力不稳定。最理想的状态是，剔除个别年份的异常数据之后，ROE 呈现平稳或平稳向上的趋势。

二是土储的质量，这决定了公司未来的价值创造能力。章华举例，某房企的楼面价只有 4 000 元/平方米，但销售均价达到 1.6 万/平方米，跟这样的公司合作，无论是股权投资还是债权投资，或者做夹层，其安全边际都很高。

各类榜单，鼎信长城也会有所参考。章华表示，真正的百强房企各有优势，但其座次的变动是非常快的，10 年前的百强，到今天一大半都跌出了榜单，即使前 10 强或 20 强也在不断换仓，榜单本身也有水分。

鼎信长城会将房企分成 ABCD 四个等级，根据不同的房企类型匹配不同的投资形式——哪类房企股权结构明晰，适合做股权投资；哪类房企可能会隐含部分道德风险，适合做夹层投资；哪类需要管控好抵押、担保，适合做债类投资。此外，鼎信长城对合作方老板的分享意识也比较看重。如果老板对股权合作不是抱着开放的态度，开展股权合作的问题就会比较多。

2. 精选城市，逆周期投资布局

中国共有 663 个城市，其中直辖市 4 个，地级市 293 个，县级市 366 个（不含港澳台地区）。城市间的差异非常大，而且会越来越大，选择去哪些城市投资，决定着投资的成败。章华告诉明源地产研究院，总体上，鼎信长城看好一线和强二线城市。鼎信长城从其中遴选了自己重点投资的城市，安排专职投资经理跟踪，并定期做反馈和对照。目前，鼎信长城在全国有数十个重点城市，分ABC三类，A类是指能带来最多收益的城市，不一定是规模最大的城市。

不同的城市是有周期轮动的，踏准周期，房企才能实现收益的最大化。章华表示，鼎信长城内部一直强调顺周期的布局、逆周期的投资和跨周期的变现，最终不是要赚合作方的钱，而是要共同创造社会价值、赚市场的钱。高风险和高收益成正比，但高风险不一定带来高收益，一流的投资机构一定是在市场的不平衡中寻找机会，在控制风险的前提下，博取高收益。

据章华介绍，鼎信长城投资的项目几乎都是在市场低谷时进入的。这种精准的预判，当然不能仅靠拍脑袋决定，而要有专业的方法、工具。鼎信长城比较关注溢价率和供需比这两项指标：如果过去5年，国内土拍的平均溢价率是15%~20%，在一个不错的城市里，你的溢价率不到10%，基本不会犯错；一个1 000万人口的城市，公司一年销售1 000万平方米是健康的，但如果供应2 000万平方米，它就要小心了。供需比可以通过政府的供地计划推算，形成的销售规模也可以研判出来，这个方法是精准的。一个城市是这样，一个区位也是这样。

章华表示："我们比较幸运，因为我国地产行业从1998年市场化至今，整体上都处于顺周期之中，这是最大的基础。大周期对了，小周期就可以用时间换空间。"

3. 超100项指标测评选择项目

即便在最有前景的城市，照样存在亏损的房地产项目。事实上，除了城市的选择，在市场中真正考验公司投资眼光的是项目本身。鼎信长城的股权投资，主要在项目层面展开。章华表示，虽然主体（房企)的情况有一定的参考价值，但相比之下，具体的某项资产——一块土地或一栋物业，更容易让人看得透彻。因此，在"五优"投资中，项目才是鼎信长城最看重的。

项目研判的核心指标，住宅是 IRR（内部收益率），持有商业物业是 Cap Rate（资本化率）。当然，围绕这些指标都有非常丰富和立体的内容。此外，项目所在的区位、未来规划、人口结构、产业支撑、教育配套等，都有非常详细的指标。合计下来，一个项目，鼎信长城有近 100 项指标对其进行评测。

章华坦言，就一项项具体的资产而言，时机决定了价格，如果购买资产的价格是恰当的，企业的风险就很低，收益则很高。

4. 关注合作方老板和项目经理

三道红线之后，万科董事长郁亮指出，经过土地红利、金融红利，中国地产行业正式进入管理红利阶段。这就意味着组织、团队、人才变得越来越重要。周期没错，城市选对了、项目看准了，风险总体已经控制住，但项目由不同的团队操盘，收益率依然会差距很大。因为项目的收益率和售价、成本、工期都有关。售价看市场，还有公司自己的专业判断。成本和工期取决于合作伙伴。如果管理得当，即便市场行情不那么好，公司也能获得相对满意的回报；如果市场行情上扬，公司则可获得超额回报。因此，鼎信长城也十分看重管理团队。

章华指出，越大的房企越要选对合作伙伴和操盘人，一家大集团从最高决策层到操盘项目经理，中间可能会有五六层，而一头一尾最重要：头就是老板，老板影响公司整体的规划；尾就是项目经理，项目经理是项目的发动机，他要是比较弱，其他人再强都会被削弱。章华有个铁定的投资原则：必须与合作房企的大老板见面沟通后，再判断和操盘项目。百强房企老板，章华没见过的是极少数。

对于部分房企人才的过度年轻化，章华表示，对其持谨慎态度。特别是那些让过于年轻的人担任高管的公司，鼎信长城投资时会特别谨慎。因为过去几年市场大行情下冒出来很多黑马，大量年轻的职业经理人获得了火箭式的晋升。在章华看来，优秀的管理团队是十分稀缺的，年轻人虽然有冲劲，但没有经过长时间的历练和市场周期的洗礼，不太懂得敬畏市场。

5. 既然是股权，就必须要进入董事会

被投资方在拿到投资方的钱后，仗着自己有信息优势，可能会为了自己的利益而损害投资方的利益。现实中这样的例子比比皆是。因此股权投资的交易条件十分重要。

VC或PE机构做股权投资一般都采取小参股的方式，管理团队起主导作用。地产投资方如果份额占得很少，就没有发言权；如果份额过高，占据绝对的主导就会变成开发商，而不是投资和金融的视角。因此，除了商业条款，鼎信还会提出管理方面的交易条件。例如：鼎信长城每投一个项目，都要求进入对方的董事会。当然，除了防御性条款，也有一些激励约束条款，比如IRR超过目标值之后，合作方可以获得更多的分成等。

鼎信长城投资的精髓，可以总结成"1-5-∞投资逻辑"。"1"是指一个指标，即IRR；"2"是指从风险和收益维度判断项目；"3"是指顺周期布局、逆周期投资、跨周期变现；"4"是指从市场、成本、进度、杠杆四个层面抓牢底层项目；"5"是指"五优投资原则"，即优选投资项目、优选合作伙伴、优选主要城市、优渥交易条件、优选操盘团队。同时，决策与资产管理方面则在全流程、全方位、一体化上趋向永无止境。

2016年，鼎信长城发布了《鼎信长城产业金融白皮书》系列（见图8-2），从投资、资产管理、法务风控、基金运营、资金管理、公

司治理等角度展示了运作流程与核心范本,这是业界第一套完善的资产管理白皮书,也是鼎信长城内部展开工作的指导标准,每年更新 1 次,目前已经从 1.0 版本进化到 5.0 版本,厚厚的 8 大本。

这套操作准则引起了各大主流金融机构及监管机构的兴趣。

图 8-2 《鼎信长城产业投资白皮书》系列

三、风控管理:全流程把控,形成一个闭环的飞轮

怎么投很重要,投资之后怎么管同样重要。只有在"募投管退"各个环节做好,才能形成一个闭环的飞轮,控制风险、获取利润,推动公司业务做大做强。章华表示,鼎信长城的投后管理体系在业界是非常领先的。

1. 专业独立的投后管理团队

为了实现"全流程把控"的目标，鼎信长城会对项目进行宏观层面、日常经营两个维度的管理，确保投后管理"嵌入其中"，比如投资时的一些限制性条款，就是为后续的风控做准备。具体而言，从投资、管理到退出，从相关流程、规则和制度的制定到落地执行，鼎信长城的投资管理、投后管理团队有着高效的协同，在严守风控底线的前提下，最大限度地保障项目预期回报的实现。

章华指出，组织的力量、系统化的能力是非常重要的，投后管理不能单独靠一两个人，一定要有体系的思考，出现问题才能及时解决。化解问题的最好办法是不让问题发生，其实是在问题刚发生的那一瞬间迅速将其踩灭，一旦等问题真正发生，补救的难度就大很多。贯通"融投管退"全生命周期的投资及管理机制、精细化的运营管理、多维度的资源赋能，有效助力了资产价值的增长。

2. 管理作业的标准化

通过多年的投资实践，鼎信长城总结出了自己的投资标准和相关的体系规范，制定了业界首创的资产管理白皮书，从"募投管退"各个环节及公司中后台职能管理等各个方面，对房地产基金公司的运营发展提出了具体指导。标准每个季度会有一次更新，每年年终会出一套白皮书。

鼎信长城还围绕整个投后建立了6条线，每一条线都系统地梳理出了管控的重点，而且这些也是动态更新的。鼎信长城在每周一次的正式会议上都会逐一过每个项目——未来一周工作的重点是什么，可能的风险点什么，应对措施是什么……任何一个投资项目，我们都可以在白皮书里找到对应的类别，即便里面有200个问题，鼎信长城也全都想到了。而一个临时的新队伍，在面对200个问题时可能20个都想不到，这就是成熟机构和新机构的区别。

其他不少投资机构也会制定各种标准、流程，为什么都没有取得鼎信长城这样的成绩呢？这就要归结到鼎信长城的文化。都说一家企业的创业人，就是这家企业的文化。章华带给鼎信长城的文化是专注、审慎。这与章华的经历紧密相关。

1998年7月，国务院印发《关于进一步深化城镇住房制度改革加快住房建设的通知》。当时，章华还在会计师事务所工作，但已留意到了地产行业。他在会计师事务所从事审计工作时接触了众多行业，发现房地产是一个"高收益且低风险"的行业，具备长期投资价值。在他从事审计工作的几年间，中国资本市场进入快速发展期，但是伴随着资本带来的财富效应，上市公司铤而走险，造假问题也愈发突出。这让章华对"风险"有了深刻的认识，促使其形成了风险管控及收益预测模型。

鼎信长城创立之初，正值"全民PE"热潮，涌现出大量PE机构，在创新企业融资途径的同时，很多项目不是拼价值而是拼价格。章华却不急，看准了才下手。

鼎信长城有一个严苛专业的风控法务团队，始终强调规范、专业、专注。在运作过程中，鼎信长城有几个永不可破的规则，其中第一就是诚信合法。对于一个项目，只要鼎信长城内部风控委员会中有两人不同意，就坚决不做。

为此，鼎信长城拒绝了非常多的诱惑，比如，有家资金实力雄厚的大机构看好某类资产，希望借鼎信长城的通道去做业务。如果鼎信长城答应，就可以赚取1~3个点的管理费。但鼎信长城拒绝了，因为对方的风控等不符合鼎信长城的逻辑。为此，鼎信长城丢掉了数百亿的业务量。

因为坚持价值投资的理念，鼎信错失过几个当下已成为明星的独角兽企业。但章华表示并不后悔。"一将功成万骨枯。能从其中突围的仅有千分之一。我们在高速成长，但始终把稳健、审慎放在第一位。"章华表示，不少企业资源一多，就容易产生自己可以无所不能的错觉，试图抓住所有的机会，投资布局超出了自身能力的边界，近几年，这类企业不同程度都遇到了麻烦。而鼎信长城一直在自己的能力范畴内做事，因此走得非常稳健。

章华在与明源地产研究院交流时（见图 8-3）表示，现在鼎信已经变成业界的头部，因此很珍惜自己的品牌和口碑。鼎信的口号是："规范、专业、专注，持续创造价值"。"我们一直在自己能力圈之内做事情，做的每一笔投资都是在我们的掌控之中，宁可稳健一点儿也不要做自己不懂的。走到现在，比较自豪的一点是我们投了这么多项目，投资人跟着我们没亏过钱。当然，鼎信长城也在不断创新和冒险，但一定是建立在一个正的逻辑之上。"

图 8-3　章华（左）与明源地产研究院主编艾振强对话后合影

鼎信长城的资金来源以机构为主，平安银行、招商银行等，都是其合作对象。此外，还有大型央企、保险等众多机构，靠的就是它过去多年的累积所赢得的行业的信任。

经过20多年的高速发展，房地产闭眼都能赚钱的时代已经远去，风险逐渐增大。投资需要在不平衡中找机会。章华指出："100个业务赚钱，出现1个业务失败，对基金来说可能就是灭顶之灾。""我们要做马拉松式的长跑冠军，实现长期可持续发展，而不是只做一个短跑明星。"

四、海外投资与国内业务互补，降低风险

章华很早就接触到了黑石、IDG、摩根士丹利、美国扬子基金等，展开高层对话、项目考察、行业交流等活动，在和外资基金谈判交流过程中，他也开阔了视野，陆续引进外资基金人才。

纸上得来终觉浅，绝知此事要躬行。要练就真本事，还得自己在大风大浪中成长。为此，除了国内，1997年鼎信长城就在美国设立了办事处，开始在海外不断扩大布局，主要是出于以下几点考虑。

1. 发达国家有很多机会，能与国内业务形成互补

虽然欧美老牌资本主义国家的经济增速比不上发展中国家，但由于经济体量巨大，它们依然存在很多机会。比如，2018年二季度，美国GDP年化季环比初值增4.1%，由于彼时其经济总量是中国的1.5倍，4.1%的增速带来的增量相当于中国的6.15%。这样的市场下，必然存在投资机会。而且，欧美国家的城市化早已完成，进入存量运营时代，在国外探索存量业务，可以与国内的增量开发投资业务形成很好的互补。

章华表示，中国十八大以来提出了租售并举，当时恰逢鼎信长城成立5周年，因此，鼎信长城也把租赁物业当作一个探索的方向，并考察了美国、日本、澳洲还有欧洲，最终在美国纽约、华盛顿和芝加

哥等几个主要城市投资了长租公寓。在成熟的北美市场，章华领导的美元基金与黑石的投资策略相似——买入、修复、卖出，即以相对较低的价格收购资产；派出资产管理公司进入，解决资产结构、经营等问题，使得项目升值；最后择机出售，获利退出。

美国租赁物业的投资逻辑已经非常清晰：一是住房自有率只有不到 70%，租房理念深入人心；二是美国的地价占房价的比重很低，大约 5%～8%，因此 IRR 做到 20% 左右并不太难。

而当下中国的逻辑则不太一样：一是住房自有率超过 100%，二是大中城市的地价占到了房价的 50% 左右。租售并举的大方向是对的，但还有一系列的问题需要解决。

当前，国内地产行业正处于由增量开发向存量运营的转轨阶段，基础设施公募 REITs 呼之欲出，未来也必然会进一步拓展到商业、办公以及长租公寓等物业上。鼎信长城在国内主要投资住宅项目，但章华对存量资产的改造和资产证券化均看好，早在 2017 年就专门发布了相关资产证券化报告，也提早布局和建立起了地产存量改造的专职团队。资管行业日渐崛起，在国内市场还未成熟之时，在发达国家提前进行探索并获取经验，这无疑有助于在未来更好地抓住国内存量地产的机会。

除了地产投资，鼎信长城还将投资触角延伸到了其他领域。章华告诉明源地产研究院，中国整体经济实力、人民生活水平日趋渐高，消费升级将持续。一方面，国内涌现出了一批像华为这样有国际竞争力的企业；另一方面，国内许多公司与国际企业的比较劣势仍存在，比如荷兰的奶粉、美国的制药和 IT（信息技术）等。鼎信长城希望从全球视角审视短板，将海外业务与内地业务相结合，在扩大市场的同时提升产品品质。

2.资产全球配置可以降低投资风险，锻炼团队

目前，鼎信长城绝大多数资源都投放于中国，海外投资占比较低，但是，通过跨周期、跨领域、跨市场的团队组建和信息输入，鼎信长城可以更好地规避风险，抑或是在周期中抓住机会。而且，海外团队的意义不仅局限于业务，通过对不同周期、不同市场发展阶段的介入，鼎信长城可以借此建立平台的国际化视野、思维方式以及客户网络，从而帮助公司更好地理解风险和机会。

目前，国家已经取消外资股比限制，放宽外资机构准入条件，银行、保险、证券、基金、期货迎来全面开放。外资会加快进入，后续要与它们竞争，得先了解它们的玩法。鼎信长城制定的"四化"战略就包括团队精英化、视野国际化（其余两个是基金运作专业化、工作系统化）。从金融市场规模、结构、自由度、创新工具等方面看，美国市场无疑更为成熟，但中国市场也有独立的创新，两个市场有必要彼此借鉴。章华也指出，其此前所在的机构早在2002年就开始与外资合作开发住宅项目，年化收益率能做到两位数，个别甚至能到3位数。但外资只是试探性进入尝试，后续并没有形成大规模的合作，这说明外资看好中国，但在具体运作上非常审慎。过去15年中国大多数时间都是欢迎外资的，但外资进来的量非常少。中国整个房地产的资金来源，外资占比不足1%。外资看的往往都是持有性物业、商业物业，这种机会在中国并不是很多，甚至有些买完就是亏的，即便外资大规模进入，做得可能还不如15年前好。

章华高度认同中国近两年来不断加大力度的开放政策，认为从长期的中美关系来看，竞争是必然的，全球化分工也是必然的。外资的入场必将进一步助推国内经济市场化、结果导向化，同时国内企业所面临的竞争将会更为激烈。但是，章华也认为，对外资大可不必担心，他相信中国企业家的创业创新能力：在中国市场乃至国际舞台上，中国企业在各个领域最终都能占据一席之位，甚至跻身前列。特

别是在房地产投资领域，外资进入中国的量不会太大。

五、组织人才：依靠自身培养和体系的力量

人力资源永远是公司的第一生产力，对资管公司来说，人才的价值怎么形容都不过分。鼎信长城的成功，离不开其专业的团队。资管行业的人才从不贵多而贵精。要做到贯穿整个业务线，离不开"募投管退"全链条的整合，从投资到资本市场、从开发到商业，鼎信长城要的不是成为"Super Star"（超级明星），而是将相应领域中优秀的人聚合在一起，在看好的领域里长时间潜心专注研究。

1. 核心团队非常专业

章华 20 年前看准机会转投地产行业，第一站就是在复地集团，至今已经深耕行业 20 年，领导班子里其余六七个人，平均都是 10 年行业经验。专注才能产生专业，到最后在市场就是靠专业赚钱。

2. 特别重视人力资源体系的搭建

章华表示，想要判断合作伙伴的管理团队是否优秀，先要将自己的人力资源体系和机制完善起来。鼎信长城特别重视整个体制机制的建设，经过这么多年发展，目前已经非常健全了。在人才引入方面，鼎信长城将整个工作分成几条线，每条线人员来源各不相同：做投资的主要来自开发商的投资总监、区域老总等，做法律、风控的主要来自银行、信托机构或者律所，做投后管理的更多是来自相关的同业，对接的资金来自银行、投行等。

章华表示，这个行业极度欠缺成熟的人才，因此，人才几乎都靠自己培养，不管什么样的人进入鼎信长城，前 6 个月的主要工作都是学习和融入，将鼎信成长的机制消化成自己的东西。2020 年在疫情

下，鼎信长城仍有近百场培训。

　　章华告诉明源地产研究院，随着鼎信长城的影响力日益增大，挖角鼎信长城的机构也越来越多，但在鼎信长城表现满分的人才，到了别的机构可能表现不及格。因为人才在鼎信长城做事，有一整套庞大的系统提供支撑，让他的潜能发挥到最大。平台的力量，也是鼎信长城具有的核心竞争力。

3. 鼎信长城的激励机制给力

　　章华表示，鼎信长城对人才的要求很高，相应的激励机制也一直都按照业界一流的标准做，尺度非常大，越是精英越是喜欢这样的激励机制。

小　结

　　成立于1985年的黑石集团，其主要业务有房地产、私募股权、对冲基金、信贷4大板块。截至2019年年底，其管理资产规模达5 711亿美元，是全球最大的私募股权投资基金之一。其中房地产的管理规模为1 632亿美元，这却给黑石带来15.02亿美元的可分配利润，占2019年公司总体利润的近一半。30年来，黑石地产板块的年均净收益达到16%，超过了包括传统业务PE在内的其他资产类别。

　　章华表示："黑石用30多年的时间，管理了5 711亿美元的资金，创造了巨大的经济和社会价值，成就了'资本之王'的美誉，它是行业的标杆。我们学习借鉴黑石，期待着有朝一日能够超越黑石。"

　　公司创立之初，章华就将鼎信长城与黑石进行对标，在很多业务架构及管理方式上也在向黑石靠拢。因此在坚持房地产基金为主的同时，鼎信长城也在不断从传统地产基金向产业投资集团发展，将PE股权投资延伸至大健康、大消费、人工智能、大数据等领域，用实践探索金融和投资对产业的引领作用，支持实体经济发展。章华表示，减少投机、服务实体才能创造出更多的资管和社会价值。目前，鼎信长城已经形成地产、PE、境外投资"一体两翼"的发展格局。

章华在业余时间很喜欢爬山，将其视作锻炼身体和意志的活动，而管理和运作房地产基金并将其做大、做强也像爬山一样，在攀登一座又一座险峰。"我们的梦想是成为最受尊重的地产基金"，章华如是说。

第九章
高和资本：在小众城市更新市场走出了一条大路

跟我国开发商大包大揽不一样，发达国家地产行业是专业和精细化分工的，其横向价值链上的每一环节通过完成各自的任务获取利润，真正的主导者是资本和发达的基金，开发商、建筑商、中介商以及其他环节都在围绕资本的价值链上。我国地产行业也在不断走向专业和精细化，有人认为，未来房地产会分化为三个行业。

- 第一个行业是做土地的，这类企业的核心竞争力是在当地有非常强的社会影响力、人脉关系等。
- 第二个行业是做金融的，比如房地产基金、REITs 机构，或者为房地产提供相关贷款的企业，这些企业的核心竞争力有两个：一是融资信用成本，二是融资量。
- 第三个行业类似美国目前的承包商。美国大部分的房子不是开发商盖的，而是业主自建的，但业主没有能力盖房子，所以业主除了找经纪人买土地，还要请一个承包商把房子盖起来。

上述分类，仅考虑了开发的逻辑，如果将存量运营也纳入进去，明源地产研究院认为，未来中国地产行业会裂变为四个行业，分别是：投资商、开发商、运营商和服务商。2018年以来，大批物业服务公司，商业、产业运营商上市，运营商和服务商已经成为新的一极。

相比而言，投资商的声量要低得多，但也在快速崛起。2020年10月，国际不动产基金评选权威机构PERE（私募地产投资领域权威媒体）发布的亚太区基金50强榜单显示，有中国背景的机构占了3/5。专注城市更新领域投资的中国本土机构高和资本，更是成为排名最高的内资独立基金，与凯德、铁狮门、贝莱德等众多老牌外资基金并驾齐驱。该排名历来以标准严苛著称，能够入局的内资管理人寥寥无几。

中国力量开始占据主导地位，这与中国城市发展的历史进程密不可分。与之对应的是，整个地产行业逻辑的转变——从增量开发向存量运营转轨。未来，中国也一定会出现像黑石、凯德、喜达屋这样的巨头。看明白内资独立基金们正在做的事情，有助于帮助我们站在未来看现在。

明源地产研究院在北京独家对话了高和资本联合创始人周以升（见图9-1），高和资本在城市更新投资域的打法以及升级之路由此得以呈现。

图9-1 高和资本联合创始人周以升

一、12年间，商业模式从0.0进化到5.0

截至2020年末，高和资本在商业不动产领域的总投资超过460亿元，而且，全部都是股权类投资。这也是其能够在PERE发布的榜单中位居前列的主要原因。PERE发布的"亚太区基金50强榜单"，只统计入榜机构过去5年中股本资金的募集规模和存量资产管理规模，以此作为唯一依据评价投资机构的专业能力与管理水平并进行排名。

高和资本有今天的成就，与2016年以来，中国城市发展的大势、城市更新的投资逻辑发生转换紧密相关，但其最核心的因素还是高和资本自身的硬实力。按照企业的基因论，这在高和资本成立之时就已经决定了。高和资本是2009年成立的，当年年末，中国的城镇化率为47.88%，正处于城镇化加速和4万亿资金刺激下增量开发的高光时刻。

高和为何会选择一条在当时看来比较难走的路？周以升坦言，当初选择走这条路有点理想主义，有点偏执，不纯粹是利益导向的。高和的两位执行合伙人：苏鑫原来在SOHO中国担任高管，对商业不动产情有独钟；周以升创业前在高盛、华平投资等外资机构工作，对国际顶级不动产投资机构的商业模式了如指掌。在外资机构工作一段时间之后，周以升相信发达国家走过的路在中国一定会重演，城市更新和不动产投资既有前景，又有较高的门槛，正是创业的好方向！

高和资本创办之后，增量开发（主要是住宅开发）依然高歌猛进，这期间不少类似高和资本这样的机构通过放贷，甚至做通道业务赚了不少钱，但高和不为所动，并对住宅与商业地产的区别（见表9-1）进行了深入思考。

表 9-1　住宅和商业地产的区别

项目	住宅	商业地产
如何赚钱	躺着赚钱，多靠自然升值	靠实干和艰苦经营（价值和经营绩效有严格的正相关）
如何定价	租金收益率一般不高于2%，引发泡沫化争议	毛租金收益率通常在5%~8%（一、二线城市和业态差别较大），定价非常理性
谁在投资	散户	大宗交易以机构为主，包括外资专业投资机构；没有REITs的情况下，散售在国内也很常见
杠杆程度	极高（开发商、个人）	适中
对应的政府税收方式	寅吃卯粮	细水长流
对应的经济增长方式	粗放的投资驱动	消费升级、产业驱动

资料来源：高和资本、明源地产研究院。

周以升表示，高和资本在国内不动产金融和资产证券化领域创造了很多第一，比如开创国内首单标准化CMBS（商业房地产抵押贷款支持证券）、国内第一单权益类REITs、国内第一单长租公寓类REITs。高和资本的资产证券化做到了240多亿元，其跟开发商也很熟，做住宅开发非标融资太容易了，但高和资本并没有做，而是专注于城市更新投资能力的构建。

商业不动产存量领域的投资，按照PERE的分类，主要策略可以分为四种：核心型，核心增值型，价值增值型和机会型。高和的投资中增值型策略占多数。虽然成立至今只有12年，但高和资本的城市更新投资和商业模式已完成了从0.0到5.0的进化。

1. 0.0阶段：整栋买入，资管散卖

创业初期，高和资本采取的模式是整栋楼买进来，然后卖出，并

且大部分是分层散卖掉。这种方式虽然很粗放，但相比同时代的开发商已经有所进步——其他开发商是纯散卖，而高和资本是带着租约散卖，并且散卖之后还会进行整体资产管理。

2.1.0 阶段：办公楼更新改造

赚到第一桶金后，高和资本迅速进入 1.0 阶段，做深度的城市更新——寻找价值低估或有提升潜力的物业，收购之后翻新改造，对产品重新定位并调整业态，改善运营和服务，从而实现资产价值的提升。

这一阶段最具代表性的案例是上海静安寺的静安高和大厦。这栋楼原本是上海中华企业大厦，修建于 20 世纪 90 年代初，到 2012 年时已经非常破败，里面的大租户都搬走了，只剩下一些小租户，租金每天只有 3~4 元/平方米。周边的写字楼，租金高的在每天 12 元/平方米的水平，低的也是每天 3~4 元/平方米，中间档则处于空白状态。如此顶级商圈的核心位置有这么一栋大楼，地方政府也很头疼。

2012 年 10 月，高和资本斥资 7.9 亿元并购了中华企业大厦，对大厦外立面、室内公共区域、楼宇硬件等方面进行提升和改造。一年之后，原本破旧的大楼变成了一个准甲级办公楼，平均租金涨到了每天 7.5 元/平方米。现在，静安高和大厦与周边的融合得非常不错。2020 年上海企业复工首日，上海市主要领导就专门到静安高和大厦视察，检查企业复工相关工作。

周以升告诉明源地产研究院，很多人可能觉得，这只是一般性的改造，其实不然，它是跟政府的招商引资、产业规划结合在一起的。借此，高和资本也获利不菲。一是在收购中，高和资本与国开行形成联合体，通过巧妙的交易结构设计（见图 9-2），不仅开创了内资不动产私募基金申请并购贷款的先例，同时也使用了夹层融资；二是高和资本收购中华企业大厦的均价是 3 万多元/平方米，改造之后通过对外资产转让退出时，价格达到 5 万多元/平方米，从中获得了巨大的增值收益！

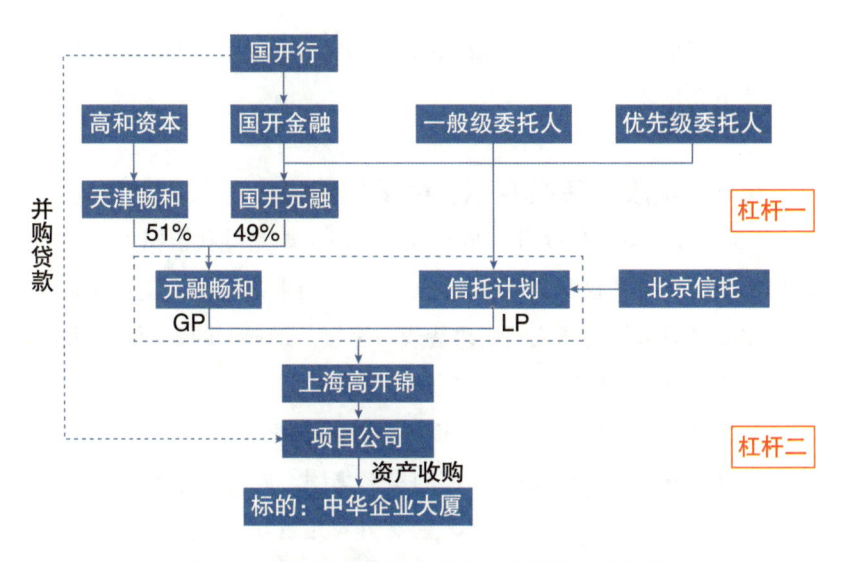

图 9-2　高和资本收购中华企业大厦的交易结构

资料来源：高和资本、明源地产研究院。

3. 2.0 阶段：产业融合、片区开发

1.0 阶段是单个项目，体量较小，到了 2.0 阶段，就要结合产业做片区内的城市开发。其典型案例是上海滨江的梦中心项目。这是一个 48 万平方米的综合体，原先是具有百年历史的上海水泥厂的灌装厂区。城市发展到一定阶段之后，如何将这个区域焕新就成了一个重要命题。

这个项目周边有阿里、湖南卫视等，因此，政府希望将这个区域打造成继迪士尼之后的第二个文化地标。高和资本通过与国开金融合资的城镇开发基金，与华人文化联合，借助华人文化深厚的文化传媒资源，打造了一个拥有 5 家剧院、1 个艺术中心，既有办公楼又有商业的文化综合体，成为黄埔江边的地标性项目。除了梦工厂，其中一栋楼成了中央电视台的华东总部。梦中心成为国内城市更新的经典之作。

这个阶段虽涉足了开发，却与以往的房地产开发截然不同，因为该项目并不涉及住宅开发销售。高和与合作方一道，根据城市发展和政府的需求量身定制，将产业内容和金融资源相结合，塑造了一个全新的城市文化地标。

4. 3.0阶段：转换业态、重塑价值

3.0阶段，项目难度进一步升级，公司主要是寻找被错误定位的商用不动产，将其收购之后重新改造，并进行业态转换，使之焕发新生，比如将原来的商场或酒店改造成写字楼。最典型的案例是高和资本的第9个城市更新项目——北京新街高和。

新街高和的前身是二环里新街口区域的老牌商业——星街坊购物中心（见图9-3），业主是新加坡的星狮集团。原业主考虑到周边商业环境与居住社区氛围的因素，主要引入儿童娱乐、儿童培训、餐饮、零售等满足社区消费的普通业态，该商业模式较为传统，缺乏创新活力与市场竞争力。虽然地处北京核心区域，但其经营一直举步维艰。2015年高和资本接手这一低效资产，对其进行更新改造。

图9-3　改造前的星街坊

资料来源：高和资本。

考虑到项目旁边就是徐悲鸿美术馆，到金融街只有三站地铁，和中关村也有地铁连通，高和资本认为，其最好的归宿是办公楼＋配套商业。高和资本聘请都市实践著名建筑师王辉对其进行改造设计，采用全新的外立面，使得项目在与周边环境相融合的同时，又提升了周边环境的品质。改造方案还结合这一区域历史文化与西海独特的人文景观，打造了闹市中沉稳的商务感，成为二环核心区的地标性建筑。

为确保改造期间入驻企业的正常运营，新街高和采取局部改造、持续更新的方式。项目改造期间，商业办公、改造工程、招商工作同步进行、互不影响，原有优质租户第一证券、第一期货、北外青少等均正常办公。同时，作为中关村和金融街辐射的产业交叉区，高和资本依托项目的区位优势以及北京核心区的城市功能规划与业态导则，升级新街高和整体定位，主动承接首都功能，吸引金融和科技类优质企业进驻，从而实现产业升级（见图9-4）。星街坊的租金由原来的每天3.5元/平方米上升到了8～10元/平方米。

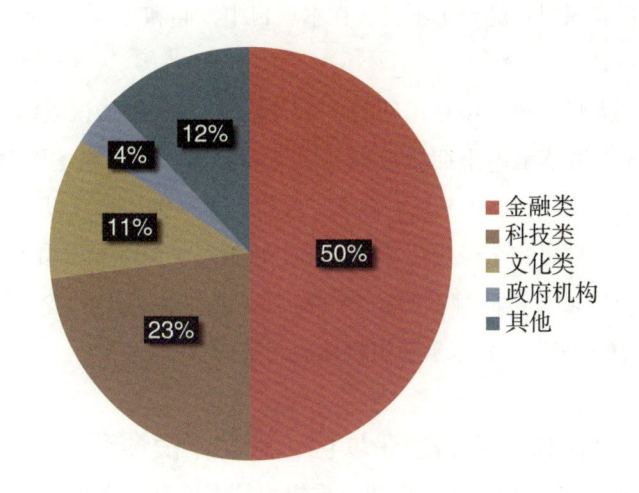

图9-4　新街高和入驻企业结构

资料来源：高和资本。

5. 4.0 阶段：困境重组、清理租户、复杂改造、商业运营

4.0 阶段更进一步，不仅是转换、升级物业形态，还涉及纾解财务困境，通过综合的金融工具、法律安排和交易设计，对资产进行重组，然后改造升级，以解决更大的问题。其典型案例是大兴大悦春风里项目。之前，这个项目名为"大兴火神庙购物中心"，业主持有经营，但并不理想，除了王府井百货租用了 5 万平方米，其他的都是零散的业态。由于当初融资用的是高成本的明股实债，该项目很快就陷入困境。对此，地方政府也很苦恼。

高和资本通过复杂的债务重组解决了其 20 亿元的债务，然后与大悦城控股合作，高和负责工程改造，大悦城负责招商、运营，将其打造成了区域标杆性购物中心。整个项目总投资额达 36 亿元。这是 2018 年 8 月大悦城控股与高和资本联合成立 50 亿元规模的城市更新并购母基金后落子的首个项目，这也是大悦城控股第二条商业产品线"大悦春风里"的首个项目。在本项目中，高和与中粮大悦城各出 50% 股本金。

大兴大悦春风里项目（见图 9-5）位于大兴中心城区成熟的黄村商圈，5 公里范围内坐拥城市核心区域百万级人口，总建筑面积 15 万平方米，租赁面积 5.5 万平方米。经过高水平的定位、设计、改造和运营，该项目完全经受住了新冠肺炎疫情等重重考验，引入近 100 家全国与区域首进品牌。2020 年 12 月 25 号开业当天，该项目实现了 15 万次人流，经营水平超出投委会约定的目标。

6. 5.0 阶段：大型复杂项目，涉足不良资产

4.0 已经够复杂，需要集债务重组、筹集资金、改造和运营等多种能力于一身，但这依然不是高和资本的终点。面对市场的需求和各种挑战，高和的商业模式正在进入 5.0。其中包括极其复杂的大型交

易,高和甚至进入了不良资产领域。

图 9-5 大兴大悦春风里项目

资料来源:高和资本。

关于大型复杂项目,我们以北京太阳宫爱琴海购物公园为例。该物业位于北京北三环,面积10万平方米,由国内知名企业家持有,长租给爱琴海作为购物中心,租金不高,且租约长达20年。虽然爱琴海系国内购物中心的行家,但由于区位及交通等原因,购物中心价值上涨空间受到制约。然而,该区域已经集聚了德国大众中国总部、江苏银行等企业,且地处北三环和京承高速的战略位置,可成为办公的绝佳地点。

高和认为,将这栋楼改造成写字楼,可以获得更高的租金坪效。然而,要收购这个物业有几个关键挑战:其一,如何进行资产重组;其二,债务提前偿还的过桥资金;其三,20年长租约如何解除、如何进行清租;其四,将如此大型商业改造为办公楼的可行性。

受益于卖方以及爱琴海的高度信任，高和资本充分发挥了自身的专业能力，用了18个月的时间顺利完成交易。在收购完成后，高和聘请伍兹贝格完成设计改造方案，斥资近10亿元，将其改造成为一个国际甲级写字楼。并将其10万平方米整体出租给国内互联网巨头。该项目实现了多赢的局面。原业主方很满意，因为该物业卖了个好价钱；红星美凯龙（爱琴海母公司）也很满意，因为通过多种形式得到了补偿；地方政府也很满意，因为改造之后，既改善了城市形象，又升级了产业，每年的税收也显著增加了。

另外值得一提的是，高和最近开始进入商业不动产不良资产的并购。2021年2月，高和资本牵头完成对北京中关村启迪科技大厦D座的并购。由于其战略性的位置，该物业受到了大量国内外主流投资机构的关注。然而由于原业主诉讼缠身，该物业一直处于查封状态，外资和国内保险等机构都无从下手。最终，高和资本通过复杂的重组将其债务剥离干净，完成收购，相关主合同厚达900页。高和资本收购该物业之后将会进一步对其升级改造，加入科技、人文和艺术元素，使其成为中关村的新地标。

实际上，高和进入不良资产领域并非有意之举，而是被卖方的问题所牵引而逐步深入的。然而在它进入之后我们发现，像高和这样的机构在不良资产产业链中有特别的价值。传统的不良资产机构擅长债务重组，然而对资产自身的改造增值并不熟悉，它们在收购债权之后往往会面临退出的不确定性。特别是大多数不良资产都会涉及一些经营难题，在完成债务处理后，到底将其卖给谁、价格多少、何时能退出，这些问题困扰着许多不良资产投资机构。在这种情况下，高和可以成为不良资产投资机构的最佳盟友。一方面、高和对不良资产和债务重组并不陌生，有良好的判断力和风控能力，与不良资产投资机构能够进行无障碍对话；另一方面，高和作为不良资产投资机构最佳的退出方式，甚至可以与不良资产投资机构进行联合投资。受益于高和此前大型复杂交易、债务重组和资产改造的经验，高和能够将物业并购和不良资产处置完美地结合在一起。

二、不动产弄潮儿的秘诀：白马骑士、大型复杂项目、长期资金

2020年，一场新冠肺炎疫情，让大量商用不动产受到巨大冲击，甩卖资产的机构不在少数，但高和资本却逆势而上。周以升认为，长远来看，中国商业不动产市场还是有支撑的：其一，中国经济、中国商业不动产，特别是某些区域的资产类别，其增长性仍是存在的；其二，长期利率的下行。美国已经是零利率了，欧洲、日本已经是负利率，中国利率目前仍是全球高点。

按照经典定价模型，商业地产估值大略等于经营现金流除以资本化率。而资本化率就包含了基准利率和风险溢价两个因素。低利率，特别是持续低利率的环境下，一旦市场稳定并伴随着风险偏好的回归，资产价值便会恢复到较高的水平。因此中国商业不动产长期一定是向好的。

如何能够在波折中规避风险，取得好的投资绩效呢？高和资本的经验是三个关键词语：白马骑士、大型复杂项目、长期资金。

首先，高和资本永远不做敌意收购，只做白马骑士。大家危机中在已经很难了，谁被抄底都会一肚子委屈，最后很容易变成对抗。高和资本的原则是，真正帮助资产持有人解决问题、创造价值，解决债务重组难题、经营难题、退出难题等。高和只追求合理利润，在这个尺度里，被收购方不会对抗，自然就会降低风险了。在高和看来，不贪婪是最好的风险控制措施。

其次，大型复杂项目的操作难度固然很大，但因此竞争比较少，能够以比较合理的价格收购。

最后，对于长期资金的重要性，怎么强调都不算过分。黑石2007年的EOP信托和希尔顿酒店的经典交易，都是在危机中或危机前完成的，黑石之所以能穿越周期获得成功，就在于其资金是长期资金。2020年1月7日，高和资本和泰国正大集团合资发起100亿元的商业不动产基金，就是希望在这个市场当中能有所作为。而如果不是长期资金，期限错配就会十分危险。据周以升介绍，高和资本会尽可能地将基金期限拉长，普遍是7年左右，最长的达到10年，这样可以很好地将基金期限和项目周期匹配起来。

而这几项投资策略的实施，都需要强大的组织和价值观的支持。周以升表示，高和一向很"胆小"，虽然选择处在大型复杂项目的风口浪尖，并不意味就要承担过度的风险。高和的出发点是解决问题，当你解决问题的能力增强之后，所谓的风险就有了化解的方法，交易障碍便会被突破。所以，问题的焦点是：如何提高整个团队解决问题的能力。

城市更新投资的人才本来就少，有点理想主义，能坚持下来的就更稀缺了。周以升认为，这其实也是一个自然选择的过程。城市更新项目的投资，从开始跟进到退出，周期普遍很长，高和最长的项目，光是跟进就用了5年时间，从完成收购到改造又用了两年，退出需要另外的两年。对此很多人根本熬不住。

高和内部称投资团队为特战队，团队长通常需要8~10年的沉淀，才能成为一个合格的领导者。大型复杂项目，团队长必须了解并精通资本、会计、法律、税务、运营管理等，否则没办法做判断以及协调内外部团队。

周以升强调，我们希望高和能够成为这样的机构：能解决真问题，真能解决问题；与好伙伴做友好生意。

三、城市更新的投资赛道刚刚开启，未来中国会出现比肩黑石的巨头

初步估算，截至 2020 年年末，我国商品房的总市值已超过 300 万亿元。即便按每年 2% 的增长比例计算，每年城市更新的规模也会达到 6 万亿（见图 9-6）。随着商品房总市值的不断增加，最终城市更新会成为一个 10 万亿级的大赛道。

在过去 20 多年里，城市更新的投资逻辑经历过两次切换：1998—2010 年，城市更新是房地产二级开发的衍生产品，对开发商来说几乎都是成本；2011—2016 年，城市更新是与房地产二级开发并重的逻辑，由于一线和核心二线城市陆续进入存量时代，新出让的土地越来越少，大家都把房地产寄托在城市更新上，众多开发商成立更新集团、公司或板块，城市更新蓬勃发展。不过，这两个阶段跟专业的投资商关系都不大。

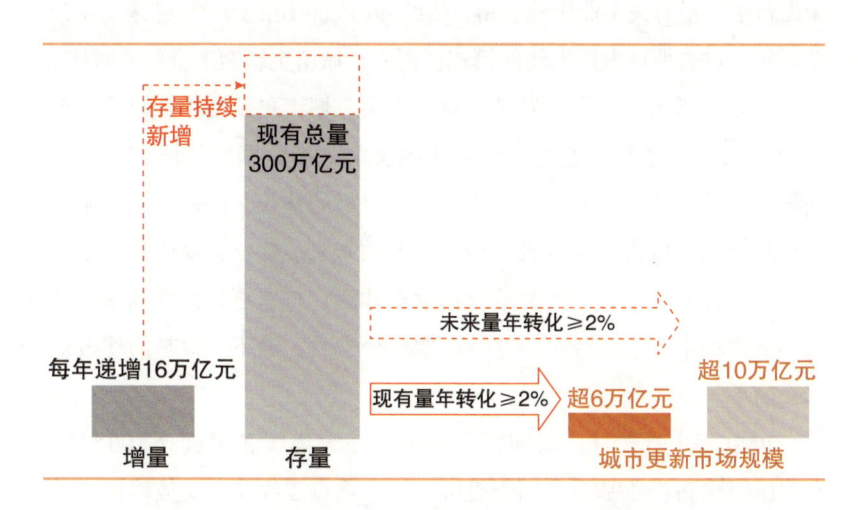

图 9-6 中国房地产增量、存量转换及城市更新市场规模

资料来源：佳兆业战略研究院。

2016年调控之后，城市更新的投资逻辑变成偏向于类金融属性及风投属性。资本、开发等一起围猎城市更新项目。城市更新项目运作周期普遍比较长，而不少资本都有时间限制，因此，城市更新项目开始阶段性估值，资本在每个阶段都需要输出成果以实现退出，城市更新的投资逻辑被重新诠释。

通过对欧美发达国家的研究我们可以发现，当人均GDP超过1万美元之后，地产行业将进入后开发时代。在这个阶段开发贷等会逐步减少，经营性物业贷款、私募基金、CMBS、REITs等会大量增加。

2019年我国人均GDP首次突破1万美元，进入到消费快速增长、结构加快升级、消费对经济增长拉动作用明显提升的新时期。加上2020年以来：一方面，融资"三道红线"、银行"两道红线"，以及供地"两集中"，国家从融资、市场、土地方面进行管控；另一方面，国务院发布了《关于全面推进城镇老旧小区改造工作的指导意见》，把老旧小区改造上升为政府重点工作之一，从中央到地方约20个省市密集出台了大量有关工业用地创新、集约和高效利用的新政，迎来了工改新元年。过去那种大拆大建的模式被摒弃，城市更新迎来全新的时代。

周以升指出，过去开发是绝对的大头，城市更新是小众市场，但党的十九届五中全会通过的《中共中央关于制定国民经济和社会发展第十四个五年规划和二〇三五年远景目标的建议》明确提出实施城市更新行动，城市更新变成了城市发展的未来战略，其最终目标是实现经济、社会、生态、人文等效益融合共赢，打造更具韧性的幸福城市、活力城市、平安城市。这一命题十分宏大，绝不仅仅是旧楼改造那么简单。

2020年1月7日，高和资本和泰国正大集团联手成立100亿元专项城市更新产业基金，用于投资一线、重点二线及其他战略城市的街区更新、商业中心或大型商业综合体等。周以升表示，改造既要跟历史的脉络结合在一起，又要保证引入的产业能够引领未来，这就需要投资机构提供一个完整的解决方案，这绝不是仅仅有钱就可以办到的。城市更新是一个宏大的故事，需要多方参与。事实上，高和资本与正大集团牵手，看重的正是二者可以互补——正大集团在全球产业布局、商业地产运营、内容产品创新以及商业资源整合方面有优势，高和资本在中国城市更新方面有多年积累的经验。两家合作，通过专业化力量，探索实践城市更新的新路径。

周以升日前和明源地产研究院对话时（见图9-7）指出，目前中国地产市场某些方面跟1985年左右的美国很类似。20世纪80年代，美国房地产增量开发到了尾声，很多开发商活不下去，开始甩卖资产，REITs现代化法案诞生，大量的机构将资产委托给资管公司。对照中国，2020年，城市更新成了国家战略，五条红线和两集中让多数开发商必须专注主业、出清不动产，基础设施公募REITs试点工作正式启动。未来，中国商用不动产将迎来全新的格局。

图9-7　周以升（左）与明源地产研究院主编艾振强对话后合影

商业不动产的大转移，就像非洲大草原上的动物大迁徙，从传统开发商手中逐步转移到资管机构、金融机构、REITs 的手里。这正是美国和其他成熟市场发生过的故事。

黑石集团在 1985 年成立，到 2008 年已是资本之王，截至 2021 年第一季度，黑石集团的资产管理规模高达 6 488 亿美元，其中不动产的管理规模为 1 963 亿美元（见图 9-8）。中国的商用不动产正在向大资管方向大迁徙，相当于美国 1985 年的市场。在这一伟大历史进程中，一定会诞生可以比肩黑石的巨头。

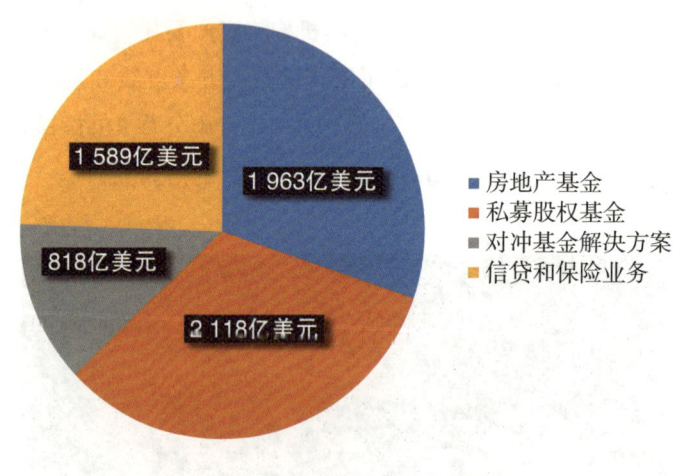

图 9-8 黑石集团的业务构成

资料来源：黑石集团官网。

小　结

周以升告诉明源地产研究院，他特别喜欢爱德华·格莱泽的《城市的胜利》一书。格莱泽的思想让不动产投资和城市更新事业有了生命和意义：城市发展史就是人类文明史，国家的竞争就是城市的竞争，城市更新就是要重塑国家和社会的明天。

目前，中国正处于国家竞争力重塑和城市大更新的历史进程当中，城市更新投资面临巨大的机会。但从纯粹的增量房地产开发到城市更新，本身就是一个从易到难的过程，容易赚的钱已经没有了。

周以升指出，在中国城市更新投资领域，如果画一个坐标图，横轴表示规模，纵轴表示复杂性，那么，知名外资机构处于第一象限，其规模虽大，但水土不服难以应对复杂性，国内的大型金融机构与此情形类似。一些小型的内资机构虽然能够承担风险，但是无法具有规模性。高和则希望在"大型复杂交易"当中独树一帜（见图9-9）。这种复杂性包括不良资产、债务重组、清租清税、复杂改造、深度运营、REITs 退出等。

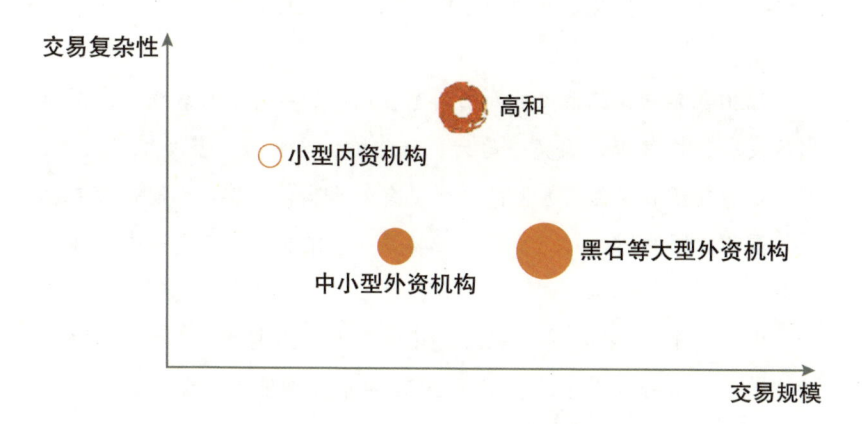

图 9-9　高和资本与其他投资机构的对比

资料来源：高和资本。

凭借着起步早，主动选择难走的路，高和资本积累起了团队、经验、业绩的优势，其商业模式从 0.0 一直迭代到 5.0，交易规模不断向外资巨头逼近。最近几年，高和资本平均单笔交易规模在30亿~40亿元。

周以升相信，中国的商用不动产存量投资将是世界上规模最大，也是最为复杂的不动产市场。面对这样一个时代，高和资本要做的，就是不断提升自己解决问题的能力，并坚持友好收购的理念。

相比很多希望成为"中国黑石"的投资机构，高和资本对标的对象是喜达屋资本。喜达屋资本的创始人巴里·斯特恩利希特（Barry Sternlicht）说地产投资成功需要三步：低于重置成本买入；尽可能使用长期资金；慢慢等待，时间和自然增长会解决所有问题。显然，高和资本做得还要更多。

链接
平安不动产：领跑不动产资产管理时代

2020年年初，苏世民的新书《苏世民：我的经验与教训》在国内出版发行，许家印、郁亮、马云、马化腾、马明哲、基辛格等大佬，都纷纷为其新书站台。苏世民之所以有如此能量，是因为他是大名鼎鼎的黑石集团的创始人、董事长，其另一个中文译名是史蒂夫·施瓦茨曼。

成立于1985年的黑石集团，其主要业务有房地产、私募股权、对冲基金、信贷4大板块。截至2021年第一季度，其管理资产规模达6 488亿美元，是全球最大的私募股权投资基金之一。其不动产的管理规模为1 963亿美元，给黑石带来19.49亿美元的可分配收益，占2021年第一季度公司可分配收益的近一半（见图9-10）。

30多年来，黑石不动产业务的年均净收益达16%，远超其他资产类别。早在十几年前，万科等国内房企就试图学习黑石。随着国内房地产市场逐步由增量开发向存量时代转轨，这一需求变得越发迫切。因为存量时代，意味着要从产销模式转向资管模式，黑石的经验十分值得同行借鉴！

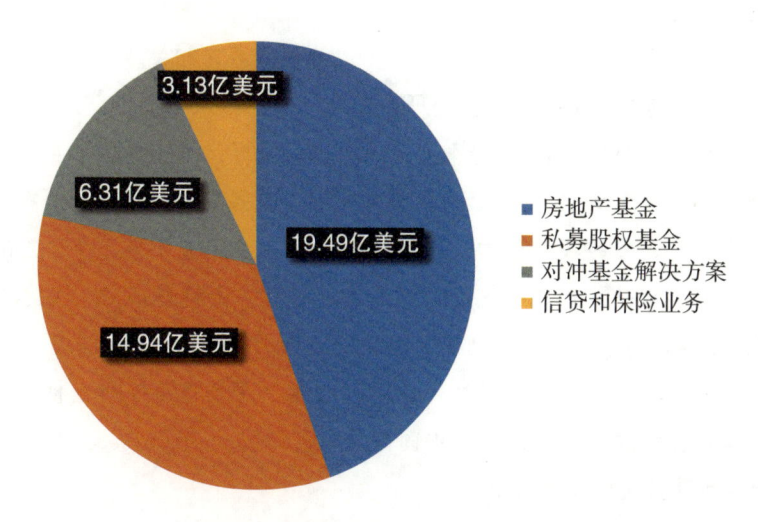

图 9-10　2021 年第一季度黑石集团各业务带来的可分配利润情况

资料来源：黑石集团。

然而，迄今为止还没有哪家房企有黑石的雏形。谁是中国的黑石？明源地产研究院认为，其很可能不会诞生于房企，而会是诞生在其他机构，比如平安不动产。

截至 2021 年一季度，其资产管理规模超 6 500 亿元，只有黑石的 1/10。然而，作为一家"投资及资产管理公司"，平安不动产不仅具有专业的投资能力、投后管理能力、风险控制能力及优质项目，还有商业地标的打造能力——其在商业地产领域的管理是覆盖全价值链的，即投资、规划设计、建设、运营管理，而且还在积极地推进科技化建设。它很可能是未来的投资商、运营商巨头。

一、前瞻布局，抢占先机

财报显示，截至目前，平安不动产的资产管理规模超 6 500 亿元，稳居国内不动产资管规模大哥大的位置。这与其前瞻性的布局，增量和存量双轮驱动，以及主要布局一、二线城市紧密相关。

1. 布局早，1995 年就已经开始介入

黑石是 1991 年开始进军地产业务的，当时，美国的城市化率是 75.70%（见图 9-11），早已进入城市化稳定发展阶段，是真正的存量时代。在较长一段时间内，黑石的不动产业务一直不温不火。2007 年黑石上市时，私募股权投资还是黑石的第一大投资部门。2010 年之后，黑石集团的不动产部门才开始逐步壮大。

平安不动产的布局要早得多。1995 年，深圳市平安物业投资管理有限公司注册成立，当时中国的城市化率仅为 30.96%，正处于城市化加速阶段的起跑线上。

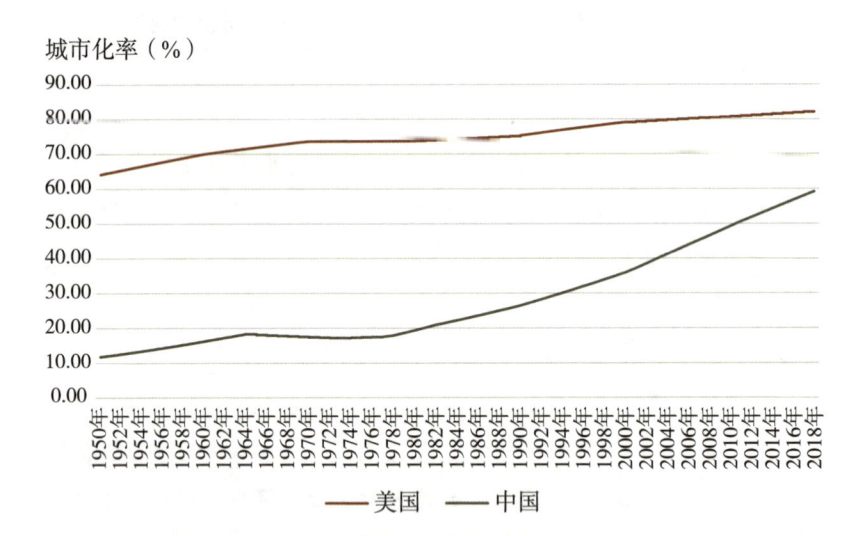

图 9-11　1950—2018 年中美城市化率对比

资料来源：联合国、明源地产研究院。

2013年开始,平安不动产进入加速发展阶段,当年其资产管理规模超400亿元,2014年超800亿元,2015年超1 600亿元……

2012年万科喊出"白银时代"之后,不少房企开始转型,但随着2015年的增量行情再次开启,很多房企又放弃了转型。平安不动产的成功源于前瞻,更在于坚持。而受短期诱惑放弃转型的企业,后续很可能错失存量市场的门票。

2. 双轮驱动,增量存量两条腿走路

回顾历史我们可以发现,美国二战以后诞生的一些大型开发商逐渐消失了。因为这些公司在住宅需求相对被满足之后,没有及时进入商用不动产或其他的新型增长领域。

平安不动产进入不动产资产管理领域的时间足够早,一开始主要聚焦于商业地产,但也没有放弃增量开发领域的机会。这是符合存量布局的相关策略的(见表9-2)。毕竟直到今天,我国仍处于城市化进程中,增量开发的空间巨大,且利润诱人。

表9-2 存量(不动产资管)布局的四个阶段

阶段	城镇化率	布局策略
第一阶段	低于50%	重心应该放在增量开发上
第二阶段	50%~60%	以增量开发为主,适度地做一些存量的布局
第三阶段	60%~80%	到了持有和经营并重的阶段,需要着重进行存量布局
第四阶段	高于80%	需要抓住机会,在存量领域有所突破

资料来源:明源地产研究院。

2012年,平安不动产开始开发投资业务。由于平安不动产是真股权投资,且在与开发商的合作过程中是纯粹的"财务投资人","不操盘、不并表",解决了开发商冲规模过程中的资金压力,深受开发商欢迎。这使得平安不动产在布局未来的同时又能享受当下的利润,帮助其更好地在资产管理领域耕耘。

根据查尔斯汉迪的"第二曲线"理论，企业转型的最佳时机是A点，如果企业到B点才考虑，往往会错过"第二曲线"。那些提前进行存量布局、前瞻性打造自身"第二曲线"的企业，更容易抢占未来的先机（见图9-12）。

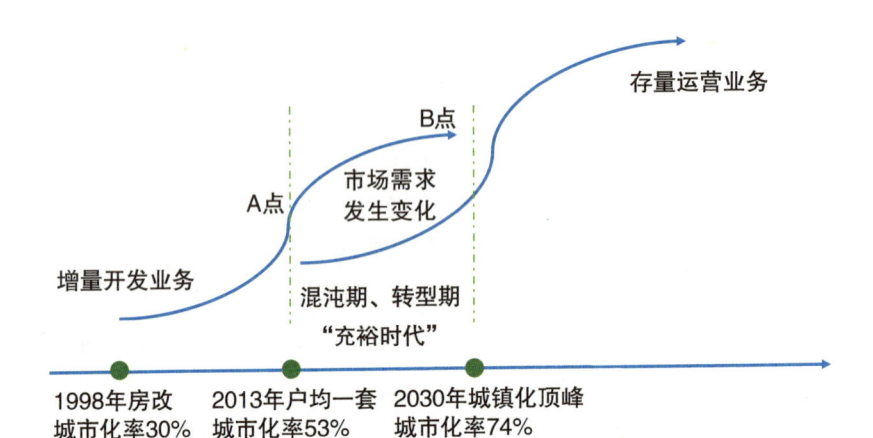

图9-12 增量开发见顶之后，必将进入存量运营

资料来源：明源地产研究院。

3. 主要投资一、二线城市，分散风险

受疫情冲击，2020年不少企业的信贷面临巨大压力，导致自身信用评级遭下调，2020年一季度穆迪做出负面评级行动的次数达到此近5年来的最高水平。

可是，在一片评级下调声音中，穆迪发布对平安不动产的首次信用评级结果是"Baa2"（投资级长期信用评级，展望稳定）。穆迪的理由是："公司拥有稳定的业务增长前景……资产管理业务现金流稳定、盈利能力强……平安不动产在筛选优质合作伙伴、被投项目监督方面拥有严谨的控制流程。"

这跟公司的布局密不可分。截至 2020 年年末，平安不动产已布局 5 大区域（北区、东区、大湾区、南区和西区），深耕数十座城市。

从区域分布看，平安不动产主要投资一、二线城市核心区域，符合不动产资产管理的布局逻辑——因为这些区域人口聚集度高、城市化率水平高（见图 9-13）、经济增速快、区位优势明显，这在一定程度上保障了其商业资产的处置价值。

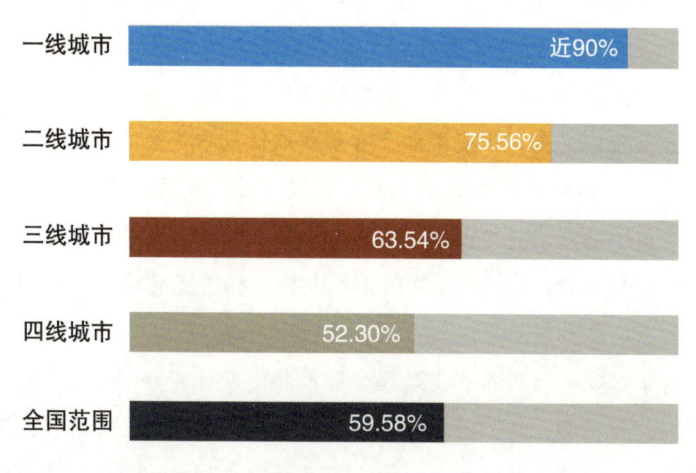

城市分类	城市化率
一线城市	近90%
二线城市	75.56%
三线城市	63.54%
四线城市	52.30%
全国范围	59.58%

图 9-13　中国各线城市的城市化率水平

资料来源：国家统计局、明源地产研究院。

在深圳、上海、北京、天津等核心城市，平安不动产都投资打造了地标性建筑。这些投资性物业不仅沉淀了优质的不动产资产，而且在平安不动产投入运营并加以精细化管理后，其物业价值不断提升，实现了资产的保值增值。

二、四大能力，确保规模增长的同时净利连年翻番

除了黑石，凯德在不动产投资和资管领域也是顶尖机构，国内试图模仿的开发商、地产基金公司不少，可是鲜有成气候的。

平安不动产却表现得十分稳健，不仅资产管理规模逐年快速增长，其营收和利润也表现出色——2018年和2019年，其归属母公司所有者的净利润连年翻倍增长，分别增长了153.24%和100.68%；2020年，其归属母公司所有者的净利润达56.45亿元。这得益于平安不动产强大的资金实力、双专业优势、资产管理和风险控制能力。

1. 可以多渠道获取低成本资金

资金密集是不动产行业的典型特征，不论是投资还是资产管理，资金都是关键中的关键。平安不动产的资金来源有三部分：自有资金、保险资金和第三方资金（机构和个人客户）。

背靠中国平安，平安不动产有着获取低成本资金的天然优势。但平安不动产也在不断推进多元化的融资渠道。比如，在金融创新方面，平安不动产依托中国平安的综合金融优势和自身资源优势，持续推进供应链ABS等资产证券化业务布局，打通资金端和资产端，开拓公司新的业务增长点。

由于平安不动产具有全过程金融产品的设计能力，这使得其能通过"融、投、管、退"的全价值链路径，将业务周期长短组合，股债权形式灵活配置，进行多样化的金融产品布局和主动管理，从而获得高安全边际。

2. 金融+地产双专业，投资能力强

稳健经营离不开专业的投资能力。市场上一些债性融资、明股实债的出资方，主要是根据房企的信用评级、还款信用做决断。平安不动产做的是真股权投资，在筛选项目时，不仅关注合作方评级等基础指标，还要考量其赢利和专业能力。

平安不动产虽然不直接参与项目操盘，但掌握项目的第一手资料，因此，平安不动产不仅会从定量的维度考虑项目的成本控制、溢价水平、营销能力和投资收益回报，并对其进行综合排名，还会从定性的角度对合作方的多个维度进行评价，包括工作效率、问题解决能

力、工作流程的控制能力等。

上述这些维度，都是由直接接触项目的一线员工打分的，最终汇总统计形成对这些合作方的内部排名，这样甄选出的合作方与项目，往往具有很大的价值成长空间。

平安不动产从不冒进，即便是在股权投资的机会明显多于之前的大行情下，公司也要选择最合适的合作方、最合适的时间点，优中选优。这种通过金融赋能，深入挖掘房地产全产业链价值的模式，反过来又进一步帮助平安不动产更好地捕捉投资机会。

3. 资产管理能力强

2020年，平安不动产营业收入达33.48亿元，同比增长52.32%，归属母公司股东的净利润达56.45亿元，此净利润的数值高于其营收。这就是不动产资产管理的迷人之处——除了营业收入，资产也在不断增值。这也体现了平安不动产的资管能力。

在持有型资产方面，通过精准的投资区域选择（核心城市、核心地段）和投资产品定位，平安不动产从设计、规划、运营、管理全流程打造了诸多匠心地标，并对其进行全价值链运营管理。

平安不动产在深圳、杭州、天津、北京、长沙、济南等地打造了众多地标性建筑，不仅沉淀了优质的不动产资产，而且还在投入运营以及精细化管理加持后，实现了资产价值的提升。平安集团的总部大楼——深圳平安金融中心（见图9-14），即是由平安不动产全流程设计、打造、运营和管理的。这座获得"2019年度全球400米以上最佳建筑奖"的大厦是世界最高的办公建筑，包括商场、写字楼、酒店、观光层等4大业态。

2020年，深圳福田区写字楼租赁受到公共卫生事件及大量新增供应双重冲击，深圳平安金融中心的全年出租率却提升了13.29%，突破90%，累计新租面积达7.8万平方米，位列福田区榜首，市场表现一枝独秀。平安不动产打造的另一城市地标——杭州平安金融中心，2020年的写字楼出租率亦逆势增长，达到98%，实现百分百续租，遥遥领先全市其他同等竞品。

图9-14 深圳平安金融中心

资料来源：平安不动产。

作为一家投资和资产管理公司，在高成本的前提下，要打造精品项目，对其全生命周期的投资和资产管理能力提出了很高的要求，平安不动产的作品和业绩证明了它拥有这样的专业能力。

4. 专业背景的独立投后管理团队

怎么投很重要，投后怎么管同样重要。在保证项目稳健运行方面，平安不动产有"金融＋地产"专业背景的独立投后管理团队"全流程"参与到项目中，为项目"保驾护航"。

为了实现"全流程把控"的目标，平安不动产会进行项目宏观层面及日常经营两个维度的管理，确保投后管理"嵌入其中"。具体而言，从投资到管理，再到退出，从相关流程、规则和制度的制定，再到落地执行，平安不动产总部与区域、城市公司的投资管理、投后管理团队有着高效的协同，在严守风控底线的前提下，最大限度地保障项目预期回报的实现。

三、科技赋能，降本提效，孕育未来的新商业模式

数据显示，2017—2020年，中国在房地产科技领域始终遥遥领先，是亚太区最大的投资目的地。房地产是世界上规模最大的资产类别，科技对其改造具有无限性。技术的一点改变影响的市场也是巨大的——在增量开发领域，可以降本提效，同时带来产品的溢价；在存量领域，更是可以催化出新的商业模式。

未来，不动产领域是资本的竞争，更是科技的竞争。近些年来大量有远见的房企也在布局地产科技，增大行业的科技含量。平安不动产当然也不例外。在中国平安"金融＋生态""金融＋科技"的战略指引下，平安不动产积极拥抱科技创新，大力深化在地产投资垂直领域的科技探索，推动公司治理及运营管理体系全方位迭代升级。

2020年，平安不动产KYR智慧投评系统V1.0正式上线，实现了不动产业态投资评审行为全面线上化、智能化。近期，平安不动产KYR智慧投资系统也全面升级，进一步夯实公司的智慧化建设。KYR（平安房地产投资生态一体化平台）是平安不动产决策与经营分析的智慧引擎，将AI科技、大数据与业务专家经验有机融合，实现了地产投资过程中的标准构建与资产透视，打造以数据和风控为核心的智慧型平台，实现多维数据分析、专家智慧赋能、洞察价值先机。平台功能包含覆盖市场、资金、行业、城市、土地、项目、金融产品等多维度房地产相关分析模型，不动产投评、信评及风控模型，交易对手全景画像，项目收益智慧测算及投后风险警示与追踪等。

智慧投评系统是KYR的重要组成部分，可帮助平安不动产全面实现不动产投资评审行为线上化，包括在线测算、自动报告、城市纵横、板块综观、房企聚焦等核心功能与模块，多角度对投资项目进行

智能评审（见表9-3）。

表9-3 平安不动产 KYR 智慧投评系统 V1.0

功能模块	实现内容
在线测算	支撑开发投资类项目测算，模型内置200+可选参数，3分钟内至少完成110组敏感性分析，测算精准，场景丰富，可以满足不同城市、不同业务的测算、审阅需求
自动报告	可自动化输出立项、预审及投决三大场景下的投资议案，测算数据自动从在线测算平台提取，具备灵活丰富的在线编辑功能，支持投资人员线上高效完成投资议案编制
城市纵横 & 板块综观 & 房企聚焦	搭建不动产投资人员日常展业平台，提供城市、板块、政策、市场、房企等多维信息，同时建设各类专业标签体系，实现投资机会识别及板块潜力挖掘，助力投资行为自动化、智慧化

资料来源：平安不动产。

除 KYR（智能投资一体化平台）之外，依托在不动产领域丰富的投资管理经验，平安不动产深挖业务应用场景，打造覆盖投前、投中、投后、退出四大阶段的 KYP，实现投资业务全流程线上化。该平台覆盖五大投资条线、15类投资项目，细化3 000多个标签、200多个决策因子，多角度对项目进行精细化管理，为投资业务全流程管控赋能提效，帮助用户"知行合一"，将隐性风险降至最低。

此外，智慧财务（资财或业财一体化平台）构建起业财一体化、财资一体化、绩效执行一体化视角的智能平台，通过流程打通、数据沉淀、决策分析，全面提升公司经营水平与管理效能。大数据平台整合宏观、城市、土地、项目、舆情等内外部数据，深入挖掘数据商业模式，有效满足内部管理需求，并支持各类数据应用。

根据其长远的规划，平安不动产将持续升级科技含量，助力公司的信息化建设，为不动产投资及资产管理的全流程以及行业生态圈持续赋能。这些平台和数据，不仅能够为公司的投资决策、资产价值计算提供依据，而且还能演变出新的商业模式，比如，为在平安不动产生态内的企业和个人赋能，而这本身也是资产管理的一部分。

小　结

在很长一段时间里，我国房地产投资的模式主要是以下两种：其一，"开发商全链条管理"的模式——开发商自己找钱找地，设计、开发、销售、物业全部自己"包圆"；其二，"开发商＋金融机构"债权融资模式。

第一种模式，一旦扩张过快、资产过重很容易导致周转不灵，现金流紧缺，过高的财务杠杆已成为悬在开发商头顶的达摩克利斯之剑；第二种模式，受资管新规影响，空间已被极大地压缩。

随着我国房地产从增量开发向存量经营转轨，目前，已经涌现、裂变出投资商、开发商、运营商和服务商。发达国家的地产行业，这样的格局早已成型。很多业界大佬认为，国内地产行业同样会这样，各细分赛道将发展壮大。

作为一家投资和资产管理公司，平安不动产的稳健成长，源于其四大能力：强大的资金密集和管理能力，房地产全价值链的投资能力，全生命周期的投后管理和资产管理能力，全方位的风险控制能力。在未来的角逐中，平安不动产已牢牢占据了先机。

第五篇
专业开发商

过去几十年，大家都习惯性地把综合性房企叫作"开发商"，实际上它们大多是集投资商、开发商、运营商等于一身的，其投资商的属性更强。

真正意义上的"专业开发商"是像绿城管理、中原建业这样的代建公司。代建公司最开始所赚取的利润，是真正意义上的"管理红利"。它们依靠自己的品牌力、项目管理能力，帮"地主"们赚取利润，并从中分一杯羹。而当规模越来越大，逐渐拥有自己的标准，链接资源的能力也越来越强时，它们就逐渐转型为控制部分开发端口的平台公司。

传统的地产开发，经过几十年的迭代进化，目前已经定型。如果说还有什么可以改变整个开发过程的话，那可能就是技术上的革命——建筑工业化。建筑工业化是从设计、生产、运输到现场装配建造的一个整体。

当远大住工这样的公司开始全国布局，并深入参与到地产巨头们的住宅产品线规划、设计中去的时候，它们也就成为大规模专业地产开发的一部分。而当开始面向客户端，做完全标准化的低层、多层的别墅、民房时，它们的角色就和日本从事"一户建"的专业开发商很类似了。

第十章

绿城管理：真正意义上的"专业地产开发商"

在地产行业，大家习惯性地把房企称作开发商。但实际上，传统开发商往往是集投资商、开发商、运营商、服务商于一身的。名副其实的"专业地产开发商"，在中国有另一个名字，叫作"代建"。

截至2020年，中国代建行业当之无愧的老大是绿城管理。2017—2020年，绿城管理代建业务销售额分别为430亿元、552亿元、664亿元、745亿元。2020年7月10日，绿城管理控股成功登陆港交所，成为"代建第一股"。

绿城为什么能成为中国的"代建第一股"？在地产行业整体横盘的几年里，绿城管理又靠什么"逆市"增长？绿城管理到底凭什么赢？

明源地产研究院对话了绿城管理CEO（首席执行官）李军（见图10-1），在他的讲述中，绿城管理的发展是一个不断冲破瓶颈、战胜内外部各种危机的过程，具体可以分为三个阶段。

图 10-1　绿城管理 CEO 李军

一、2016 年之前，凭借品牌积累，帮助中小房企突破四大瓶颈

绿城的代建业务起步很早，直到 2016 年之前，都没有遭遇特别大的挑战。在这个阶段，绿城的成功靠的主要就是品牌，品牌给绿城带来了源源不断的合作方。之前因为地产巨头们的崛起和开疆拓土，中小房企们遭遇了四大发展瓶颈。但它们相信，和绿城合作之后，凭借绿城的品牌等积累，可以轻松突破以下这些瓶颈。

1. 瓶颈一：品牌

地产巨头们大多已经全国知名，其在进行项目宣传的时候，客户的教育成本就会比较低。千亿房企的项目很容易获得溢价。中小房企的项目则需要花费更多宣传费用，才能为客户所接受，获得溢价也比较困难。而如果和绿城管理合作，中小房企就可以借助绿城的品牌，降低教育成本，实现溢价。绿城代建的项目，比竞品溢价20%是常事。

2. 瓶颈二：产品

地产巨头们过去的项目很多，中小房企可以通过各种统计了解最新、最全面的客户需求，并进行产品优化。巨头们前期积累了大量优质产品线、产品细节，中小房企可以根据不同项目选择运用。

对于中小房企来说，突破巨头们的产品护城河有难度。可和绿城管理合作后，这一切都变得简单，绿城的产品在国内公认优秀，前期的积累足够深厚。

3. 瓶颈三：成本

巨头们借钱成本比较低，管理到位，开发周期短，销售速度相对比较快，因此整个项目的财务成本就低。中小房企采购规模小，开发慢，借钱成本高，销售比较慢，其总成本就高。所以，两者从一开始就处于不平等竞争的状态。

绿城的开盘和工程节点都处于行业的上游水准。绿城代建项目，都共享绿城的品牌，绿城管理也负责营销，其去化速度一般不成问题。这样一来，开发周期缩短，企业的财务成本也就大幅降低了。

4. 瓶颈四：信用

巨头们的优势主要体现在：容易获取银行信任，获得贷款；容易获取地方政府信任，达成合作；容易获得消费者信任，销售期房更顺利。而中小房企的信用和巨头有差距，在许多巨头看来很容易的事情，对它们来说却很难。

和绿城管理合作，合作方就可以获得绿城的信用背书。有的项目之前解决不了融资问题，找到绿城代建以后，就可以获得融资。甚至有些委托方因为和绿城管理合作，取得地方政府的充分信任，从而获取了低价土地。在2016之前，凭借着先发优势和品牌实力，绿城代建成长迅速。

二、2016—2020年，凭借绿星标准，建立起全新的经营模式

从2016年开始，一些痛点出现了，有的来自客户新增的需求，有的则来自绿城的自我设限。

痛点1：委托方诉求千奇百怪，不满足绿城代建合作条件，筛选客户消耗很大。 有的委托方，希望什么都自己做，就贴绿城的牌子作为卖房子的幌子，这势必会影响绿城的品牌，绿城根本不可能答应。还有的委托方，希望贴绿城的牌子，又想不切实际地控制成本，甚至不惜牺牲产品质量，这样一来势必招致客户投诉，影响绿城的品牌，绿城不会满足他们。可如果要深入考察对方的经营诉求、契约精神，绿城还需要了解对方高层的性格、处事方式等，就要耗费较多的时间成本和人力成本。

痛点2：委托方、项目本身先天条件有限，绿城无法提供代建服务。 有一些项目，委托方诉求没问题，但委托方、地块的先天条件有问题，绿城无法提供代建服务，却又没有别的服务。"地主"方缺钱的项目，绿城不敢接，怕项目有烂尾风险，影响绿城的品牌。所在区域无法深耕的项目，绿城管理不接，因为代建需要"区域化"的团队，如果无法深耕，区域化团队做完一个项目就只能解散，代价太

大。一些均价偏低的刚需项目，造价无法达到绿城一贯的标准，很难代建，也无法使用绿城品牌，这类绿城管理也不接。

痛点3：供应商筛选，和委托方无法达成一致。很多中小房企在选择供应商的时候，喜欢选择熟人、关系供应商。如果合格供应商无法进入绿城代建体系，从产品的设计到营造以及产品品质的把控就会比较弱。

痛点4：委托方不单是项目建设能力不足，管理能力也不足。园区等项目，其管理服务可能比建设还要重要，不是建完就可以的。绿城有园区管理能力，但之前并没有输出相关服务。

痛点5：准业主担心代建房屋的质量，以及后续的维护保养。许多购买绿城房子的客户，是基于对绿城品牌的信任，但因为是代建的项目，他们对其是否还能保证原汁原味的高品质有一定的疑虑。如果要做相关解释工作，则会产生很多额外的教育成本。还有的业主担心，即使交房的时候，房屋质量没问题，可如果绿城只是代建，交完房就不管了，房子后续质量维护也没有保障。

痛点6：一些巨头陆续强势进入代建行业，绿城的规模发展受到影响。地产行业近年来发生了很大的变化，一些品牌开发商为了保持自己的规模，纷纷进入代建行业，在集团下设立专业代建公司。而如果绿城只提供代建服务，并且严格筛选客户，这固然保证了绿城代建项目的品牌和质量，可对绿城管理的规模发展有很大影响，难以形成规模护城河。

这六大痛点带来的挑战是巨大的，而绿城管理所做的事情又是前无古人的，没有可以学习模仿的对象。如何消灭这六大痛点，绿城内部有很多争论，同时进行了很多尝试。

首先，绿城推出了"绿星标准"，并且不断迭代，筛选委托方、供应商，同时对项目品质、后续服务品质做出承诺。绿星标准除了包括产品指标，还有运营指标、服务指标、供应商指标（见图10-2）。

星级评定中相关指标权重的设置是基于绿城20多年的经验，以及其认为在客户端、市场端哪些东西会更受重视，比如人性化的考虑、绿色建筑的要求等。绿星标准中每个模块，都经历过一个反复研究和进化的过程，并已经相当细致了，绿城可以在百分制下对每一个项目进行打分（见表10-1）。

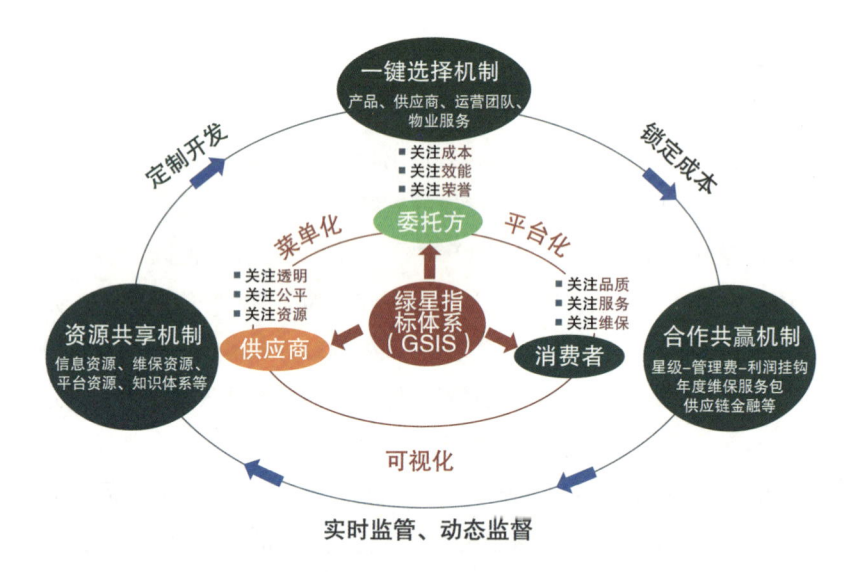

图10-2 绿星1-3-3标准体系图（GSIS）

表10-1 绿星标准中部分模块打分权重

一级指标	二级指标	三级指标	权重（分）
产品指标（40分）	建筑设计（17分）	外立面材质	3
		人车分流	2.5
		架空层	2.5
		标准层层高	1.5
		地下车库净高	0.5
		是否设置落客雨篷	1

（续表）

一级指标	二级指标	三级指标	权重（分）
产品指标 （40分）	建筑设计 （17分）	落客雨篷出挑深度	0.5
		首层门厅	0.5
		地下室门厅	0.5
		阳台栏杆高度	0.5
		门窗	0.5
		园区大堂主入口	1
		架空层室内精装修标准（吊顶部位）	0.5
		公共部位（首层门厅）精装修标准	0.5
		公共部位（标准层）精装修标准	0.5
		公共部位（地下门厅）精装修标准	0.5
		外立面壁灯	0.5

而其评分标准则更加细致，已经细化到具体材料、工艺了（见表10-2）。这套标准消灭了上面提到的前5个痛点。

针对痛点1：以标准为基础，可以快速挑选出合适的委托方。 委托方如果能接受这个标准，也就和绿城达成了共识。让委托方学习标准的过程，就是一个教育客户、筛选客户的过程。接受这套标准的客户，对项目的质量、成本方面一般不会再有异议。一旦委托方选定了相关标准，双方合作的基础就形成了。

针对痛点3：以标准为基础，可以建立起稳定、高质量的供应商库。 有了标准以后，如果委托方指定的供应商符合标准，那么其就可以入库，绿城代建曾经合作过的优秀供应商都已经在库内。按照标准选择供应商，绿城与委托方很容易达成一致。

针对痛点4：依据运营标准，提供运营服务。 运营服务成为标准可选项之后，没有运营能力的委托方，在园区等项目建成之后，以标准为共识，可以继续将业务委托给绿城的专业团队运营。

表 10-2　绿星标准中部分模块评分标准

一级指标	二级指标	三级指标	权重	分值系统			
产品指标	建筑设计	外立面材质	3	0	0.6	0.8	1
				以上条件均不满足	外墙面层采用仿石涂料/真石漆/质感涂料/仿面砖涂料	基座大面或局部采用石材，大面采用质感涂料/面砖/仿面砖涂料	基座采用石材，其余楼层外墙饰面采用石材或仿面砖涂料；或用铝板、玻璃幕墙、新材料等
		人车分流	2.5	0	0.6	1	
				以上条件均不满足	组团内人车分流	完全人车分流（或者通过物业管理可具备完全实现人车分流条件）	
		架空层	2.5	0.6		0.8	1
				围绕主庭院的楼栋设置架空层的数量应<30%或不设架空层		局部设置架空层，仅围绕中心景观区设置架空层	全部设置架空层（沿街面可结合商铺部设置）
		标准层层高	1.5	0	0.6	0.8	1
				2.8米以下	2.8～2.9米（不含）	2.9～3.0米（不含）	3.0～3.15米
		落客雨篷	1	0	1		
				未设置落客雨篷	设置落客雨篷		
		雨篷	1.5	0	0.6	0.8	1
				雨篷出挑深度2米以下	雨篷出挑深度2～3米（不含）	雨篷出挑深度3～5米（不含）	雨篷出挑深度5米及以上

针对痛点 5：保证房屋质量与绿城早期开发质量一样，让买房客户信任、放心，提供后续维保服务承诺，让客户没有后顾之忧。 只要项目满足这套标准体系，那就意味着这个项目也满足绿城之前的产品与服务标准，是一个原汁原味的绿城项目。此外，这套标准里也包括绿城的优质维保、物业服务，这些成为委托方的可选项后，项目后续的品质维护也就有了保障。

其次，绿城建立多种合作模式，非代建项目也可以合作，**持续扩大规模**。做地产的都知道，规模是最好的护城河。绿城管理想不断突破规模，又不降低代建合作项目的标准，他们找到的新模式是分类合作（见图 10-3）。这样一来，就解决了上面提到的痛点 2，几乎所有项目，绿城管理都可以合作了。

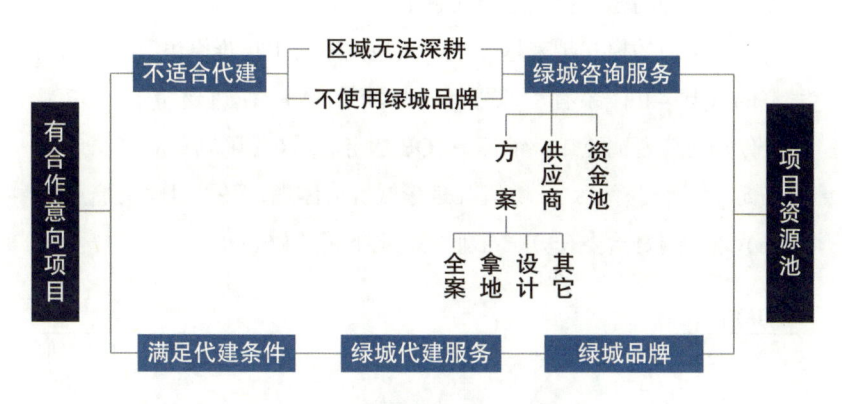

图 10-3　绿城管理分类合作示意图

满足绿城代建条件的项目，绿城会提供传统代建服务。如果不满足，那么绿城会：

其一，在不适合深耕的区域，针对先天条件还不错的项目，提供绿城咨询服务。绿城管理咨询的业务范围主要包括项目交付前和交任后。交付前：包括前期产品定位服务、设计管理咨询服务、工程营造咨询服务、营销策划咨询服务、物业管理咨询服务。交付后：园区运营咨询和企业管理咨询。目前绿城管理还和沃顿商学院、中欧商学院合作办班，自己也成立了绿城管理学堂，输出自己的知识体系。这应该算是咨询服务中的一种创新。

其二，针对缺钱的"地主"，"资本支持"让三方获利。之前，如果甲方没有足够财力，项目可能烂尾，影响绿城的品牌，绿城就不会接。后来，绿城管理利用自己的平台，把想投资房地产的"金主"和地块条件还不错的"地主"撮合在一起，产生极好的化学反应，这对三方都很有利。

最后，建立起全新的平台和盈利渠道，打造模式的护城河。 在放出以上两个大招后，上面提到的痛点6，也就是其他巨头进入代建行业加剧竞争的问题，也就迎刃而解了。

绿城管理的模式越来越完整，其他竞争对手很难模仿。绿城管理完整的代建4.0体系有一双翅膀（见图10-4）。左边翅膀上：QR认证，分别对应着痛点1、痛点3；QR服务、QR保障则对应着痛点4、痛点5。右边翅膀上：三增值既是绿城价值体现，又可以解决痛点2；五项承诺，则是给委托方、准业主们吃下了"放心丸"。

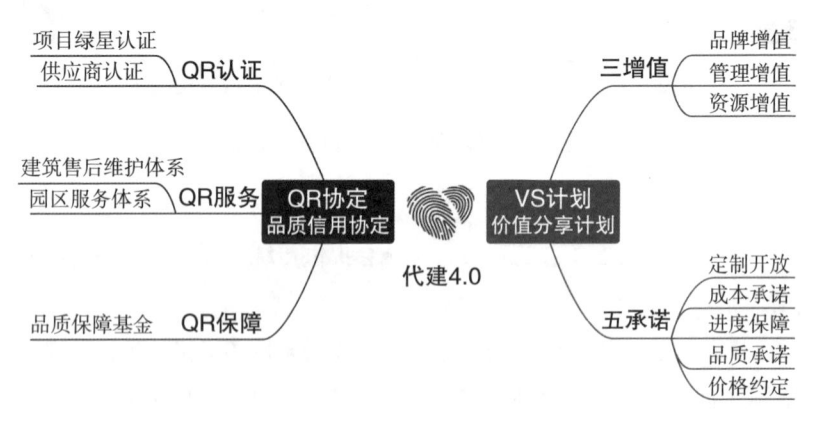

图10-4 绿城管理代建4.0体系

绿城管理逐渐成为以专业开发为核心能力的，链接投资商、开发商、运营商、服务商的平台（见图10-5）。形成平台以后，绿城管理的规模护城河就可以不断加深。六大痛点解决之后，来自外部的危机和压力明显减小，绿城管理一路高歌，于2020年7月10日正式上市。而绿城管理的梦想，绝不仅仅是上市。

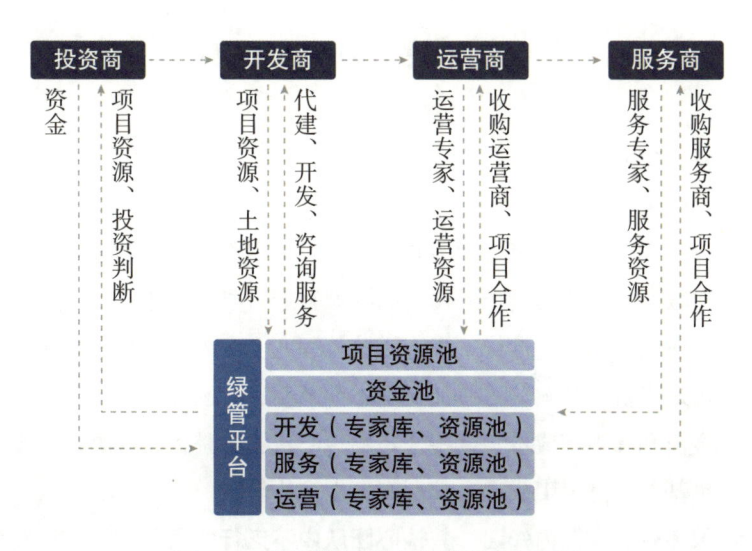

图 10-5 绿城管理平台链接各方示意图

三、内建孵化平台，外建行业联盟

绿城管理在行业内拥有一定的领先优势，成为"代建第一股"之后，这种优势更加明显。凭借这种领先优势和超前思维，绿城管理近两年做了两件大事：内建孵化平台，外建行业联盟。

2021年1月13日，有6家企业被纳入了绿城管理的孵化体系。此前，已经有十几家企业被纳入绿城管理麾下。已经纳入绿城孵化体系的十几家企业大致分为如下几类（见图10-6）。

第十章 绿城管理：真正意义上的"专业地产开发商" / 197

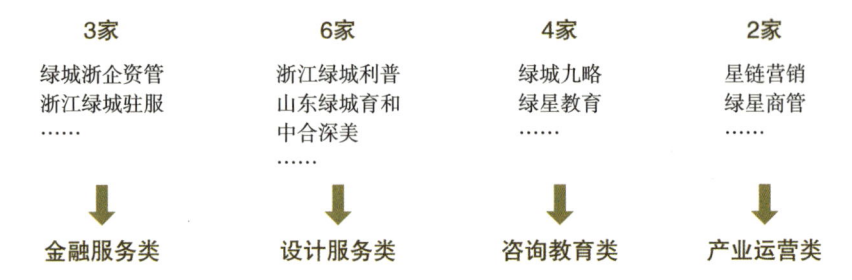

3家	6家	4家	2家
绿城浙企资管 浙江绿城驻服 ……	浙江绿城利普 山东绿城育和 中合深美 ……	绿城九略 绿星教育 ……	星链营销 绿星商管 ……
↓	↓	↓	↓
金融服务类	设计服务类	咨询教育类	产业运营类

图 10-6　绿城管理孵化企业分类统计

这些企业有以下一些共性：

- **分布在地产产业链的上下游**。上游有资本类、设计类公司，下游有教育、商业运营类公司，而绿城管理自身的代建业务，则处于产业链的中游。这样一来，绿城管理在上中下游都有了布局。
- **都是轻资产公司**。这些公司都不涉及制造、硬件生产，没有重现金流和高生产成本。这些公司的核心资源都是人力资源，其成本也基本都是人工成本，其利润率也都比较高。
- **很多企业在业内知名，其核心团队中不乏行业明星人物**。举例来说，被纳入绿城管理孵化体系的几家设计院，都荣获过一些设计大奖，有自己的明星产品。其核心团队中，也不乏地产设计行业的代表人物。

绿城管理把这么多企业纳入自己的孵化体系，有以下 3 点原因。

1. 能力瓶颈：代建规模扩张，其核心能力需要补充

最近几年，行业的代建需求越来越多，绿城管理的规模迅速增长。在这种情况下，绿城管理之前的一些核心能力出现瓶颈。

以设计资源举例来说：代建项目往往需要设计院前期介入，工作

量大但没有费用,最后甚至可能都无法实施。如果是纯粹市场化采购来的乙方设计院,不可能完成这些事情。代建项目区域分散、产品多样,档次落差大,需要按需定制、柔性服务。临时找来的乙方设计院,完成这些配合也有难度。

绿城管理集团有时候需要集中完成一些产品研发:如果完全依赖集团内部则人力不够;如果采购乙方资源,双方就标准、风格磨合都需要大量时间。但如果是纳入绿城管理孵化体系的设计院,特别是绿城管理控股的设计院,那就完全不一样了。

首先,控股之后,绿城可以决定该设计院的经营方向,该设计院的核心能力就会和绿城管理的需求越来越接近。其次,纳入孵化体系后,大量绿城管理代建的项目就会被"导流"给相关设计院,它们不断设计绿城的项目,也就对绿城的风格、底线越来越了解,在完成定制、柔性服务和研发任务时都会得心应手。

2. 竞争压力:代建企业越来越多,绿城需要拓宽护城河

绿城管理虽然是国内代建行业的老大,但其身后还有很多追赶者。代建的核心竞争力,其实就在于自身的品牌和能力。绿城的品牌、代建能力强,有一定的护城河,但要想拓宽这条河,就得想得更长远一些。在孵化了众多的产业链企业之后,对手再和绿城管理竞争的时候,就不单单是在和绿城的品牌、代建能力竞争,而是在和一条配合紧密的地产产业链在竞争。

地产行业有一个特点,就是产业链前端的20%会影响到后端的80%,因此,绿城孵化前端的企业会让自己的核心竞争力更具优势。具体来说,一些代建项目在前期土地还没确权时,代建虽无法介入,但绿城孵化企业中的咨询公司可以先去提供咨询,后期绿城管理接手代建也就顺理成章了。

3. 成长需求：向上下游拓展是业绩增长的最佳选择之一

绿城管理上市前后，都面临着业绩增长的压力。想要业绩快速持续增长，企业一般有三种战略选择：其一，成立同类新公司；其二，进入其他行业；其三，向企业上下游发展。

绿城管理的业务已经可以覆盖全国，成立同类代建公司没有意义。代建已经属于地产行业内的细分领域，绿城管理的核心能力，决定了其贸然进入地产之外的行业是有风险的。因此，绿城管理的最佳选择就是向地产行业上下游拓展。

绿城管理每年可以通过大量的代建项目，给自己孵化的上下游企业导流大量业务，而这些企业在经营中接触的客户，同样可以导流给绿城代建业务。绿城管理的核心能力，可以支撑上下游孵化企业的发展，而这些企业同时也在给绿城管理赋能。这样就形成了双向赋能、双向导流的良好循环（见图10-7）。

图10-7 绿城管理和相关孵化企业的双向赋能、双向导流

在双向赋能、双向导流的过程中，整个孵化体系的规模越来越大，产业链上各个环节的利润，也越来越多地归属于这个体系内的企业。目前，仅绿城管理前期纳入孵化的几家设计院的年产值，加起来都接近 4 亿元。其中绿城利普设计院，在 2017—2020 年这几年实现了超高速增长：其营业收入从 1 432 万元，增长到 2.1 亿元；其人员从 52 人，增长到 260 人；它还获得多项设计大奖，还拿下 21 项专利，已拥有建筑工程设计甲级资质、城乡规划编制乙级资质、风景园林工程设计乙级资质等。

绿城管理 CEO 李军说："管理创造价值，服务改良商业。绿城管理为孵化企业提供流量，是一种赋能和服务，而孵化企业同时也在给绿城管理赋能。有相同价值观、同样工作态度和服务标准的企业聚集在一起，就可以构建起一套强大有效的信用体系，获得更多 B 端、C 端的信任，从而在非限价城市获得溢价，在限价城市降低交易成本，既而提升整个系统的价值创造能力，让体系内企业的竞争力迅速提升。"

除内部孵化之外，绿城管理还做了一件大事，那就是建立联盟。2021 年 5 月，由绿城管理牵头，绿城管理、当代管理、华润置地、金地管理、雅居乐房管、中原建业这 6 家代建模式的领军企业，宣布成立"轻资产联盟"（见图 10-8）。

轻资产联盟的成立，至少有以下一些意义：

（1）在行业内形成制度文明，把蛋糕迅速做大

代建要想做大做强，得获取多方面的信任，包括委托方、业主、供应商、政府相关部门等。而要获取各方的信任，就需要从物质文明、精神文明上升到制度文明。也就是说，要建立起明确的行为准则，而不再靠企业、个人的自我道德约束。

图 10-8　轻资产联盟企业代表合影

行业准则的意义很重大，举例来说：从责任角度，代建方既不是传统意义上的投资方，也不是总包，那么一旦项目出现问题，代建方应该承担什么责任，如何承担责任，这点在之前的各种制度中是缺失的；从竞争角度，在代建竞标报价的时候，不能为了中标而不顾质量、成本等底线，一味压低价格，从而导致后期出现质量很差的项目。

一旦整个轻资产联盟内部形成这样的制度文明，大家就会越来越信任代建，不管是政府、金融机构、国企还是中小房企，有相关需求的时候，第一时间都是想到找代建、找轻资产联盟。这样一来，代建的蛋糕也就越来越大了。

（2）联盟内部可以进行商机的分配和交换

在对外形成"代建就找轻资产联盟"的品牌势能之后，轻资产联盟内部可以根据项目地域、定位的不同，进行商机的分配和交换。举例来说，绿城管理代建项目均价是 1.3 万元，而中原建业的代建项目均价则是6 000元。如果在河南附近有一个均价6 000元的项目找到绿城管理代建，绿城管理当然会把它转给中原建业，因为其供应链、产品线、团队和这个项目更匹配。

（3）联盟内部可以进行供应链整合，匹配供应链和代建业务

通常，有母公司的代建企业，其早期的供应链依赖于原母公司的供应商体系。但随着业务的发展，代建企业的供应链需求往往会超越母公司供应链的供给。以绿城管理为例，随着其代建业务进入的下沉市场越来越多，原绿城供应链体系已无法覆盖了。而供应链对代建企业来说，是核心竞争力之一。供应链强大，委托方就能得到更高品质的产品、更快的开发效率、更低的成本。

（4）影响政府等相关方，链接更多同路人

代建目前缺乏行业标准，作为企业去推动这件事情，能起到的作用是有限的。联盟成立之后，推动行业标准形成的力量就更强，更有可能影响到政府相关部门，让它们对代建模式形成新的认知。

目前，轻资产联盟的6家创始企业在代建行业里面的占比超过60%。而越来越多的地产巨头正在进入代建行业。轻资产联盟首任轮值主席、绿城管理CEO李军认为：只有更开放、链接更多同行，才能创造更大的价值。

在地产销售端，链家在做到很大规模以后，开始打造开放平台贝壳，链接买房客户、置业顾问、一手二手房源，从而实现了500倍的PE，创造了奇迹。在地产开发端，绿城管理希望借轻资产联盟，链接各相关方，打造一个开发端的"贝壳"。当资本市场意识到代建作为"专业开发商"与物业等"专业服务商"相比，风险同样很低，利润水平却高于物业的时候，对其价值可能会被再评估。

四、未来，代建行业会占据地产开发的 30%

很多人认为代建模式会随着商品房开发规模的变化而起落，商品房开发规模横盘了，代建也就不可能快速增长了。绿城管理认为，这其实是一种误解。

1. 代建表现出很强的逆周期能力

如图 10-9 所示，2013—2019 年，在全国范围内，代建新签约面积的增速，与商品房销售面积增速的曲线正好相反。

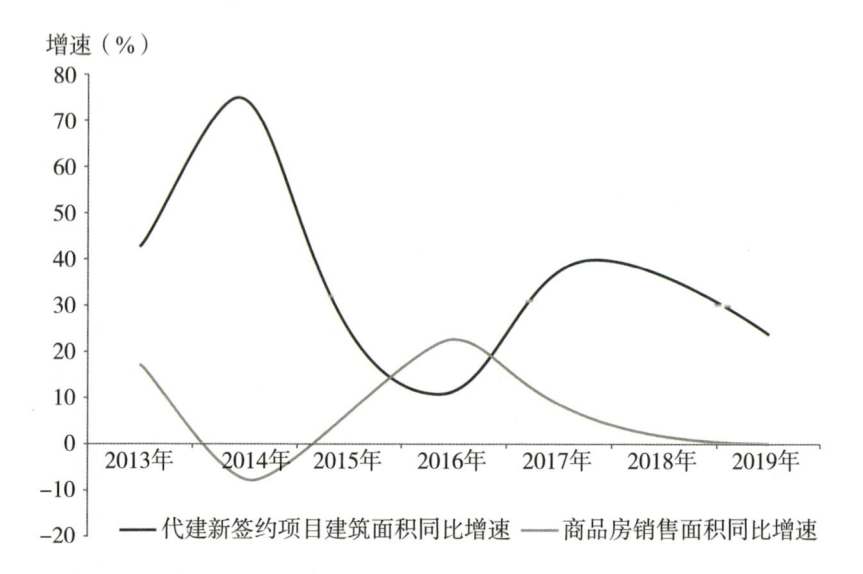

图 10-9　2013—2019 代建新签约面积与商品房销售面积增速对比图

注：行业数据根据中国指数研究院报告。

2. 代建项目投资主体转为以地方政府、国有企业、金融机构等为主

早期代建委托方的主力是缺乏品牌和开发能力的中小房企。进入2021年，集中供地越来越热，再加上前几年的各种调控，中小房企拿地越来越难，所占市场份额也越来越小。有人因此认为代建委托方也会越来越少，这其实也是一种误解。

（1）居住项目中，政策性保障房越来越多，成为代建项目主要来源

根据中指院的统计，未来5年：商品住宅需求量为67.8亿平方米。城镇居民住宅总需求为94.6亿~98.4亿平方米。这二者之间的巨大差距，就是非商品住宅的需求，主要是政策性保障房。比如，深圳就明确提出，此后供应的居住用地里，保障性住房用地要占60%，进入商品房开发招拍挂阶段的只有40%。而越来越多的地方政府，都倾向于让政策性保障房走代建模式。代建龙头绿城管理代建的政府保障房，经常因为颜值远高于周边商品房，而成为"网红"。截至2021年5月底，绿城管理在全国范围内有112个保障房项目，在建面积超过2 500万平方米。中指院认为，在这一趋势下，代建对整个住房市场的渗透率将持续提升，到2025年将达到12.5%左右（见图10-10）。

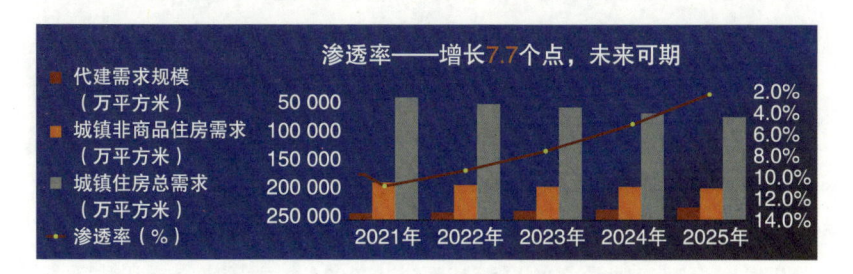

图10-10 代建对整个住房市场的渗透率走势图

而政府保障房代建增加，只是代建市场快速扩张的原因之一。

（2）国有企业手中存量土地越来越多，成为委托方主要来源

很多国企之前是生产型企业，城市发展后，要求其搬迁。其在把厂区搬离市区的同时，就需要对原厂房进行"自改"，它们中的很多会找代建。还有一些城投公司，在招拍挂中获得比较贵的土地，就需要品牌比较好的企业把开发进行下去。而如果是搞股权合作，涉及国有资产流失等很多问题，所以它们也倾向于找代建。

（3）金融机构"被动"或"主动"持有大量土地，也需要找代建

从被动的角度来说，保险公司很有钱，但国家对保险资金有一定的限制，不能全部流入股市，因此很多保险公司就会配置一些土地、房产。很多金融机构的服务对象是一些不良资产处置公司，它们手里都有很多抵押的土地、房产，必须对其进行处理。

从主动的角度来说，有些金融机构早期倾向于投资房企，但随着一些百强房企的失败，它们的理念逐渐发生变化，会分散一些资金，投资具体的项目。

金融机构手里有了土地和项目，大多倾向于找代建，因为这样自己最省心，风险也低。还有一种特殊情况，就是原代建委托方——比如某中小企业有资金压力，需要找金融机构支持，而金融机构不愿意放贷给它，但是又觉得项目地块本身还不错。于是在有绿城管理等优质代建方背书的情况下，金融机构与原代建委托方进行股权合作，成为项目大股东，从而变身为新的代建委托方。

以绿城管理的委托方构成为例：2020年，地方政府、国企、中小开发商呈现三国鼎立的局面。而进入2021年之后，金融机构委托方开始明显增多。各种委托方有不同的诉求，而绿城管理则有对应的价值点（见表10-3）。

表 10-3　不同委托方的主要价值点统计

委托方类别	绿城管理价值点	市场容量和机遇
私营企业委托方	■ 品牌增值 ■ 产业链资源 ■ 成本优势	■ 面对来自大型物业开发商的压力，中小型企业需要品牌赋能、管理赋能、资源赋能 ■ 当房地产市场处于下行趋势时，寻找专业代建公司可以更好地规避开发风险
国有企业委托方	■ 专业开发管理 ■ 利润保障 ■ 品牌增值	■ 中国国企的土地资源庞大，获取土地的能力很强 ■ 拥有地产资源的国企虽然有较低的融资成本，但缺乏专业开发能力
政府委托方	■ 专业开发管理 ■ 产业链资源 ■ 降低无效成本 ■ 政治正确	■ 中国政府为解决低收入及年轻人的住房问题，将更加重视保障性物业的开发 ■ 2019年起，中国政府已颁布一系列行政措施，以支持旧市镇重建及城市更新计划
金融机构	■ 专业开发团队 ■ 产业链资源 ■ 前端风险管控 ■ 后端价值变现	■ 金融机构通常缺乏房地产开发团队、亦无后期价值变现资源体系 ■ 轻资产服务可协助实现前端风险控制、后端开发价值变现，有效提升项目的回报率

注：行业数据根据中国指数研究院报告

在2020年绿城管理的代建项目中，不同身份的委托方占比很能说明问题（见图10-11）。

3. 委托代建项目的类型转向以公共建筑、商业产业为主

根据《城市用地分类与规划建设用地标准》，居住用地只占城市建设用地的20%~32%。这也就意味着，住宅只占地产开发的一小块，更多的地产开发项目是公共建筑，或者商业、产业项目。而公共建筑等委托企业代建的模式，很早就有。轻资产联盟中的华润置地，

早在深圳举办大运会前后,就代建了后来被称为春茧的深圳湾体育中心,并在深圳湾片区进行了统筹、规划、开发和城市运营。

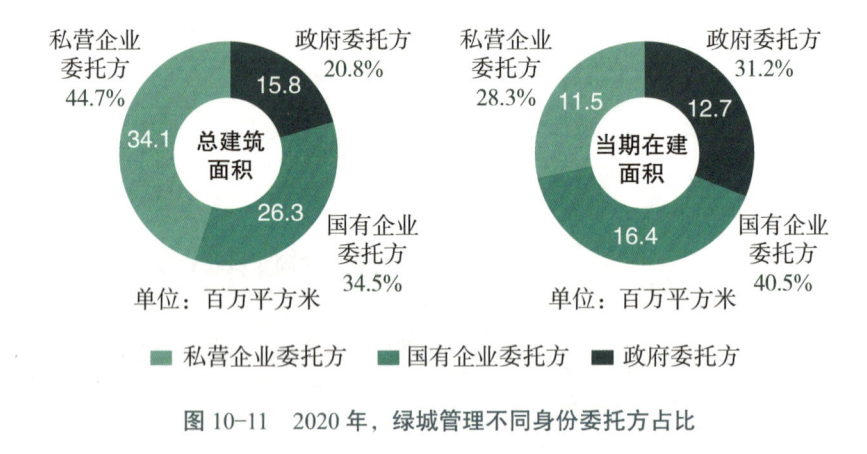

图 10-11　2020 年,绿城管理不同身份委托方占比

4. 更多房企可能会拆分自己旗下的专业开发业务

传统的房企,实际上是集地产投资、开发、运营、服务于一身的。因为在传统的思路中,房企将自己的生产链条拉长,占据从前端融资拿地,到后端物业服务的全链条,这样可以赚取更大利润。

可到了近年,拆分自己旗下某一环节业务,成为很多房企的选择。最典型的案例就是近两年物业公司集体上市,其中很多获得了比母公司更高的市值。而绿城管理、中原建业,则是第一批拆分的专业开发业务。其他还有一些商业管理公司被拆分。而之所以这样做,很大原因在于拆分后公司能获得更高估值。

地产市场利润越来越薄,风险越来越高。如果投资、开发、运营、服务全部搞在一个集团里,一个环节出问题,集团都出问题,涉及面太广,也难以挽救。而现在最大的风险,一般是金融风险、政策风险,它们影响的都是投资这个环节。如果拆分开来,由专业的人做专业的事情，风险就降低了，而且是可以区隔的。

投资人对风险更加敏感。因此，股市给被拆分的物业、代建等业务的估值倍数，是传统房企的很多倍。这也就意味着，将一个地产集团拆分上市，市值要远高于整体上市。原来一家综合地产集团，市值可能只有 200 亿元，但拆分上市以后，其市值却可能达到 1 000 亿元。一旦拆分上市成为潮流，"专业开发"，也就是代建的企业将迅速增加，市场将迅速扩大。

欧美等一些发达国家，代建占国内地产开发的比例达到了 20%~30%。而我国因为上面提到的一些特殊情况，代建占地产开发的比例，最终有超过 30% 的可能。绿城管理领衔的轻资产联盟，能在这 30% 中占多大比例？我们拭目以待！

链接
绿城管理的品质，为啥那么好

绿城在地产行业名声很响，凭借的就是自己的品质。我们先来看一个细节：同一个施工单位，在同一个城市的相邻项目，用完全相同的材料，做出来的效果却有天壤之别（见图 10-12）。

图 10-12　某房企项目（左）与绿城管理项目（右）对比

表面来看，绿城管理做的事情，大家好像都在做。但是，绿城管理有"绿星标准"体系，并且在每个阶段都做得更细致、更用心，让该标准体系完全落地。这些"量"的积累，最终产生了"质"的差别。

一、绿星标准的落地就是绿城管理的精益化管理动作

集团在众多项目基础上建立起来的各种标准，以及通过项目调研得出的个性化细节，最终要落实到项目本身，因此要严控招标、合约、工程策划三个环节。

1. 多轮评审与优化，把集团的优秀管理制度融入项目招标文件

武义项目，在充分与委托方及政府职能部门沟通后，由项目部牵头先后组织13次讨论会，修改招标文件23稿，最终才将集团的要求、标准、理念完全融入招标文件。

2. 工程策划，是工程预演和工程难点管控的有效手段

招标、合约两步，让集团标准的实现有了法律以及条文上的保证。而要保证各种细节的完美，必须要依据项目综合情况，梳理本项目的特点，再结合集团的各项管控要求，做细致的工程策划。如图10-13所示，绿城某项目的工程策划书和关键节点工作责任清单，其细致程度大家可以感受一下。

图10-13　绿城某项目的工程策划书和关键节点工作责任清单

武义安置房项目3个阶段的场布策划（见图10-14），也让人很惊叹。

图10-14 武义安置房项目3个阶段的场布策划

这个策划遵循五大原则：

- 最大限度地缩短场内运输距离，减少场内二次搬运。
- 现场地面、道路应做硬化处理，并建立有效的排污系统。
- 现场分阶段（土方、主体、装修）布置，力求紧凑，少占用施工用地。
- 符合环保、消防等要求。
- 生活区与相关办公区、生产区分开。

一般项目会针对最复杂的一两个部分，制订专门的施工方案。而绿城管理每个项目，其细化的专门施工方案数量有时候是两位数，比如武义项目的施工方案（见图10-15）。

做完工程策划以后，绿城管理还会运用BIM（建筑信息模型）技术对项目进行全过程预演，一般来说包括以下3个方面。

- 场布优化：利用BIM场布模型，对临时设施的位置及交通路线进行合理优化，为现场安全文明施工、绿色施工提供有力支持，并实现施工现场标准化作业。

- 全过程施工模拟：预估施工风险，提前对危险场所进行预判，明确一级危险区、二级危险区和三级危险区。
- 节点深化：利用 BIM 技术进行三维可视化判断节点的合理性。

施工方案正确与否是直接影响施工质量的关键所在。工程部依据现场实际情况，对施工中<u>工程量大、难度高及关键线路</u>进行梳理，完成方案的编制审核。

施工方案：
1. 后浇带专项施工方案
2. 卫生间防水工程专项方案
3. 地下室防水工程专项方案
4. 内外墙防水工程专项方案
5. 顶棚楼地面防水工程专项方案
……

图 10-15　绿城管理武义项目部分施工方案

这个环节的作用是巨大的，比如，武义项目在建模过程中就发现了 22 处建筑问题、56 处结构问题，其中包括构件标高、构件重叠净高不足等问题。最终，绿城管理通过多专业合并检查，发现了众多的碰撞点，并逐一解决。

二、对图纸逐一评审，努力实现零联系单

项目图纸是否合理可行且经济？与招标清单是否相符？项目的成本管理部门会对样板清单进行分析整理，通过会议形式，规划设计部及工程部对图纸逐一评审，进行优化。通过优化可缩减成本，通过评

审可减少施工过程中联系单的出现概率。

三、3个样板先行，每个样板都要努力做到完美

样板先行，这是大部分房企都会做的，而绿城管理内部的样板先行，则做得更加细致。除了标准、流程严格，其项目工作人员对自身要求也极高，他们更加注重实体工艺样板和交付样板的评审和检查验收。项目负责人对现场施工人员和监理完成技术交底和培训合格后，再大面积施工。

首先是展示工艺样板。这些样板主要集中体现工程施工的工艺工法及施工要点，对施工进行前置指导，在各标段首批前完成，并在场地内集中展示，兼顾了施工交底、指导功能，与人员参观、体验功能。在项目工地开放日中，它们也是重要的展示元素。

绿城管理要求每道工序开始前必须先做样板，经评审后才可以大面积施工。其中外立面等重要评审是集团完成的，还有一些则是项目本身的评审。可不管是哪个级别评审，都很严格。以武义项目为例，其桩基阶段的钢筋笼加工制作样板，是项目层级评审的，但却先后制作了三次才通过评审（见图10-16）。

图10-16　武义项目的钢筋笼加工制作样板制作了3次才通过评审

因为把工作都做到了精益化，所以绿城管理保障房项目的工艺样板展示水平都很高（见图10-17）。

图 10-17　绿城管理保障房项目的工艺样板展示

其次是实体样板。这种样板就在施工楼内，主要供项目施工班组、监理、工程分管人员交底，并利于工作人员提前发现设计、施工中的错误、缺陷及不合理性，指导后续大面积施工。

最后是交付展示样板。展示样板是按照合同交付标准做的，作为施工与验收的参考。

绿城管理认为，"样板先行"的意义有以下几点。

- 将设计要求和质量标准具体化、实物化，树立施工标杆，引领后续标准化施工，有利于工程施工中重要工序与关键环节的质量管控。
- 提前检验施工工序、工艺工法的可操作性、效能，以及与成本的关系，最大限度避免后续工程质量问题，提高工程品质。
- 提前检验交付户型的功能性、交付标准是否满足需求，避免后期返工、客诉等情况的发生。
- 工程管理人员与施工班组提前学习、熟悉施工工艺，这样利于提前落位优秀班组。
- 展现企业形象，创造双标化工地，表明绿城对产品品质管控的决心。

不论是工程策划还是样板先行，都以绿星标准的"品质目标"这个指标作为导向，绿城对于做出高品质项目的荣誉感高于销冠。

四、对整个施工过程进行严格管控

定好标准，做好样板，最后就是如何把样板的高标准复制到整个项目了。绿城管理的经验，是要做好以下几个环节。

第一个环节，对项目管理人员进行严格选择、培训、考试，保证他们全面掌握施工标准和技术细节。根据绿星标准，绿城会对项目管理人员的职称、工作经验、过去合作方的评价，进行全面的评估打分，保证每个项目的管理团队都有匹配的背景和能力。团队确定以后，绿城还会对其进行培训、考试，保证团队能与时俱进。比如杭州九乔项目，绿城就组织多次学习，并进行多次考试（见图10-18），其中还包括飞行检测考试。

图10-18　杭州九乔项目组织考试

第二个环节，对施工单位、施工人员反复交底，直到他们完全理解相关标准。一般的项目施工，每个阶段能有一两次交底都不错了。可绿城管理很多保障房项目的交底是几十次。比如，杭州九乔项目的交底次数就达到了40次（见图10-19）。

图 10-19　杭州九乔项目部分交底现场

第三个环节，选择优秀班组进场施工。绿城管理的项目，在工序开展前即做好班组的考察，选取优秀班组进场施工，在进场后考核样板，考核不通过的样板一律不准使用。

第四个环节，组织多层次、多角度的检查，一旦查出问题马上处理，重要节点责任始终落实到人。比如杭州九乔项目，针对楼板厚度不一的质量通病，班组采用了三种控制措施（见图10-20）。

图 10-20　杭州九乔项目对楼板厚度的三种控制措施

而集团也会对部分项目进行各种突击巡查，仅2019年第三季度，集团完成工程巡查259次，巡查项目45个。一旦查出问题，集团马上就会处理，以儆效尤。比如武义项目，在施工中就曾做出过如下处理：

- 更换项目经理 1 名，淘汰监理 3 人。
- 更换泥工、木工等班组若干。
- 涉及处罚金额 300 000 元。

第五个环节，所有的施工过程、建筑材料都可追溯，责任落实到人。除工艺之外，和项目质量有关的就是材料了。绿城的《项目运营手册工程弦之建安工程分弦》和《样板管理实施标准》中明确了各分部、分项工程及关键部位、关键环节的质量责任人，通过质量责任追溯制度、岗位责任追溯制度、分部和分项的停止点、见证点检查要求，督促现场施工使用材料与陈列室内展示材料一致，保证工程质量的可追溯性。

绿城管理一直致力于建立自己的"合格供应商库"，以更好地匹配优质政府建设项目需求。在供应商指标上，绿星标准从设计类、施工材料类和服务监理类三方面提出了明确要求。比如材料供应商，绿星标准中的相关部分就是非常落地的，其对门窗供应商的评价打分就极度细致（见表10-4）。

绿城管理总结项目营造经验、分析工程质量管控要点，形成了各工程阶段停止点、见证点内容清单，并制定了各类《停止点及见证点检查表》。总包单位施工到停止点和见证点时，应无条件停止下道工序施工，待绿城管理和监理单位检查通过，留存管理记录及影像资料后，方能进入下道工序施工；若发现未经检查而擅自进入下道工序的员工，将责令其返工并处以罚款。

停止点、见证点贯穿着项目整个建设过程，可以说是绿城材料可追溯制度最有力的保障。其密集程度也多于一般项目。这就保证了每个节点的建设者、检查者都很清楚自己应该承担的责任。

表 10-4　绿星标准对门窗供应商的评价打分说明

项目	打分		
	0.6	0.8	1
门窗	公开招标（根据政府相关要求）或不满足 0.8 档与 1 档标准	■ 注册资金不低于 1 000 万 ■ 具有门窗数控加工生产线，铝木复合门窗类厂家需要具备木材加工中心及喷漆生产线 ■ 近 3 年完成规模相当的类似工程 5 个及以上，承建门窗工程面积累计不低于 30 万平方米，且至少有一个单项工程门窗面积达 3 万平方米的 ■ 项目经理为建筑工程专业二级及以上建造师且近 3 年完成不少于超标工程规模的类似工程业	■ 注册资金不低于 1 000 万 ■ 具有门窗数控加工生产线、铝木复合门窗类厂家需要具备木材加工中心及喷漆生产线 ■ 近 3 年完成规模相当的类似工程 5 个及以上，承建门窗工程面积累计不低于 30 万平方米，且至少有一个单项工程门窗面积达 4 万平方米的 ■ 具有中国房地产百强企业两所及以上合作业绩

第十一章
远大住工：建筑工业化是地产开发最后的革命吗

中国的地产行业发展到今天，其项目开发过程已基本定型，各家房企大同小异。如果说还有其他因素可以改变整个开发过程，那可能是技术上的革命——建筑工业化。

2016年2月，《中共中央国务院关于进一步加强城市规划建设管理工作的若干意见》明确表示，力争用10年左右的时间，使装配式建筑占新建建筑的比例达到30%。许多地方都将装配式建筑列入当地重点产业发展规划，并对新建建筑提出明确要求。例如：上海要求其外环线以内的新建民用项目全部采用装配式建筑；长沙市和郑州市也明确要求其三环内的所有新建项目采用装配式建筑。

装配式建筑虽然呈蓬勃发展之势，但在推广落地的过程中也遇到了一些问题，例如：

- 各省市、各大房企的建筑设计及形式非常多样化，很难像工业制品一样形成统一的标准。

- 装配式建筑的构件较重，生产构件的工厂和项目之间的距离不能太远，否则运输成本过高。然而，很多城市的周边并没有此类工厂。
- 在一些地方，装配式建筑的成本仍高于传统建筑，这是行业需要解决的核心问题。

此前，很多业内人士认为以上三大难题在短期内无法解决。然而，有一家企业凭借深厚的技术积累和持续的创新研发能力，一步步解决了以上问题，不断推进装配式建筑产业发展，也影响着中国房地产项目的开发过程。这家企业就是中国建筑工业化的开创者和引领者——远大住工！

明源地产研究院与远大住工集团董事、总裁唐芬（见图11-1）在长沙进行了对话，深度揭示了远大住工解决上述三大问题的秘诀。

图11-1　远大住工集团董事、总裁唐芬

一、与大开发商共生发展，逐步建立行业标准

做标准化尤其是产品标准化的房企越来越多了，这些企业一方面是想凭借特色产品体系建立企业"护城河"，另一方面是为了提升质量与速度，间接控制风险。但各大房企的产品标准并不相同，同时，中国地域辽阔，南北方建筑风格迥异，各地的住宅标准也存在差异。

开发商如何在契合各地标准、遵循地域文化的基础上进行产品创新，并建立起自己的建筑工业化标准？远大住工等第三方企业又该如何为它们提供相应的服务？这是当下的难题。

在远大住工看来，不管什么行业，通常都是先有企业标准。企业先行先试并推动行业发展到一定规模之后，地方标准、行业标准再陆续出台。最终，这些多层次的标准达到相互协同、包容的状态。基于这种认识，远大住工并不要求房企必须接受自己的标准，或者自身完全接受房企的标准，而是针对各个房企不同的实际需求，给出量身定制的专业方案。

远大住工有一个成熟的部门，叫标准实验室。其主要工作是对接各大房企的产品研发和设计部门，引导目标客户优化产品，从而实现技术与市场的有效对接。唐芬认为，中国一些龙头房企的规模非常大，其建筑本身难以实现完全标准化，因此需要通过模块化等方式来匹配工业化的理念及体系。标准实验室与房企的产品研发部门合作，共同为装配式建筑量身打造产品标准，从源头开始制订解决方案，包括设计、工厂生产制造、现场安装施工、运行维保等。

目前已经有项目在应用标准产品方案，例如远大住工跟金科共同编制的装配式建筑产品标准，就叫"金科-远大住工装配式建筑产品标准"。远大住工计划针对标杆房企的标准产品系列，建立工业化建筑产品标准体系。数据显示，远大住工已为300多家房企提供了装配式建筑的整体解决方案，并与前十大房地产开发商、前十大建筑企业

中的9家，建立了长期稳定的共生发展关系。

目前，许多中小房企还处于模仿学习阶段，它们习惯借鉴龙头房企先进的、成功的、成熟的产品标准，这样就可以在远大住工提供的工业化建筑产品标准体系中，选择一套最适合自己的方案。唐芬表示："如果远大住工建立的产品标准体系能够获得行业认可，那么我们愿意共享。产品标准只有通过行业的应用和实现，才能真正发挥它的价值。"随着行业集约度越来越高，唐芬相信，未来的地产开发行业会形成高度标准的产品线。

大型房企都是全国布局的，远大住工要为它们服务，就必须解决上文提到的第二个难题：在大部分城市周边建立自己的PC（混凝土预制件）构件工厂。

二、构件运输半径在150公里以内最佳，已在全国百座城市布局

装配式建筑的一个构件的重量通常要以吨来计算，而且很多构件的形状不规则。以住宅为例，大型预制构件通常出现在山墙、楼梯间等部位。这类构件的重量轻则4~5吨，重则6~7吨，对运输提出了很高的要求。运距不同，费用也不同。一般来说，经济运输半径为150公里以内，300公里为适宜推广区域，300~500公里为可推广区域；如果超出500公里，那么受物流成本的限制，会较难推广。

在行业爆发前夕，为了在把握核心市场的同时实现轻资产快速扩张，远大住工采用"双轮驱动"模式，打造了规模性的全国网络。目前，远大住工拥有全资PC工厂15家，此外还有58家联合工厂实现投产。在核心城市，远大住工采用自营工厂的模式，建设以"设备自动化+管理信息化"为特征的智能工厂，打造区域标杆，树立"远大住工"品牌形象；在其他区域，则采用"远大联合"模式，与地方优

质企业联合建厂，共同推广装配式建筑，抢占区域市场。

通常情况下，远大住工持有联合工厂35%的股权，当然也有一些合作不完全是这样。"规模+效益"是远大住工的核心发展战略，远大住工挑选合作伙伴的过程，也是装配式建筑逐渐被行业接受、看好的过程。想成为远大住工合作伙伴的企业，需要满足3个条件：

- 不投机、专业、专注。
- 有共同的价值观，认可这个产业，有积极的加入意愿。
- 有比较良好的当地市场资源或市场开拓能力。

远大住工的合作伙伴主要有3类：

- 开发企业。其自身就有需求。
- 政府的平台公司。它们承担了大量政府建设的职能，在推动政策、产业、市场落地方面具有非常强的能力。
- 大型建筑公司。装配式建筑和其主业的关联度很高，它们在当地的拓展能力也非常强。

远大住工布局全国，选择城市的逻辑与很多开发商类似，包括城市的经济规模、人口数量、政府扶持力度等。而远大住工的工厂布局又将反向影响未来的开发市场。远大住工的一个PC工厂，通常有100~150公里的覆盖半径，而在长三角等需求特别密集的区域，这个半径内也可能有两家以上的工厂。目前，在远大住工覆盖全国的生产网络中，全国GDP千亿以上城市的覆盖率为65%，万亿以上城市的覆盖率为100%，以150公里的覆盖半径计算，覆盖全国GDP千亿以上的城市232个，覆盖率达60%。

综合以上统计，远大住工全面布局京津冀、长三角、珠三角、中西部核心城市圈等全国主要市场。远大住工认为，即使是一个普通的地级市，其建设量也足以支撑一个工厂的发展，只是需要考虑在工厂里配置3条产线还是更多条产线的问题。除了标准产品和运输半径的问题，在远大住工看来，成本问题在3~5年内也会出现拐点。

三、标准化程度高、体系完整的项目，成本已经能与传统施工模式持平

装配式建筑目前处于初级发展阶段，成本仍然是困扰其产业发展的核心问题。在国家政策加持下，相较混凝土现浇的方式，装配式建筑具备施工周期短、效率高、用工量少、环保属性强等特点。而目前装配式建筑的成本通常比传统施工模式高5%到10%。之所以有这个差距，很大程度上是因为装配式建筑的产品标准化程度不高、产业规模化程度不够。

简单来说，装配式建筑就是"像造汽车一样造房子"。通过机械化、标准化、信息化及智能化手段，由工厂定制化、精细化、智能化生产构件，并在施工现场直接组装。装配式建筑最理想的状态是，在设计时就充分考虑生产、物流和施工的各个方面，按照生产工艺的要求将建筑一次性且合理、精准地拆解为成千上万个构件，同时还要兼顾建筑、结构和预留预埋等技术要求；在生产时，用柔性模具满足个性化需求，并根据安装进度制订智能、灵活的生产及运输计划，从而使生产、物流和堆放的成本最小化，最大化安装效率和精度。

目前装配式建筑的成本较高，核心原因就是没有达到上文所说的理想状态。有些开发商一开始并没有考虑装配式建筑的差异，按传统方法将所有设计都做完之后，再交给工厂生产构件。传统的建筑设计由于没有考虑到工业化的生产、物流和安装，因此会造成一些成本的浪费和损耗。

装配式建筑的产业规模尚待提高，其目前的采购成本较高，行业上下游的成熟度也没有达到最佳平衡。开发商、设计院、PC企业、施工单位的成熟度不一样，一些合作方就需要更多的收益来缓冲风险成本，从而带来行业整体成本的上扬。

远大住工参与的一些标准化程度高、体系完整的项目，其成本已经和传统施工模式持平。远大住工认为，随着装配式建筑的规模化程度不断提升、技术介入加强，以及传统施工模式中的劳动力成本不断上涨，整个行业的成本拐点可能在3~5年后到来。而且，因为装配式建筑的效率更高、质量更好，其实际综合成本最终会大大低于传统施工模式：在比较完美的状态下，装配式建筑的施工周期比传统施工模式短1/4左右，可以节省大量的财务成本。

目前业内还有其他做装配式建筑的企业，远大住工和其他企业相比又有什么优势呢？或者说，除了标准、布局、成本问题，装配式建筑的难度还体现在什么地方呢？

四、远大住工的核心竞争力

远大住工董事长张剑曾经说："我们的优势就是这么多年犯过的错比别人多，走过的弯路比别人多。"可以理解为，正是因为远大住工领先于行业，已经试错很多次，所以它更清楚地知道哪些做法是对的，是应该坚持的。在长期的从业中，除了上文说到的标准、布局等优势，远大住工还积累了以下核心竞争力。

1. 完整的装配式体系

有些业内人士对装配式建筑的理解片面，认为只要建设一个构件工厂，就算是做了装配式建筑。实际上，装配式建筑不仅仅是生产构件这一个环节，它是由众多节点和链条形成的一个有机关联的整体。

传统地产项目在设计时,不需要考虑后端如何施工,不同的建筑公司和施工人员都可以建造出图纸上的项目,这是一种比较粗放的管理方式。但对装配式建筑来说,在设计阶段就要考虑将来的构件生产、物流以及每一个工序的节点。例如,如果物流运输不了PC构件,就必须更改设计。

唐芬认为,装配式建筑是一个高度离散型的制造行业,企业要兼顾成本低、效率高、交付快、多品种、个性化等方面。这种大规模的定制生产,颠覆了从福特T型车开始建立的现代工业的概念。

装配式建筑与传统制造业有一些共通的方面,也有完全不同的方面。传统制造业大多生产标准品:同一个型号的手机,全国几千万台都是一样的。而装配式建筑完全不同,以远大住工来说,地产项目都是差异化的。所以远大住工不但需要为几十家地产巨头分别定制产品标准,而且需要针对同一家房企的不同产品线,给出不同的定制方案。

可是,如果每个不同的构件都要有新的模具和生产线,那么这又太浪费了。如何解决这个问题?这就要说到远大住工的另一项核心竞争力。

2. 柔性制造:把非标准建筑还原为标准模块

柔性制造是为了应对产品端的不确定性。每家房企建造的房子都不同,工厂生产的复杂度又很高,目前在技术及成本控制方面尚未实现完全定制化、批量化生产。因此,远大住工从建筑设计端向下拆解一个维度,把建筑从整体拆解到模块,再通过标准化的模块组合出多样化的建筑。唐芬认为,从前端提升模块通用性可以为后端拼装组合的多元协同创造条件。

图11-2为远大住工柔性制造的四个重点。

柔性制造

从传统的生产方式向柔性智能的生产方式转变

模具通用化　　流程标准化　　台车共享化　　作业傻瓜化

图 11-2　远大住工柔性制造的四个重点

生产出地产项目所需要的各种构件，只是第一步。运送到项目现场并完成安装交付的过程更难（见图 11-3），这就涉及远大住工的另一项核心竞争力：数据驱动。

图 11-3　远大住工生产的构件正在工地现场安装

第十一章　远大住工：建筑工业化是地产开发最后的革命吗　/ 227

3. 数据驱动：解决需求端的不确定性

数据驱动是为了解决需求端的不确定性问题。远大住工早就意识到了数据的重要性，公司通过持续地高研发投入，为其实现业务快速扩张、形成领先优势打下了基础。作为由工信部授牌的智能制造试点示范项目的装配式建筑企业，远大住工研发并应用了装配式建筑全流程数字化解决方案——PC-CPS智能制造系统，实现了装配式建筑全生命周期各环节中关键数据的共享与协同。

一个工厂可能要同时供应几百栋建筑，而每栋建筑因为天气、工期等各种因素，需要不同构件的时间随时都在变化。因此对于装配式建筑工厂来说，预先把所有构件全部生产出来是有困难的：需要多大面积的堆场存放构件？堆场的租赁成本怎么办？运输到堆场的二次转运成本高不高？在存放期间，成品如何保护？转运次数多了，增加的转运风险怎么降低？客户需求出现变化，如何及时更改生产订单？

可是，如果不预先生产出来，后续就不能按时交付，这将影响客户的工程进度。矛盾集中于需求端的不确定性。因此，解决这一矛盾的最佳方案是：按需生产，从原来的供给端计划指令型生产转向需求端数据驱动型生产。PC-CPS系统就是以需定产，从需求端来拉动生产线（见图11-4）。

远大住工已经完成了从供给端计划指令型生产向需求端数据驱动型生产的转变，打通了设计、制造、施工和运维的全产业链条，成为建筑工业化的标准门户和智能服务平台。

唐芬介绍，从购买原材料到成品交付给客户的全过程，所有签收、结算活动都在CPS系统中进行。全部环节、要素（无论是成品、半成品，还是承载工具）都有自己的二维码，也就是数字身份证。它们都以自己的数字身份在远大住工的制造管理系统里流动。2020年，远大住工数字化平台与京东云计算、阿里云一同成为工信部推荐的数字化产品。

图 11-4 远大工厂内部，生产环节和运输环节无缝衔接

整个 CPS 系统的运行过程，具体来说是这样的：首先，CPS 系统将远大住工积累多年的数据整合出一个算法，从原料端开始，把人、机、物料、时间等所有资源要素先在 Cyber（虚拟系统）中进行预设。其次，CPS 系统将产业链中的各种要素进行数字化定义，完成设计、生产、物流、施工、运维的全过程。在现实的生产过程中，所有产品在 Cyber 系统设定时，便拥有一个唯一的数字身份证，或者叫非接触的射频码。

在生产阶段，通过扫码触发生产线运作，将生产出来的部品放到库中，为生产半成品和组模做准备。半成品库在扫码后也会直接触发供应商系统进行原材料的备货和送货。在第一批产品生产出来并运到工地前，所有产品在吊装时通过扫码确认其是否完成组装。同时，Cyber 系统收到触发指令，让工厂进行下一批产品的排产发货。如果工地发生变化，那么只需要一个信号，系统便会进行相应调整。

远大住工全面推行 PC-CPS 系统已有近 3 年时间，唐芬介绍，无论是人均产效、模具成本，还是整个生产组织效率，都得到了改善。

用机器取代人，用工厂取代工地，这是远大住工的愿景和目标，而 PC-CPS 系统正在解决手工作业的极限问题。

五、远大住工和装配式建筑的未来

在成立早期，远大住工拿过地，自己做开发和总包，其核心目的并不是赚钱，而是把自己的项目当作解决方案的试验田，推进装配式建筑的迭代发展。历经二十余年，远大住工仍旧以"技术的远大、制造的远大、合作的远大"立身，专注于推进建筑工业现代化，不断提高质量、提升效率、降低成本，推进中国建筑业向高质量转型！

以前，远大住工以参与政府投资的项目为主；现在，其市场化程度更高，主要与各大开发商合作。虽然各开发商的城市住宅类项目不能完全标准化，但远大住工认为，低层、多层的别墅和民房完全可以标准化。

除 To B 业务之外，过去一年，远大住工着力发展 To C 端业务，实现从 To D 向 To B+To C 的战略转型，成功研发出 BOX Modul 系列，专注于打造优质且丰富的文旅产品体系和公共设施产品体系。

目前，智能制造系统的实施，对远大住工产生如下影响：

- 远大住工 PC 构件制造的人均产效达 2.0 立方米 / 天，大幅超过国内同业的平均水平（约 0.5～0.6 立方米 / 天）。
- 由于建筑产品的非标准性，装配式建筑行业的模具平均成本占比超过 10%。而在推行 PC-CPS 系统后，远大住工通过柔性制造、向下拆解模块，其模具成本占比从 7% 降至 2% 以内。
- 通过数据驱动，远大住工开始从需求端拉动生产端，不断精益管理、提高库存周转率，其二次转运、损耗成本均大幅降低，基本实现零库存。

在疫情影响之下，远大住工 2020 年的全年产量不减反增。据其年报披露：远大住工 2020 年实现营业收入 26.14 亿元，毛利总额 9.27 亿元，净利润 2.16 亿元，毛利率由 2019 年的 34% 增至 2020 年的 35.5%。

目前，国家大力推广装配式建筑，很大程度上是因为装配式建筑其实是一个从内到外的绿色建筑。

- 整个建筑工业化的生产过程是高度集约的，这使材料的浪费和损耗都降到了最低。
- 大幅减少了施工现场扬尘、建筑垃圾的产生，降低了用水量和现场模板的使用量，对林木资源的保护效益也非常高。这与很多堆积大量废料的传统施工现场形成鲜明对比。
- 建筑的保温性、气密性好，后期能耗会大幅降低。
- 建筑业的劳动力人数连续六年走低，人均成本持续上升，只有兼具绿色、工业化和信息化的装配式建筑才能为下一代从业者提供他们喜欢的工作环境，从而赢得产业发展的未来。

住建部发布的《关于 2020 年度全国装配式建筑发展情况的通报》显示：全国新开工装配式建筑共计 6.3 亿平方米，较 2019 年增长 50%，装配式建筑呈现出广阔的市场空间。而远大住工目前已成为我国 PC 构件市场和 PC 设备生产市场的最大参与者。按 2019 年的收益计算，远大住工的 PC 构件制造占市场份额的 16.5%，PC 设备制造占据的市场份额也达到了 14.6%。

第六篇

专业运营商

改革开放 40 多年以来，中国完成了规模巨大的基础设施建设。截至 2020 年年末，我国城镇化率超过 60%，城市建成区面积已达 6.03 万平方公里，据说可以把我国 80% 的人口装进去。不过，在这些庞大的数字之下，还是有很多人找不到想要的住宅，找不到喜欢的商场、酒店，很多企业找不到合适的办公楼、产业园。这一方面是因为地域的错配，另一方面则是因为产品、服务的错配。

党中央明确提出实施城市更新行动，也就是说，很多错配问题不能简单地通过拆除重建来解决，而是要用专业的运营、改造来解决。

地方政府承担着城市建设的重任，在过去，很多地方政府的主要收入来自卖地。可现在，一、二线城市可以卖出的土地越来越少。同时，国家宣布土地出让金由税务部门征收，未来可能还有各种变数。地方政府必须转换思路，把卖地这样一锤子买卖的收入，变成年年都有的可持续税收。因此，近年来，各地方政府在出让土地时提出了越来越高的要求。

有些地方政府不再出让纯住宅用地，而是要求开发商配套建设商业、酒店、产业等，且必须持有运营。还有些地方政府明确提出，只有一期出让的土地在商业、产业方面上缴的税收达到标准，才会给第二期、第三期土地。深圳还针对工业用地推出了"先租后让"模式。

这些规定对开发商的运营能力提出了很高的要求。很多开发商早年不重视运营，是因为拿地后盖住宅、卖住宅的模式简单又赚钱，而持有、运营的模式太复杂，也不容易变现。时代的变化让运营成为开发商必须具备的能力——没有运营能力，就很难拿到地。

运营可以采用完全轻资产模式，即只收取运营费用，很多酒店管理公司就是如此；也可以采用相对轻资产模式，"二房东"就是相对轻资产模式的一种。

如果开发商持有物业，那么租金等收入可以为其带来稳定的现金流。而REITs等金融工具的出现，让持有物业者能一次性把未来二三十年的收入变现，这就让持有运营模式也有了短期赚大钱的可能。

商业、产业、公寓的运营与住宅开发的逻辑完全不同。因此，开发商们倾向于让这些板块相对独立、专业地运营，以产生各自的价值。当发展到一定阶段，有些开发商会成立专门的公司来对这些板块进行专业运营。

例如，龙湖坚持做商业，一度被唱衰，近年来却遭热捧；新城的"住宅+商业"双轮驱动模式，助推其住宅和商业双双进入第一阵营；旭辉将商业和长租公寓作为第二增长曲线；星河产业则已经从"房东"进化到了"房东+股东"的模式。

当然，专业运营商中也不乏由非开发商孵化的优秀创业公司，自如等公寓运营商就是其中的代表。

专业运营商们受到业内和资本市场的关注和热捧，不仅是因为其财务表现优异，更在于其代表了中国城市的发展方向。

第十二章
新城商业：持续探索，让商业空间更有价值

万科在2020年致股东的信中，这样写道：比销售数字更重要的是，行业竞争规则正在发生深刻的改变。

关于这一点，很多有先见之明的房企早已意识到：未来，我国新建住宅市场的容量仍有望保持稳定，但想要保持业绩稳健增长，一方面要在近乎"存量博弈"的增量开发中稳住阵脚；另一方面要开辟第二增长曲线——除了可以带来收入，还可以为第一曲线赋能。毕竟，实现美好生活，住宅很重要，但不能只有住宅，还要有好的配套。与此同时，越来越多的城市进入集约化发展阶段，产业升级是刚需。地方政府希望开发商通过开发、建设、运营，为片区乃至整个城市带来全新活力。

因此近年来，规模房企都在推进多元化发展。其中，商业地产是各房企多元化业务板块中的心头好。早在2017年，华润置地、龙湖集团、保利地产、中海地产等房企就纷纷将商业运营提到了更重要的位置。不少房企都提出，到2020年，其租金收入要达到50亿元，中

长期要达到100亿元。

新城控股无疑是众多房企中的佼佼者。2020年，受到新冠肺炎疫情影响，众多商场的空置率飙升。而新城商业却逆势而上——超额完成其年初制定的全年新开业30座吾悦广场的目标，截至2020年年末，新城商业已开业的吾悦广场及委托管理的在营商业项目达到100个，开业面积超过940万平方米，平均出租率达99.54%；其商业运营总收入增长至57.21亿元，同比上涨超过30%！

商业地产的开发和运营比住宅要难得多，那么新城商业在行业中脱颖而出、成为行业龙头的核心竞争力和优势是什么？对此，明源地产研究院独家对话了新城商业掌舵人、新城控股联席总裁曲德君（见图12-1）。曲德君认为，新城商业有以下三点独特的优势：

图12-1 新城商业掌舵人、新城控股联席总裁曲德君

- 公司始终坚持"住宅+商业"双轮驱动战略，住宅与商业协同互补，有力推动了吾悦广场的快速发展。
- 各线城市全面布局，一、二线和三、四线同步发展，把握住了城市功能升级和消费升级的红利。
- 新城商业坚持高起点、高标准，从第一座吾悦广场开始，就采用了领先的购物中心模式，并不断迭代更新。

下面，我们对这三点优势进行一一拆解。

一、"住宅+商业"双轮驱动战略，助推吾悦广场快速发展

新城控股创立于1993年，2008年开始涉足商业地产领域。2020年，新城商业的规模和影响力稳居行业第一阵营，并提出了"一个吾悦，就是一座城市"的口号。从涉足商业地产到进入第一阵营，新城商业所用的时间比很多同行都短，这跟其"住宅+商业"双轮驱动的核心战略模式密不可分。

1. "住宅+商业"双轮驱动，形成良好的互补

通过"住宅+商业"双轮驱动模式，新城在加大住宅开发的同时，精准选址优质地块进行商业综合体的开发运营，实现了自有资源的贯通：商业区聚集人流，同时辐射照顾到地方政府的就业和税收需求；地方政府因为利益相关，会提供廉价的土地，为企业降低了土地成本；同时，商业广场带来的生活便利性可以提升住宅的去化，甚至带来住宅的溢价。借此，新城商业逐步在全国中心城市和重点城市群进行深耕布局，形成产品协同及战略纵深，确保企业实现有质量、可持续的增长。

现阶段，新城的商业模式很好地契合了地产行业的特点。一方面，地产行业本身具有高杠杆的性质，缺乏稳定性且周期性明显。而新城的"住宅+商业"双轮驱动模式，做到了很好的互补。另一方面，在后地产时代，房企往往通过住宅赚取利润，然后将利润沉淀到商业广场中。当增量开发的规模见顶，乃至未来下滑的时候，加强对商业广场的运营就可以实现很好的衔接。一旦新城商业广场的开业数量达到100多个，未来就可以提供持续且稳定增长的现金流。这种商业模式在后地产时代具备很大优势，这是经过国际验证的。

过去，新城主要按照1∶4的比例拿地，1是商业，4是住宅。一个吾悦广场的面积大概是10万平方米，住宅面积约为40万平方米，住宅面积是商业面积的4倍，销售住宅赚的钱可以补贴商业广场。一个吾悦广场的整体项目不仅赚钱，还会把多出的一部分利润"存"到商业广场里面。也有住宅占比更大的情况，比如保山地块，住宅面积为90多万平方米，商业面积为9万多平方米。庞大的住宅区人口会为商业提供更大的支撑，从而助推新城商业飞速发展。

商业推动住宅的增值，住宅为自持商业提供现金流。这种模式看起来十分完美，有很多开发商想模仿，但鲜有成功者。为什么呢？难度在以下几个方面：

一是在选址时一定要选对位置。如果位置选错了，商业起不来、住宅也回不了款，轮子就转不起来。曲德君表示，双轮驱动模式非常注重"1+1"的均衡关系。

二是一个大型项目会包括住宅、商业、写字楼等，对企业的综合能力要求很高。新城没有明显的短板——无论是前期的建设、业态规划，还是后期的招商运营。2015年，新城商业的开发周期是52.2个月，到了2020年，已经降到了24个月。目前新城有一百多个项目同时进行，这对组织、协调和执行能力的要求非常高。曲德君表示，开发周期还可以压缩得更短，但需要平衡速度和品质打磨的关系，因此

24个月是比较合理的。

三是需要坚定战略方向。商业的周期很长,遇到的困难也比住宅开发多得多。一些公司之所以错过机会,是因为在开发过程中稍微碰到一点困难就降低标准,甚至调转方向,走两步退一步。

2. 轻重结合加快市场布局,强化品牌形象

为了尽量减少对资金的占用,新城一直保持开放的心态,对项目股权合作持欢迎态度。与此同时,在具备商业品牌和资源输出实力后,新城也通过轻资产运营模式不断扩大新城商业在管规模,强化吾悦商业管理的品牌形象。新城控股于2020年12月30日达成百店运营规模,其中也包含了一部分轻资产在管项目。

曲德君表示,轻资产模式是商业地产行业的一大发展趋势,目前有实力、有能力的大型企业都将轻资产列为一项重要模块。经过多年发展,新城商业已经形成领先行业的规模和成熟的管理运营体系,也已经具备商业品牌和资源输出实力。布局轻资产运营模式可以不断扩大新城商业在管规模,也有利于进一步强化吾悦商业管理的品牌形象。

在轻资产项目选择上,新城已经形成了一套严格的筛选标准,例如,对项目的建筑结构和可供出租的商业面积、区域等都有明确要求,只有被认定是优质的项目,新城才会接手。因为新城一旦接手,会对轻资产和自持重资产项目采用同样的管理体系和管理标准。曲德君表示,既然选择接手,就有责任、有能力、有信心让它变得更好。因此,新城并没有设定轻资产项目的目标数量,避免为了追求规模扩张而忽视项目质量的情况发生。

二、一、二线和三、四线城市同步发展，充分享受城市消费升级的红利

2015年以来，三、四线城市成为各大开发商商业地产布局的重点。一是三、四线城市的人口特别庞大；二是三、四线城市的居民消费能力并不弱。因此，下沉三、四线城市可以快速做大规模。在众多房企中，新城商业无疑是其中的急先锋，这也给大众造成一种新城商业只在三、四线城市布局的印象。

对此，曲德君表示，新城并没有特别考虑一、二线还是三、四线，只是在发力的时候恰好碰到三、四线城市的窗口期，因此在三、四线城市分布的商业项目就多一些。其实，只要符合新城的发展模式，新城都会考虑。

2014年，新城商业首进上海，形成以上海为中枢、长三角为核心的布局模式。此后，除深耕的长三角大本营外，新城稳步拓展环渤海、华南、中部地区的商业版图，并紧跟西部地区商业发展机会，积极布局云、贵、川、渝，进驻西安、银川、乌鲁木齐、兰州、西宁等省会城市，填补区域乃至城市大型商业综合体的空白。轻重结合进一步加快了其商业地产的布局速度。

与此同时，新城商业对高端商业广场的探索使其在一、二线城市的竞争力不断提升，比如苏州高铁吾悦广场（见图12-2），就是新城重金打造的首个A+级旗舰项目。项目如果达到非常高端的程度，那就是皇冠上的明珠，回报率也会非常不错。

不可否认的是，新城在三、四线的布局，对其快速跃居行业第一阵营功不可没。国际上有一个著名的S曲线效应，即当人均GDP处于3 000～8 000美元时，居民消费水平会加速提高。而早在2008年，中国人均GDP已经达到3 313美元，到了2015年，人均GDP为7 685美元，当时，处于这个收入区间的中国居民，大概占50%以上，

其中具有强大消费能力的人群有3亿~5亿,而这些人群基本上都在三、四线城市。

图12-2　苏州高铁吾悦广场

资料来源：新城控股。

更重要的是,从收入增速来看,三、四线城市和农村是略高于一、二线城市的;低端劳动力成本的提高速度明显高于中端和高端劳动力。

由于三、四线城市的房价-收入比远低于一、二线城市,因此其消费能力并不低。而且,我国在商业地产投资方面长期处于失衡状态,投资主要集中于大城市,三、四线城市的投资十分稀缺。很多三、四线城市甚至连一个多厅电影院都没有,更别说大型综合体。因此一个大型购物中心在开业后,生意当然十分火爆。虽然三、四线城市的客单价稍低,但是由于其人口总量大（见表12-1）、选择有限,因此消费忠诚度非常高,很容易形成商业单中心,投资回报率并不低于大城市。

表 12-1　中国各能级城市及农村人口分布预测

年份	项目	一线城市	二线城市	三、四线城市	农村人口	全国人口	常住人口城镇化率（%）
2016年	总量（万人）	7 188	21 818	50 292	58 974	138 271	57.40
	占全国人口比重（%）	5.20	15.78	36.37	42.65	—	—
2025年	总量（万人）	8 150	29 182	56 048	51 620	145 000	64.40
	占全国人口比重（%）	5.62	20.13	38.71	35.60	—	—
	预计增幅（%）	13.38	33.75	11.45	-12.47	4.87	7.00

资料来源：明源地产研究院。

　　新城很好地抓住了这一历史进程中的机遇，早在2008年就将目光投向了商业地产行业。2012年，新城商业首座城市综合体项目——武进吾悦，落地新城发源地常州，正式开启吾悦商业时代，而常州彼时是一个三线城市。

　　曲德君指出，即使是三、四线城市，其人口密度也比较大。过去，大家收入不高，周末只能去公园逛逛；而收入提高之后，人的消费需求也变得丰富。购物中心不但有大量如餐饮、电影等休闲体验的项目，而且建得也很有特色，像森林、像公园，这使得购物中心成为人们的一个休闲空间。

　　随着交通、信息传播日益便捷，过去那种流行时尚从高能级城市开始，然后逐层向下传播，东西部存在明显差异的现象正快速消失。

现在，各能级城市可以同步获取最新信息，消费需求也不断趋同。

如果非要说不同能级城市之间的差别，那就是定位不同。高能级城市是一个开放的市场，可以做得更细分、选择更多。事实上，购物中心在诞生初期，其定位就是年轻、时尚、潮，这在高能级城市有足够的目标客群。而低能级城市是一个相对封闭的市场，一个四线城市的城区人口可能只有五六十万，购物中心的客群覆盖面要尽可能的广阔，才有足够的目标客群基数，才能支撑自身发展。如果三、四线城市购物中心的定位也是年轻、时尚，那么其赢利效果普遍较差。

曲德君表示，商业项目的准确定位源自对市场的理解和匹配性。三、四线城市要注意两个方面：一是要挖掘更多适合本地市场消费的品牌，而不是把高能级城市中好的东西直接搬过去；二是要在消费理念、消费习惯上做一定的引导。这对引领新的消费增长点，实现消费结构升级，推动城市服务功能提升有很大帮助。

以武进吾悦广场为例，作为城市商业地标，武进吾悦广场引领了常州的商业综合体潮流，不仅为当地群众带来时尚、潮流的休闲生活，还提供了两三千人的就业岗位，一直位居当地乡镇企业纳税前十强，有力推动了武进区的消费和经济增长，促进了当地的商业繁荣。

武进吾悦广场每年会组织 30 多场营销活动，其中有不少活动是城市级甚至世界级的，比如于 2019 年举办的全世界最大的特斯拉展示。借助活动的量级，不仅能为商业品牌赋能，在一定程度上还可以带动常州城市形象的推广和提升，促进城市未来发展。因此，地方政府十分欢迎吾悦广场举办活动。每年的重大节庆日，相关部门都会亲自上门进行沟通协调，针对吾悦广场的需求主动对接服务。

因此，购物中心已经远不是只做一些零售类以及其他体验类商业服务的物理空间。除了商业价值，它还有生活服务价值，比如可以将一些亲子旅游产品在购物中心展示。此外，它还有商务服务价值，比如做车展，上海首家策展型零售空间——TX 淮海 | 年轻力中心就是

一个很好的案例。通过商务性策划，购物中心可以有更多可能性，产生更大价值。

曲德君认为，购物中心自带流量，而且辐射范围内的受众对它的信任感很强，它逐渐从一个提供商业经营服务的空间转变为城市服务的空间。将自身嵌入城市发展的进程和时代脉搏之中，自然能够跟着城市不断成长、焕新。

三、紧跟消费趋势以及客户需求，10年前的商场现在仍充满活力

商业运营之所以难，除了电商等的冲击，消费者的需求偏好转换、升级也很快。新城商业能进入商业地产行业的第一阵营，除了模式、布局领先，还在于其能不断迭代升级，满足消费者需求。新城在2008年就将目光投向商业地产领域，之后12年时间里，其历经了4代产品的迭代升级（见表12-2）。

表12-2 新城商业从1.0到4.0的迭代升级

阶段	起始年份	内容
1.0时代	2009年	关注现金流的全销售商铺，内外双街式商业街区，打造新城上街
2.0时代	2011年	MINI MALL的尝试及百货落地，统一招商运营，万博百货首次亮相
3.0时代	2012年	"吾悦"商业地产品牌正式诞生，住宅＋MALL的产品组合，自持自营MALL应际而生
4.0时代	2017年	提出吾悦4.0概念，在悦生活、悦空间、悦人文、悦生态、悦智慧等多个维度不断尝试与创新

资料来源：新城控股。

1. 将独立的商业结构组合成有机互动的整体

在4.0标准及幸福商业理念的引领下，新城控股以"在地思维"在全国范围内打造了一座座契合各城市气质的吾悦广场，形成了"千城千面、城城不同"的风格。但曲德君认为，这还远远不够。除了要不断研发创新产品、迭代升级标准，还要梳理产品的价值体系，找到各业态的内在联系，从而形成合力、发挥出整体效应。

2020年上半年，新城控股再次打响商业产品升级战，基于对未来社区的思考（见图12-3），新城提出了"一个吾悦，就是一座城市"的概念。其产品升级战不但涉及购物中心、室外共享街区、品质化住宅等产品，而且从城市供需、民生诉求、客户需求等多维度出发，提出并形成了以"三区两线、五位一体"为核心理念的吾悦价值体系，将原本独立的商业结构组合成有机互动的整体，打造更具势能的吾悦·新城生态圈。

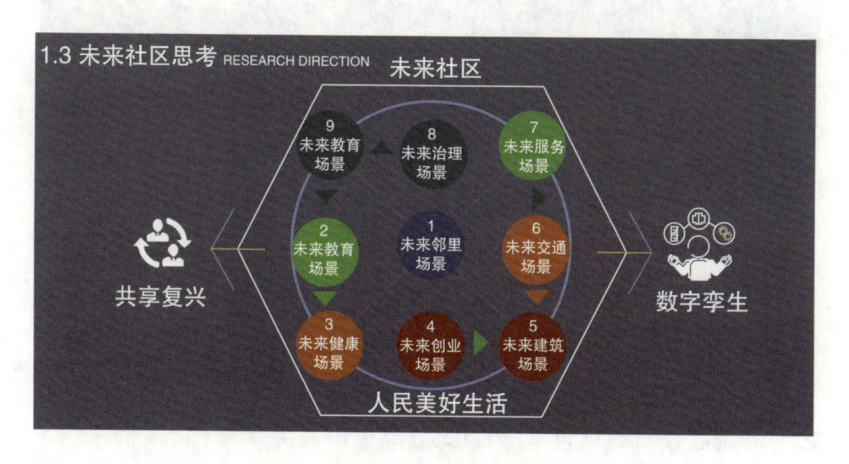

图12-3　新城对未来社区的思考

资料来源：新城控股。

吾悦·新城生态圈实际上是一个30分钟的生活圈，它将住区、社区和商区统筹起来，使各个产品互为依托，环环相扣，成为城市生活新场景。概而言之，以"三区两线、五位一体"理念（见图12-4）搭建起来的吾悦·新城生态圈重新定义了人与人、人与产品、产品与产品、产品与城市之间的关系，它们不再是独立封闭的结构，而是有机互动的整体。

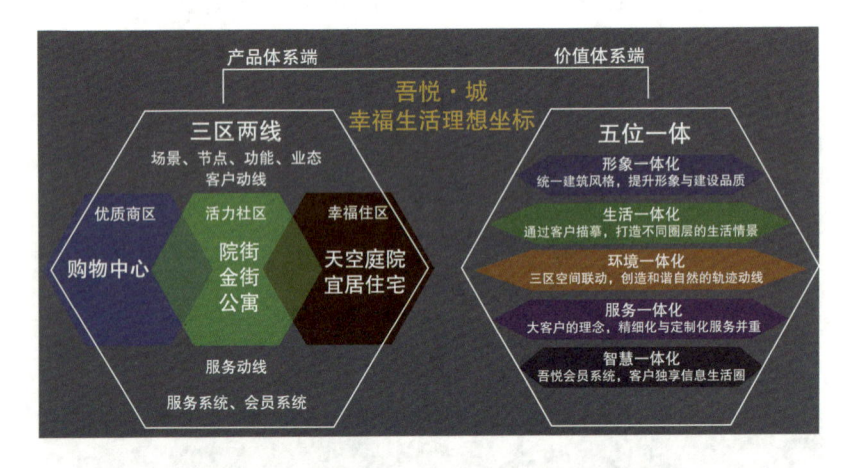

图 12-4　"三区两线、五位一体"的吾悦价值体系

资料来源：新城控股。

以 2020 年 11 月 6 日开业的苏州高铁吾悦广场为例，这是一个位于高铁新城的大型商业综合体，同时也是一个 TOD（公共交通导向型）项目。世界 TOD 发展经历了"TOD1.0 车站"、"TOD2.0 站楼一体化"、"TOD3.0 站城一体化"和"TOD4.0 站城商居一体化"四个阶段，苏州高铁新城项目是"TOD5.0 高（地）铁+城+产+商+居+人"六维一体理念下的高标准产物。

不同于以全零售为重心的传统商业布局，苏州高铁吾悦广场体验经济的比例在 20% 左右，在商业业态中大幅增加了娱乐、休闲、文化等活动的比重，顺应了年轻人的消费习惯和当下"网红经济""互动经济"的消费特点。比如,一站式宠物社交中心的柯娜宠物满足了年轻人周末午后"撸猫撸狗"的需求;莱客儿童科学馆提供儿童科普课程和体验项目,在帮助孩子学习科学知识的同时增加了亲子互动;室内的滑冰、篮球、台球等场地是运动团建的好地方;苏州市区首家星轶影城的STARX巨幕给观众带来了顶级观影效果;此外,还有养生足疗、密室逃脱等体验娱乐活动。这让吾悦广场成为集购物和休闲娱乐为一体的多功能商业中心。

除了打破传统商业布局,苏州高铁吾悦广场还在建筑设计上进行了突破创新。整个建筑围绕苏州古今交融的城市特征,以"探贝姑苏"为设计理念,将苏州园林与吾悦广场的购物场景融为一体(见图12-5)。走入苏州高铁吾悦广场,消费者能感受到深厚的历史风韵和特色水乡的古城肌理。开业3天,含有227家店铺的苏州高铁吾悦广场,销售额突破了5 000万元。

图 12-5 苏州高铁吾悦广场设计示意图

资料来源:新城控股。

2. 紧跟消费变化趋势,做好品牌的"引路人"

不只是新开业的吾悦广场表现火热,开业多年的吾悦广场同样保持着超强的活力。武进吾悦广场是常州武进区首个大型城市综合体项目,也是新城旗下第一家吾悦广场。在开业的第一年(2012年),该项目就实现客流总量近 1 400 万,年营业额超过 7.8 亿元。作为一座三线城市的购物中心,2012—2020 年,武进吾悦广场的销售额逐年递增 20%,客流量逐年递增 10%,租金逐年递增 18%。2019 年,武进吾悦广场的年租金及管理费收入在全国已开业的 60 余座吾悦广场中排行第一。数据显示,该项目 5 公里以外的客群占比超过 50%,而一般商场的客群辐射范围在 3~5 公里。尽管 2020 年年初受到疫情影响,但武进吾悦广场的客流和销售在当年 8 月份就已经完全恢复到上年同期水平!

消费的激活离不开武进吾悦广场多年来在对最新市场趋势及客户需求牢牢把握的基础上,积极推进业态及品牌的创新调改。

首先,武进吾悦广场不断更新其空间格局,着力打造体验式消费场景。例如,2017 年,常州武进吾悦广场倾力打造的"湖塘悦色"江南主题街区正式亮相,不仅借助江南特色文化元素营造出怀旧的"慢生活"氛围,还积极引入"宏凤年糕坊""白象梳篦"等当地特色品牌。

其次,开业 9 年来,武进吾悦广场坚持每年对 10%~20% 入驻品牌进行调整。紧跟消费潮流,力争引进各类品牌首店。曲德君告诉明源地产研究院,一个商业项目辐射的目标客群,每年不会有特别大的变化,只要前期的商业画像、项目定位做好了,后期就是一个持续不断的优化过程,使自己服务客群的能力越来越强。这一点至关重要,因为经过 20 多年的发展,购物中心的密度已经比较大了,只有有别于竞品才能脱颖而出。

2010 年左右,很多品牌想快速开店,但是找不到足够的购物中心,那时候是购物中心选择品牌,品牌库很好用。而现在,全国有5 000多个购物中心,变成了品牌选择购物中心。购物中心只有将自身做强、为品牌赋能、建立信任度,才能招募更多商户。

在与品牌商合作的过程中,一方面,新城商业努力做好"带头人"的角色,与连锁品牌协同拓展市场。目前已经有100多个连锁品牌与新城形成战略合作关系,这为项目招商提供了有力保障。另一方面,新城商业积极扮演"引路人"的角色,凭借成熟的经营平台,引导合作品牌与周边城市品牌跨区联动,提升业绩。同时,新城商业努力挖掘本地品牌的高潜价值,并给予其经营扶持与辅导,助推城市整体商业氛围及消费生活焕新升级。因此,诸多新品牌愿意将吾悦广场作为入驻的首选。

常州武进吾悦广场不仅积极扶持当地特色品牌、引进各类品牌首店,还引入喜茶、凑凑、太二等备受大众欢迎的网红品牌。"首店经济""网红经济"等消费热点,成为其"圈粉"的关键所在。

最后,围绕"人(消费者需求)、货(商户)、场(消费场景)"三个维度做精细化管理。以商户服务为例,常州武进吾悦广场增加了楼层管家服务,从前期的招商洽谈到中期签订合同、进场装修,再到后期开业运营,吾悦广场都会与商户建立一对一服务关系。商户的任何问题或需求,都由楼层管家统一沟通并迅速跟进,真正做到全方位的关怀与服务。

此外,新城商业还加快了数字化经营和智慧化运营,提高购物中心的运营效率。在武进吾悦广场,从支付结算到会员互动,再到商场导航等,均全维度实现了智慧商业,有效提升了客户的消费体验。而且,吾悦广场的运营团队还会借助当下新科技引领商户开发新的营销渠道,帮助商家提升业绩。

武进吾悦广场的"孩子王"是该品牌在苏南地区的旗舰店。得益于吾悦广场与商户的良性互动及商场的高效运营,从2012年到2019

年，该店保持着每年两位数左右的销售增长，目前月销金额近700万元，其业绩在苏南地区一直遥遥领先。

事实上，常州武进吾悦广场只是众多吾悦广场的一个缩影。研读新城的历年年报，明源地产研究院发现了吾悦广场租金收入的变化规律（见表12-3）。

表12-3　新城吾悦广场租金收入变化

项目	2016年	2017年	2018年	2019年
新开吾悦广场数量（个）	5	12	19	21
新开吾悦广场单个租金（元）	3 773 312	20 259 717	17 333 484	21 735 411
第二年吾悦广场单个租金（元）	52 006 144	65 368 036	76 343 044	——
第三年吾悦广场单个租金（元）	72 398 989	78 700 114	——	——
第四年吾悦广场单个租金（元）	91 769 278	——	——	——

资料来源：新城控股年报、明源地产研究院。

- 运营能力越来越强，新开业的吾悦广场的首年租金收益越来越高。2016年新开业的5个广场，其平均租金收益只有300多万元；2018年新开业的19个广场的平均租金收益是1 700多万元；2019年新开业的21个广场，其平均租金收益已经达到2 200万元左右（大部分是11~12月开业）。
- 新开吾悦广场的成熟时间越来越短。2016年开业的5个吾悦广场，在第三年（2018年）才达到7 200万元租金收益，而2018年开业的19个吾悦广场，在2019年就达到7 600万元租金收益。商业广场的租金收益达到1个亿是其成熟的重要标志，按照目前的速度，新城商业用三年左右时间就能将一个吾悦广场培育到成熟状态。

3. 购物中心的未来：在供给端创新和突破

曲德君认为，当前购物中心行业同质化严重，是因为行业过度关注消费端，没有从最基本的经营逻辑出发，忽略了供给端的创新与突破，无法满足不断变化的消费需求。如何破题购物中心供给端？如何让商业空间更有价值？新城商业给出的答案是——坚守与变革。

在"坚守"层面，新城商业希望商业回归经营。

首先是坚守定位，一店一策、匹配市场，根据市场环境匹配商业定位，打造业态特色，树立独有标志。

其次是对内容的坚守，做强零售、做精体验。购物中心已经成为实体商业的主力军，需要在满足体验业态的基础上，回归零售、强化零售业态，同时以更开放、更灵活的方式携手品牌商家，推动商业内容创新，助力品牌良性发展，为消费者带来更丰富的消费内容和消费体验。

最后是对经营的坚守。购物中心的销售业绩是第一指标，品牌商家才是购物中心良性运转的基石。商家销售业绩好，客户消费需求才能得以满足，业主投资收益才能实现。因此，购物中心要与品牌商家共同创造经营价值。

在科技和数字化方面，曲德君认为购物中心有三个层次（见图12-6）：第一个层次是"人"，紧紧围绕C端消费者展开；第二个层次是"场"，围绕设备、空间运营和管理展开；第三个层次是"货"，围绕B端商家的经营展开。第一个层次大家都在做，第二个层次新城处于领先水平，第三个层次还需要突破。

曲德君认为，"货"才是商业经营的核心，购物中心发展了20多年，其内容并没有发生太大的变化，也没有推动整个零售行业的产业发生变化。任何一个时代的科技，最终一定推动产业的变革。识别、触达、吸引消费者，是消费互联网。未来，购物中心要借助科技，进入产业互联网时代。新城商业目前正在做尝试——打造一个10万平方米的购物中心，试着将SKU（库存进出最小计量单位）从现在的200多个上升到500个左右。

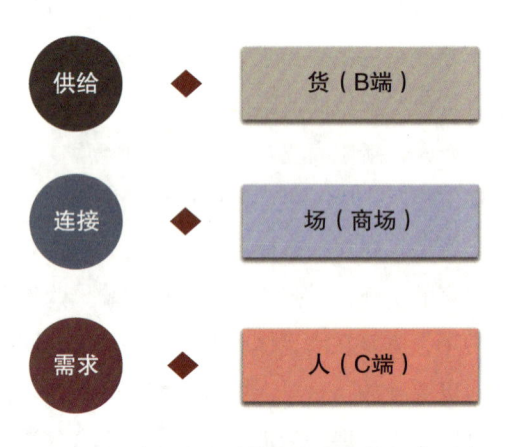

供给	◆	货（B端）
连接	◆	场（商场）
需求	◆	人（C端）

图12-6 购物中心科技和数字化的三个层次

在"变革"层面，新城商业致力于让商业蝶变焕新。

首先创新商业形态。购物中心在发展过程中，逐渐形成了比较固定的业态组合方式和一种相对标准化的商业内容。目前看来，其与新型消费需求的偏差越来越大。基于这一点，新城商业积极探索"MALL+X"的创新商业形态，打造少年文化中心、运动城、零售集合店等新型商业形态，构建特定消费场景。

其次是扩大服务客群。中国人口年龄结构已悄然变化，购物中心应与品牌商家共同研究，努力适配人口结构、延展客群范围。未来吾悦广场将把年轻客群、年轻家庭客群和中年客群作为主力客群，并逐步实现三类客群的均衡发展。

曲德君指出，购物中心总是希望将一个品牌店的商品卖给尽可能多的人，但周边的购物中心也有同样的品牌，消费者凭什么一定要来你这里？如果消费者不愿意来，那么一定是因为你的品牌没有差异化，商品的丰富度出了问题。原来一个百货商场有三四百个品牌，而现在一个购物中心的面积相当于3个百货商场，但只有百货商场50%的品牌。

他还进一步指出，中年人现在去购物中心，没什么可买的商品，除了常规的运动品牌，像西装、衬衫、领带、腰带、皮鞋等产品基本买不到，内衣也买不到。我们经常抱怨消费者不来，其实是B端出了问题。购物中心如果能够解决这方面的问题，并提供合适的商品和服务，那么会很有潜力。

最后是创新价值消费。零售行业正在进入价值消费体验阶段，未来的零售行业在消费端升级的推动下，其供给端将更加致力于提升消费价值。购物中心要与品牌方联手，将更多的价值创新融入销售和消费过程，共同提升和创新价值消费体验。

曲德君告诉明源地产研究院，未来的新城商业可能不仅是一个招商和运营平台，而且还要回归商业的本质，变成一个商品的实质经营者。这样线上线下都可以销售商品，覆盖的消费者群体会更广，对租金的贡献是一样的。

小　结

业内有一种说法：住宅地产是小学生，商业地产是大学生。这并不是说商业地产就比住宅地产高一等，而是说商业地产很难做。因为商业地产会积压大量资金，且现金流完全来自租金。投资有无回报主要看其建成后的运营如何，风险要比做住宅大得多。

新城商业这种双轮驱动模式可以使其资金压力大大减小。很多人纳闷，其他开发商也可以做这种模式，那么新城商业的护城河在哪里？其实模式固然重要，但是落地执行也很关键。新城控股成熟的商业运营团队和强大的商业运营能力铸就了新城商业的核心竞争力。经过多年发展，新城从拿地、设计到招商运营，形成了一整套行之有效的方案，其自有产业链也在不断发展、成熟，有力保障了吾悦广场的规模化发展和精细化运营。

以人才为例，得益于新城这个平台的不断强大，职业经理人可以持续成长并获得丰厚回报，因此他们愿意长期留在新城。新城内部有新城商学院等，并且建立了人才库；考虑到很多进入商业地产领域的新人在专业方面缺乏系统性，新城正在编制商管培训课程体系，每一个专业板块都有专门的负责人牵头，分为初级、中级和高级的三个板块对应不同梯队的人才队伍。除了内部人才的留存，新城对外部人才的吸引力也不断增强。

曲德君表示，虽然面临同质化和电商冲击的压力，但目前线下销售的规模远超过线上，仍然有相当一部分消费群体忠实于线下购物，还有相当一部分消费群体选择线上消费和线下消费并存。因此购物中心的发展空间依旧很大，新城商业也将一如既往地聚焦线下空间，希望让商业空间更有价值。

新城控股董事长王晓松在2020年曾表示，购物中心承载着城市公共服务设施的重要职能。购物中心在线下消费流通中的作用越来越显著，在促进城市功能提升、带动区域发展、引领消费方面将进一步发挥重要作用。成立27年的新城商业，第一个15年靠住宅产生利润，第二个15年靠住宅和商业双轮驱动，未来15年的主要利润则很可能来自商业管理。按照目前的趋势，这一点毋庸置疑。

> **链接**
>
> ## 龙湖商业：21年，从备受质疑到广受追捧

历史总是悄然而至，在不经意间，一个新的时代就会来临。2021年3月15日，龙湖集团控股有限公司（以下简称"龙湖"）正式被纳入恒生指数HSI，成为55家蓝筹股之一。

作为一家不主动追求规模且信奉长期主义的公司，龙湖在地产行业中稍显另类。龙湖能赢得资本市场认可，业内大部分人对此有着同样认知——这是持续投资商业地产、不断提升业务能力带来的结果。龙湖在2020年的业绩报告中，也对龙湖商业给出了定义与期许："20年的锻造与历练，确保集团在任何波动周期里都享有租金筑成的'压舱石'，这正是龙湖商业自成立以来的孜孜以求。"

近年来，规模房企加大了对商业地产的投入，主流企业已全面入局商业地产，但企业之间的差距已被拉开。

2020年是龙湖商业成立20周年，截至当年年末，龙湖商业已进入全国27座城市，累计开业商场达49座，开业商场总建筑面积达481万平方米，整体出租率为96.9%，合作商户超5 000家，战略合作逾340家，已发展为商业地产市场上不可忽视的标杆品牌。在当前这样一个从增量开发到存量经营转轨的阶段，对整个行业来说，龙湖商业的做法具有样板意义。

一、布局上：步步为营，先慢后快

在内地房企中，从事商业地产的企业不在少数，但大多出于被动，主动经"商"的较少。然而，龙湖是非常认真地在做商业地产的。与同行相比，龙湖商业有着鲜明的特点：不盲目追求规模，而是追求质量，更不盲目复制。

1. 策略上：稳扎稳打，由慢到快

龙湖商业起步于 2000 年。当年，龙湖成立了商业管理部，做的第一个项目是进驻观音桥商圈，开发"北城天街"。当时，国内零售市场正处于百货称王的阶段，购物中心的开发运营商只能摸着石头过河。而当时的重庆，拥有重庆百货和新世纪百货的解放碑商圈才是明星商圈。如今炙手可热的观音桥商圈当时还是一片商业荒漠，北城天街更是在比较偏的位置。

此外，当时的龙湖还只是一个年销售额不足 50 亿的重庆地方性房企，而其拿下并要开发的客车厂的建筑面积达 14 万平方米。这个项目必然会占用大量现金流，而且当时业内的质疑声不绝于耳，甚至有人认为这个项目会拖垮龙湖。

为了做好北城天街项目，龙湖与最好的设计公司展开合作。2003 年 9 月，重庆的首个 Shopping Mall 北城天街正式开业，迅速晋升为重庆人"逛 gai"的全新目的地，成为观音桥商圈崛起的核心力量（见图 12-7），这让龙湖在重庆名声大噪。

图 12-7 观音桥今昔对比

资料来源：龙湖集团。

2004 年，重庆江北区政府把紧临北城天街项目的核心步行街命名为"北城天街"，从而在全国开创了以一座购物中心命名整条城市

商业步行街的先例。

龙湖并没有急于将此模式复制到其他地区或城市，2010年之前一直在大本营重庆进行城市深耕，直到2010年才进入成都。2011年，龙湖将发展商业地产确立为集团战略，同年进入北京，2014年布局中部地区，2015年开始在长三角进行探索……基础打牢了，龙湖才开始小步快跑（见图12-8）。

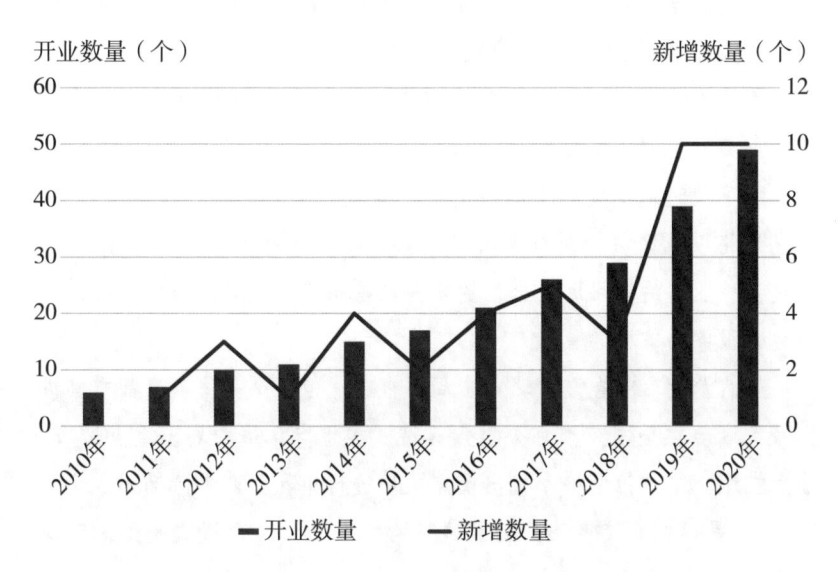

图12-8　2010—2020年龙湖商业新增商业项目情况

资料来源：龙湖集团年报、明源地产研究院。

2. 城市布局上：由点到面，一、二线网格布局

不同于其他商业地产公司在城市群红利下的遍地开花，龙湖商业的项目主要选址于国内一、二线及核心三线城市（96%位于一、二线城市，三、四线城市只有常州、烟台、无锡）。龙湖商业的战略是在核心城市进行网格化布局，即根据一线及核心二线城市的人口规模、

第十二章　新城商业：持续探索，让商业空间更有价值　/ 257

轨道交通节点进行多点布局，形成"一个城市多个天街"的网格状分布。

截至2020年12月31日，龙湖已运营的49座购物中心分布于国内11座城市：重庆、成都、北京、上海、西安、常州、苏州、杭州、南京、合肥、济南。其中，重庆14座，成都9座，北京、上海及杭州各5座，南京及西安各3座，苏州2座，常州、合肥、济南各1座。

通过多点布局、网格状分布，龙湖商业实现了对一、二线城市的商业覆盖，各项目可以共享经验、优化运营效率、强化品牌号召力，从而提升公司的整体效益。以重庆为例，14座商场让龙湖商业在重庆真正实现了"环城发展"。

除了通过地理空间上的布局实现商业版图的网格状分布，未来，龙湖还将以社区、物业与天街在一、二线城市的网格化布局为基础，通过多种业态的多维度组合，探索并深挖网格化布局的横向扩展，实现运营服务的信息共享。

虽然龙湖商业在重点城市布局得很密，但每个具体项目都有其讲究。龙湖会在全国范围划分重点区域，在重点区域中划出重点城市，最后在城市中"拉网格"找出重点版块进行布局。通常情况下，龙湖"天街"是建在人流密集处的区域型购物中心，TOD模式是龙湖商业的优先选择（见图12-9）。

龙湖CEO邵明晓认为，做地产和商业首先要了解城镇化进程。新型城镇化的核心就是大城市、城市群、卫星城、大高铁、大交通，以及像城市地铁这样网格化、毛细血管式的交通，这让年轻、有支付能力、有活力的人口高度集聚在这些大节点上。由此带来产业升级、消费升级、社交升级的机会，所以龙湖会全力切入TOD领域。

龙湖自2003年起就开始了对TOD领域的探索。北城天街就带有TOD光环——依托城市轻轨线开发。截至2020年年底，龙湖持有的TOD项目共计70余个。

图 12-9　龙湖商业的布局逻辑

资料来源：龙湖集团。

二、模式上：自持为主，由重到轻

2021年3月9日，龙湖商业发布"知轻重 有所为"官宣海报，宣布开启轻资产模式。在随后的业绩发布会上，龙湖给出了发展轻资产的原因：几年前就已经被客户推着进行，但当时的运营实力和效率还不够，经过两三年准备，帮助客户提高资产利用率是吻合龙湖价值观的一件事。

龙湖商业做轻资产的底气来自重资产的经验。很多开发商不愿意做商业地产，是因为这会占用大量资金，特别是自持经营更是如此。2000年，当龙湖布局商业地产时，国内商业地产的主流运作模式还是只售不租或租售结合。以万科为代表的企业更是在带头"做减法"，舍弃商业地产等开发周期长、占用大量资金的业务。龙湖却反其道而行之，持有了占地14万平方米的"巨无霸"项目。对此，邵明晓回忆说："回头来看，这无疑是一个艰难而正确的决定。"

龙湖在前十年的商业发展初期，为了保持商业板块的长线稳定增长，采用合作、销售、基金打包等方式获得下一步发展的滚动资金。

引入资金，首先要专业，其次要能满足资金方的收益要求，否则就没有合作的可能。由于基金合作方对收益率要求严苛，龙湖当时为他们提供了细致到单店租赁、成长空间的报表，这也锤炼了龙湖商业的能力。从2011年开始，龙湖将商业地产板块上升为集团的核心业务之一，并确定了"持商业"战略——每年将以销售物业回款的10%作为上限投资持有物业，进行快速的全国化布局（每年保证30%的增长）。同时，项目的整体投资回报率保持在6%以上，这又进一步锤炼了龙湖商业的能力。轻资产模式门槛较高，需要过硬的运营能力，而龙湖恰恰在重资产阶段就完成了准备。

三、运营上：主打体验式业态与微创新

住宅项目在交付之后就基本结束了，而商业项目在盖完楼后才刚刚开始。物理空间当然也很重要，但更重要的是通过运营让空间常开常新。

1. 以天街为主，瞄准庞大的中产阶层

2012年，龙湖明确地列出了商业项目的3条产品线：天街、星悦荟、家悦荟。这三大产品线定位了几个大类市场（见表12-4）。

天街系列是三大产品线中绝对的主力，截至2021年4月底，龙湖已开业51家商场，其中天街系列超过40家。天街主要是围绕城市中产、新兴家庭的新生活打造的。每个天街项目均有自己的定位和属性，以此吸纳其辐射范围内的人群。

根据埃森哲的报告，到2030年，将有七成中国人成为中产阶层，这是一个庞大的市场。当然，不同能级的城市，甚至同一城市的不同区域，其消费水平也会略有差异。龙湖内部根据城市和地段的不同，将天街项目划分为A、B两个标准，二者在设计、造价上均存在一定差异。

表 12-4　龙湖商业产品线及其定位（截至 2020 年年底）

产品线	定位	业态	体量（平方米）	已开业项目个数	代表城市及项目
天街	都市型购物中心	集购物、餐饮、休闲、娱乐等多业态为一体	>15万	40	布局重庆、上海、北京、杭州、成都、常州、西安等城市；代表项目有重庆北城天街、北京长楹天街等
星悦荟	社区型购物中心	以餐饮、娱乐为主	5万~10万	8	布局重庆、西安、北京等一、二线城市；代表项目有重庆春森星悦荟、重庆晶郦馆等
家悦荟	高端家居生活购物中心	以家具、建材、家居配套三大业态为主，辅以设计、餐饮等配套服务	3万~5万	1	布局重庆，代表项目有 MOCO 家悦荟

资料来源：龙湖集团年报、明源地产研究院。

2. 营造 IP 化场景，触达消费者

近年来，虽然中国每年都有 100 余家新购物中心开业，大有过剩之势，但这只是总量上的，商业地产仍有很大的发展空间。一方面，消费者对购物体验的期待值在急剧提高，符合新一代消费者口味的商场依然大有机会；另一方面，如果聚焦到每个城市、每个细分区域，那么真正能满足需要的商业项目并不够。

龙湖商业在全国化布局过程中十分注重链接人与空间，满足消费需求。在实际落地过程中，龙湖商业也在空间设计、品牌招商、营销推广等多方面创新，打造极致产品。与商业地产巨头们"模板复制、快速落地"的模式不同，龙湖商业的打法轻巧——更多地强调"即时

差异化"，主打体验式业态与微创新，以此来获取市场。

在空间设计上，龙湖商业一方面保证天街项目有统一的建筑标准，不失品牌辨识度和影响力；另一方面，根据项目属地文化，融合客户体验，进行空间IP化设计，让项目呈现专属而独特的IP空间，也让旗下每个商场都呈现出不一样的面貌。比如，重庆龙湖U城天街B馆定位为"成长"，通过一个占地超过2 500平方米的U+学院举办公开课、毕业作品展、科技发布会等年轻人喜欢的社交场合，以此迎合周边14座高校学生以及惠普、富士康等世界500强企业的年轻员工。

位于杭州滨江区的天街则主打"潮"文化概念，服务周边大量商务白领和年轻时尚家庭。而位于苏州高新区的狮山天街则被定义为"城市会客厅"，因为这片区域有近100万常住客群，几乎拥有全年龄段的购物消费需求。

常州龙城天街是龙湖商业进入常州的首个天街项目。该项目依托城市地域属性，引入常州本地鲜活且历久弥新的运河文化，独创了运河生态空间IP。整个商场以空间为水、店铺为岸、码头为点，并通过350米长的主航道式中庭动线模拟室内运河河道（见图12-10），用地上5层平行式商铺布局河岸。消费者置身其中，宛若进入了古代运河两岸繁茂的商业市集。

这些定位都依托于一套复杂的客研系统。龙湖会详细绘制所进入城市的区域、交通、需求地图，寻找最适合项目所在区域的定位，并预判未来3~5年客群的增长率，鉴别客群种类，以此作为规划设计和运营的基础。这套体系最早成名于龙湖的住宅业务，之后又成了商业地产的秘密武器之一。

与此同时，龙湖商业通过紧跟营销热点，营造IP化场景，塑造能与消费者产生情感共鸣的空间场景，让每座天街化身为人们转念即达的欢乐入口。每个天街都是一个超级IP集群，每座天街都有一个故事剧本。围绕核心定位，在每个天街中衍生出空间 IP、品牌 IP、运营 IP、服务 IP、营销 IP 等，共同构成天街这个超级 IP 集群。

图 12-10　常州龙城天街——运河之舟

资料来源：龙湖集团。

龙湖天街的总经理们都被赋予了一个新的角色——"商场总导演"。他们要通过一个完整的故事线，把购物中心里的每一处体验、服务、环境串联起来，为消费者提供最好的消费体验感。

龙湖 10 万平方米以上的商场至少会配置十五名运营人员，这是同行的 2~3 倍。这样做的运营效果也非常显著。比如，杭州西溪天街的原创 IP——西嬉夜市，它将复古都市与沙滩主题融合，打造专属年轻人的夜生活休闲场所，用天街的烟火气点燃夏日的夜市经济。夜市期间，西溪天街水幕广场的客流量提升了 20%，联动品牌的销售额也环比提升了 47%！

3.通过科技创新，提升效率和效能

龙湖商业内部愿景为"有灵魂的空间，能共情的服务，无边界的创新"，但商业地产是一个劳动密集型产业，最终还是要通过创新来

提升效率和效能。

龙湖近年来在创新业务上投入了诸多精力。集团整合了包括商业在内的各个版块，建立了用底层数据打通的数字化平台。在商业版块中，龙湖商业面向商户端开发了"小天App"，将其作为商场运营管理工具，此业务已覆盖龙湖旗下所有开业商场；面向消费端，公司通过龙湖天街小程序搭建了线上综合服务平台，累计浏览量超5.8亿次！

四、改造上：激活存量，常开常新

购物中心开业后，前三年是租金收入的高速增长期，而之后，租金收入的增长速度将不断降低，直至增长率基本维持在个位数。因此，激活存量很关键。

新项目开业业绩表现亮眼的同时，针对运营期的项目，龙湖也积极主动地调改升级，以更加人性化的业态组合及多维度的交互为消费者提供更具吸引力的场景体验，让项目实现生长的第二曲线。

以北京长楹天街为例，2017年5月，龙湖拿出原有百货区域近4万平方米的空间，对整体空间环境及内容进行了重构——大手笔打造亲子IP，引进北京首家占地3 500平方米的乐高探索中心等10余家首次天街合作品牌，并融合科技、艺术等元素，将品牌混搭与品质生活完美融合，打造出了特色主题空间——"花间享"。2018年6月30日，该项目在改造后正式开业，项目整体客流增幅达到33%，区域销售坪效一度提升40%，租金收益提升超50%，成为龙湖商业已有项目增值的一大成功案例。

同样进行过地下一层空间调改的重庆北城天街，其2018年上半年的项目租金收入达2.28亿元，增幅也达到12.9%。

龙湖商业有完整的资产管理和运营体系，从拿地第一天到项目进入经营阶段，每个节点都有完善的考虑或评估机制，即使将住宅和商业单独拿出来，也经得住考验。

对于核心一、二线城市的商业项目，龙湖早已具备了独立判断和获取能力。而激活成熟期购物中心的经验，使龙湖从招拍挂走向收并购。

比如龙湖商业体系内首个收并购的存量商业项目——北京房山天街。北京房山天街的前身是"胜茂广场"，因招商乏力，建成之后一直未营业。而项目周边3公里有40万的常住人口，区域内有180万的居住及办公人群，市场潜力巨大。从前期现场勘查、市场调研到收入测算，龙湖商业体系内的几大部门全部参与其中、多维度推进，在击败强劲的竞争对手后将项目收入囊中。项目改造过程难点重重：图纸与现场不符，建筑外观、立柱、燃气、管道、过道宽度、电梯等楼宇布控已不具备按需改造条件。龙湖与商家进行了反复沟通，几乎每一个铺位都进行了大改造，整体改造量达70%以上。最终，通过改造并匹配多元化业态组合和超过120个首进区域品牌，该项目于2018年9月开业，最终交上了龙湖商业首个并购项目"100%出租率与100%开业率"的完美成绩单。

自家项目+收并购项目有力印证了龙湖商业对存量空间的布局和改造能力，也让龙湖商业的布局能力得以拓展，让其在一、二线城市占据核心区位的关键节点成为可能。因为一、二线城市可选商业用地的新地十分匮乏。

小　结

2000—2016年，如果将同样的钱投向住宅开发业务，那么能在市场上获得更高的利润回报，这导致龙湖的战略选择一度被质疑。邵明晓说，商业模式没有对错之分，但对于龙湖来说，做好选择要优于抓住机会。如今，事实证明了龙湖的正确选择。

2012年，王健林和马云有一个赌约：到2022年，电商能否占有整个零售市场50%的份额？过去十年，万达销售额增长了22倍，而淘宝总销售额增长了19倍。因此，线下商业依然大有可为。

回顾龙湖商业的发展历程，第一个十年在积累经验、打磨团队，第二个十年在坚定战略、稳健成长，第三个十年已经从"满足"到"引领"，提速发展。

在为数不多的媒体报道中，投资人问吴亚军：龙湖在未来到底是先做大还是先做强？她的回答非常简洁但颇有深意："先做长，再做强，做大是自然而然的结果。"龙湖商业的目标是做到行业TOP3，如今，它还在探索空间与服务的道路上加速前行，但这个目标并不遥远。

第十三章
星河产业集团：四位一体产业地产经营新模式

在当下和未来的相当长一段时间，产业升级是中国城市的"刚需"。作为城市建设的重要参与者，开发商自然也要从享受城市发展红利转向为城市创造红利。因此近年来，规模房企纷纷涉足产业地产，50强房企中就有45家涉足其中。不过，虽然涉足者众多，但大多还是以地产开发的思维在思考，真正做产业地产的并不多，而形成完整商业逻辑的公司就更加屈指可数。

星河产业是少有的异类，通过多年的实践与总结，逐步从轻重并举的实践中探索出了"产·城·融·投"四位一体的经营模式（见图13-1），以产促城、以城兴产、产城融合、融投并举，构筑星河产业发展生态圈，绘制"产、城、人"和谐发展与共赢的蓝图。

当然，星河做产业地产并非一蹴而就，其完整的商业逻辑也是一步步摸索出来的。星河产业为何会进入这个领域，又是如何打造出这种独特模式的，未来还有哪些规划？带着这些问题，明源地产研究院独家对话了星河产业集团总裁陈忠先生（见图13-2）。

四位一体

以产促城　　以城兴产　　产城融合　　融投并举

图 13-1　星河产业四位一体的经营模式

资料来源：星河产业官网。

图 13-2　星河产业集团总裁陈忠

一、基于多元化考虑，布局产业地产

星河选择做产业地产，既是机缘巧合也是自身对大趋势的判断。随着趋势越来越明朗，其布局的速度也越来越快，目前已进入 20 多个城市。

268 / 大分化

1. 由增量开发转向存量市场，提前布局分享实业红利

1998年"房改"之后，中国地产行业迎来了波澜壮阔的发展，截至2020年年末，我国商品房的销售面积和销售额分别增长了17.3倍和82.7倍。作为国民经济的支柱产业之一，未来十几年内，我国的商品房仍将保持每年十几万亿的销售规模。然而截至2020年年末，中国城镇人均住房面积已达40平方米，支持行业爆发式增长的城市化红利逐渐进入尾声。2016年以来，商品房销售面积和销售额的增速都呈现出逐年下滑的趋势（见图13-3）。

图13-3　1998—2020年我国商品房销售情况

资料来源：国家统计局、明源地产研究院。

特别是"三道红线"的政策实施之后，土地红利和金融红利都没有了，加上国家经济结构转型升级、脱虚向实、房住不炒等政策的指引，塑造差异化竞争优势以及精细化经营、开发和运营相结合成为行

业发展的新方向。

地方政府也很清楚，单纯的地产开发只能带来短期效益，唯有导入产业、推动产业升级、引入人才才能形成城市长期发展的核心竞争优势。北京、上海、广州、深圳等一线城市以及成都、杭州、南京等快速发展的新一线城市的成功经验，就是对此最好的证明。现如今，最受各地方政府欢迎的是产业地产，其次是商业地产，最后才是住宅。

陈忠表示，星河做产业地产的思路其实是围绕着集团多元化的思维衍生出来的。公司很早就认识到，传统房地产行业不会永远高速发展，市场最终会从增量转变为存量，因此需要通过城市运营服务挖掘更广阔的利润空间。未来一定是实业，特别是科技行业才能给中国的经济带来更多动力，因此星河决定布局产业地产。

星河产业第一个落地的项目——深圳·星河WORLD，就做成了产融标杆。深圳·星河WORLD项目的成功，充分体现了星河高度的市场敏感性、对城市发展趋势的正确判断、对深圳特区高速发展及规模化扩张的充足信心以及对在生产要素匮乏之下特区政策灵活性的预见。

深圳·星河WORLD项目的前身是雅宝工业园，原是一家台资制造企业，从事来料加工的低端产业。随着深圳产业转型升级、劳动力红利弱化，台资企业出让了工厂。几经辗转，最终于2007年被星河获取。

深圳·星河WORLD的占地面积约为62.29万平方米。陈忠坦言，在2008年金融危机之后，整个产业形势发生了巨大变化。一个如此大体量的产业园，怎么做？星河也思考良久。2008年，深圳市政府出台《深圳市创新型产业用房建设与管理暂行办法》，在政策指引下，星河逐渐有了清晰的发展理念。当时，市场上积压了大量的商办库存，如果仍然采用传统的开发模式，忽略运营服务与主题化设计，那么结果可能不太好。于是星河决定走一条新路，即产业地产。

最终，总投资约 180 亿元的深圳·星河 WORLD 被打造成了一个总建筑面积约 160 万平方米，以新一代信息技术、高端智能制造、生命健康、文化创意、科技金融五大产业为引领，运用产融联盟理念，集联盟商务、科研孵化、品牌商业、酒店公寓、文化艺术、人才配套、湖山居住、生态休闲等多种业态于一体的产融联盟新城（见图 13-4）。

图 13-4　深圳·星河 WORLD

资料来源：星河产业。

2. 布局有产业基础的城市，单个项目不少于 10 万平方米

深圳·星河 WORLD 是星河涉足产业地产的关键一步。得益于多年来在地产、金融、商业等板块的稳步发展，集团积累了丰厚的资

源，使得星河突破零起点，在项目上进行大胆实践，打造了产城综合体标杆。

经过5年的探索，星河产业的业务覆盖了产业研究规划、产业载体开发运营、产业实体经营、产业资本投资、轻资产运管五大板块，确立了产融联盟新城、双创社区、特色小镇、总部综合体、智能制造基地五大产品体系，初步形成了一定的品牌效应及复制能力。为了顺应城市升级、产业创新的时代需求，星河产业不断探索，确立了以"产·城·融·投"为核心发展模式。

由于想得清楚、看得明白，星河产业的扩展速度很快。截至2020年年末，在空间上，其已经实现了对全国近20座一线及重点城市的布局，在建及运营面积超过180万平方米，逐步成为产业地产行业的佼佼者。

对于城市的选择，星河始终保持稳健的步伐，重点聚焦一线、新一线以及发展条件较好的计划单列市。考虑因素主要有二：一是该城市是否具备良好的产业基础；二是地方政府是否具有清晰的实业发展思路。在开发模式上，星河坚持"两条腿"走路，轻重并举。对于重资产，最重要的是地价以及建安成本的计算，最基本的要求是"可以算得过账"，即来自传统房地产的利润能够在一定比例上支持产业地产前期开发；对于轻资产，要关注产业合作带来的机遇。此外，星河产业对单个项目的体量也有一定要求，一般来说，项目的规模需不小于10万平方米，以方便集中运营。

二、五条产业地产产品线，满足各类企业的需求

陈忠指出，虽然产业地产热是近年来兴起的，但产业地产已经存在很长时间了。改革开放之初的经济开发区、出口加工区是产业地产的前身。经历了较长时间的演化与功能完善，在各类工业园区百花齐

放的同时，工业地产兴起了；直至 2003 年，产业地产登上舞台，这是工业地产升级换代的结果。

从基础厂房到产业园区，再到集商务办公、科研孵化、文化娱乐、生活服务于一体的城市空间，历经数十年的发展，市场逐渐进入"产业地产格局"。这背后体现的是社会经济结构的变迁。

经过多年的探索与发展，目前星河产业已经形成了五条产品线：产融联盟新城、双创社区、特色小镇、总部综合体及智能制造基地（见表 13-1）。

表 13-1　星河产业产品线

产品线	特点	代表项目
产融联盟新城	一线城市及强二线城市中心、次中心，打造"园区＋金融"双闭环总部基地	深圳·星河 WORLD、南京·星河 WORLD、成都温江星河 WORLD·科创城、郑州·星河 WORLD 等
双创社区	一线城市及强二线城市核心地带，辐射全球，打造一站式创新创业创投平台	星河·领创天下（深圳、成都、珠海、南京等八城）
特色小镇	一线城市及强二线城市周边，依托当地产业资源和文化底蕴，引入深圳新兴科技	惠东星河智乐谷、中国（南沙）时尚珠宝科创文旅新城、星河（黄江）人工智能小镇等
总部综合体	一线城市及强二线城市中心，打造高端商务综合体	深圳星河中心、深圳星河世纪、广州星河发展大厦等
智能制造基地	以先进制造业为核心，打造兼具研发办公、中试检测等功能的高端智能制造基地	惠州星河 IMC、深圳银海工业区

资料来源：星河产业。

在五条产品线中，占主导地位的是产融联盟新城，以办公和研发

第十三章　星河产业集团：四位一体产业地产经营新模式　/ 273

类用房为主。其中，研发类占60%，商务办公占40%。

与住宅的标准化开发不同，星河产业地产的每一个项目都具有个性化。因此，如果前期工作做得不到位，那么后期将十分被动。

陈忠坦言，星河产业做第一个项目的时候，去过欧美、日本等地考察学习。第一期项目做完之后，还用了一年的时间储备客户，直到2016年才开放。然而项目真正落地的时候，客户的需求与星河产业提供的产品还是有不小差异。布局一个城市前，星河会对该城市的发展战略、产业基础、未来三五年发展方向、扶持政策等做深入研究。

近几年，业内越来越感觉到政府或者合作伙伴已不再满足于单一产业规划，而是需要包括产业规划、空间规划、招商计划、资金测算在内的全价值链服务。市场对产业地产产品的需求也更加多样化。

为了不断提高产业规划水平、完善产品体系，星河产业配备了一支专门的团队——星河产城创新发展研究院，其业务内容覆盖战略研究、政策研究、区域研究、产业研究、市场研究、产品研究、产业规划、空间规划等（见图13-5），研究团队有数十人之多。

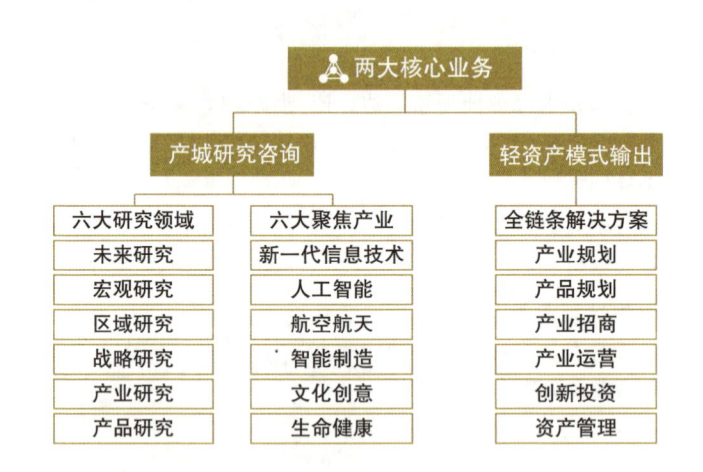

图13-5 星河产城创新发展研究院

资料来源：星河产业。

星河对产品的研究做得很细，电的容量、楼层的承重、设备的空间跨度、电梯的运力等，都会考虑到。因为特定行业的企业有特定的需求，比如，云计算对光纤和电的需求就跟其他企业不一样。

据陈忠介绍，城市中心区许多写字楼的员工经常加班，如果都是中央空调，那即便一栋楼里只有一层楼在加班，整栋大楼的中央空调系统也要为这层楼服务，成本非常高，而这些成本最终都要均摊到租户身上。星河产业的办公楼会根据实际情况配备VRV（变制冷剂流量多联式空调系统）或独立空调。

再比如，如果一个产业研发类的大楼非要增加玻璃幕墙，这就不合适、不环保，还增加了企业的负担。

目前，星河会在新产品设计中加入智能化的解决方案。智能化的管理既方便了租户，又可以降低不必要的能耗。此外还要解决园区配套的问题，即解决园区内员工在吃住行、娱乐健康，甚至交友方面的需求。早期为了解决园区内企业员工的就餐问题，星河还自己投资做食堂。

陈忠表示，未来的星河产业会聚焦这五条产品线，进一步完善产品功能及其适用性，更好的适配一些特殊行业，同时做好成本控制。

三、重视资产持有，通过投资赋能

产业地产投资大、开发周期长，需要强大的资源整合与运营投入，利润与现金流也不如住宅开发来得高效。因此，业内一直有一种说法，"做住宅地产的是小学生，做商业地产的是大学生，做产业地产的则是研究生"。这虽然是一句玩笑，但也从侧面反映了地产行业从标准化转向差异化的发展势头，产业地产面临的投资压力、招商和运营难度，以及产业投资的竞争局面可见一斑。

星河产业重资产持有的投资理念、强大的招商服务能力，以及投资赋能，形成了一个很好的闭环。

1. 理念上：将产业地产视为投资，核心资产全部自持

对住宅开发来说，盖完房子后交付就算结束了。然而，对产业地产来说，盖完楼后项目才刚刚开始，运营是产业地产的重头戏。市场上大多数产业地产商的利润大部分来自园区物业的分割销售或股权打包出售，这实质上是在用住宅开发销售的思维做产业。

星河虽是住宅地产开发出身，但以商业板块为鉴，最终决定在产业板块坚持重资产持有运营。因为公司认为，持有与否对于产业园区的把控力度是完全不同的。相比之下，持有运营能够对入驻企业的类型和质量进行更好地把控，更重要的是可以在运营服务上大做文章，打造园区特色、增强客户黏性。

此外，产业与商业不同，虽然两者均可以进行轻资产输出，但没有做过重资产运营的产业地产商如果直接进行轻资产输出，那么市场可信度会很低。陈忠表示，做产业地产也是一种投资，有短期的租金收益，也有长期的资产增值，而星河产业秉持的是长线思维。深圳·星河 WORLD 如果做出售，那么收益相当可观，但对运营很不利。星河不但关注短期获益，而且更加关注长期的运营收入和资产增值。

2. 招商上：广泛链接各种资源，做优质企业的增量导入

拿地盖楼容易，产业资源落地与运营服务却很难。园区建起来只相当于一个壳，产业资源才是血肉。星河很早就意识到资源的重要性。储备产业资源大家都懂，但是实施起来，既要有实力，也要有情怀。多年来，星河产业不断在产业资源挖掘方面发力，持续完善招商团队的组织架构，从撬动资源、吸引资源、留住资源、集聚资源等方面满足各地方政府的不同需求。

首先，星河在集团层面设有产业招商中心，即行业内所说的"行

商",其主要功能是储备大客户,同时服务于各地项目,并为即将面世的项目——如深圳·星河WORLD双子塔总部基地,做好铺垫。

同时,产业招商中心又进一步细分为两支队伍:一支主攻国内高端客户,另一支则负责对接国际资源。考虑到一些国外企业在初次进驻中国时存在焦虑和适应障碍,星河产业努力与各国领事馆、国际商会进行对接,通过提供商务服务与外国企业建立初步联系。同时,星河产业也与国际知名机构广泛合作,共建共享产业资源平台,促进产业创新要素在全球范围内的多向流通。

例如,德国在中国有6 000多家企业,而德国企业到达中国时会先去德国商会报道,由商会给它们答疑解惑。所以,国际招商部就负责与此类外国商会接触,做好服务生的工作——帮助外国企业在国内落地,也帮助国内企业寻找海外合作伙伴,并在此过程中搜集和整理外企的需求,以此指导星河产业未来的项目。

其次,星河产业各地项目公司均设有招商管理部,即"坐商",主要负责资源的落地。

最后,星河产业联盟会从更广泛的行业领域进行资源的挖掘与沉淀,为各行各业的企业搭建一个集信息、人才、资金等要素为一体的交流互通平台。一方面增进企业之间的联系、促进知识溢出,另一方面为集团铸就资源池。

陈忠指出,星河之所以搭建多渠道招商路径,一是希望通过引入众多优质企业来提升星河产业的知名度,更好地提升集团收益,因为优质企业的租金承受力及抗风险能力相对较强;二是在增量上多做功课,避免陷入激烈的存量博弈之中,同时,以增量实现对城市的贡献,刺激并带动当地产业发展。

与此同时,星河不断聚焦产业资源。从最初来自各行各业的散户,到战略新兴、人工智能、航空航天、生命健康、文化创意等优势产业的聚焦,星河实现了从以解决温饱问题的基础招商向主题鲜明、资源优质的高级招商的转化。这其中既有市场筛选下的被动转变，也有遵循星河战略的主动选择，后者作用更大。

3. 运营上：构建全方位产业服务体系，通过投资赋能

客户在选择产业园区时，看重的不仅仅是物理载体，更是软性的运营服务能力。星河产业从发展的角度牢牢抓住了企业的四个关键需求：技术、人才、市场和资本。

（1）构建全方位产业服务体系

秉持"产·城·融·投"的发展理念、基于产业空间载体，星河产业提出"3+"特色商业模式——"房东+股东""园区+社区""基金+基地"，由此衍生出三大服务平台——智慧园区、"GALAXY+"商务服务体系以及产业联盟会。

陈忠告诉明源地产研究院，产业园区发展至今，原来单一生产功能的空间载体已被融入了生活、生态两大功能。星河的核心逻辑是城市运营商，因此其产业园区除了提高产业创新、产业成长、产业集聚等功能，还不断强化园区衣食住行、文教娱养、居住商业等方面的生活需求，以及优良的生态环境氛围。"园区+社区"对应的就是同时满足生产、生活、生态需求的核心服务能力。具体来说，是三个层面的服务。

第一层是面向园区大众的智慧园区。基于大数据、云计算、AI等技术，为园区企业、住户提供各种平台、产品或服务。

第二层是面向企业的"GALAXY+"商务服务平台。通过提供创新金融、产业政策、知识产业规划和培训教育等多元化的服务，协助园区企业高效运转，解决企业在资金、人才、政策等方面的需求。"GALAXY+"商务服务平台可以为入驻企业提供200余项政务服务以及企业咨询服务等。提供咨询的导师既有星河产业的投资团队，也

有外部投资机构的大佬。这些大佬在相关行业研究过上千家企业，哪种商业模式能成功，他们基本能判断个八九不离十。很多几千万估值的初创企业可能半年时间就倒下了，而接受过商业模式指导的企业的成功率明显更高。

第三层是面向企业核心管理层的产业联盟会。星河产业联盟会不仅是星河积累资源的路径，还是承载着人才、技术、信息交流互通的高级平台，而人才、信息、技术才是企业发展的核心要素。目前，产业联盟会已有超 3 000 家企业会员，通过举办高端活动来促进企业大咖之间的交流互动。

（2）直接投资入驻企业

打造一个产业园区必须要有强大的产业资源，这既需要实力，也需要情怀。产业地产的很大一部分收益来自租金，有人就认为租金应该越高越好。但在星河产业看来，租金是一个博弈的过程，完全利益的博弈并不是一个明智的做法。以投资的眼光看待租金，同时找寻一些巧妙地方式，既能给企业带来优惠，也利于集团自身发展。

深圳·星河 WORLD 项目投入运营之后，很多投资机构找上门来问有没有什么好项目，这给星河产业带来很大的启发：为什么我们不自己投？于是，"房东+股东"的特色商业模式（见图 13-6）应运而生，二者相辅相成——作为房东，星河对单个公司交房租、水、电等细节都了如指掌，这是天然的尽调；作为股东，星河有充分的动力去服务这些公司。

说到股权投资，就不得不提星河产业的特色产品——双创社区。2014 年，顺应国家"双创"政策，星河抓住三个利好机会：

- 毅然决然设立星河·领创天下孵化器，闯入政府视野。
- 打造新的产品形态、完善集团产品体系，为产业发展提供全生命周期的空间载体。
- 通过低成本空间载体实现股权置换，拓展战略合作伙伴。

将物理空间的集聚优势转变为强相关的股权性纽带，
开启"企业事业合伙人"新时代

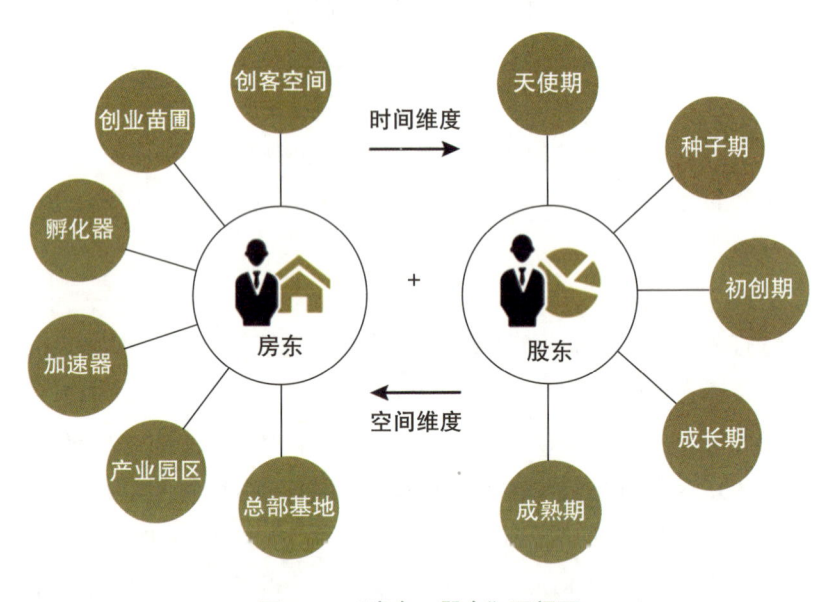

图 13-6 "房东 + 股东"双闭环

资料来源：星河产业。

星河·领创天下包括两部分：一是众创空间，二是早期基金。这两部分互相联系，而又独立运作。众创空间就像一个漏斗，可以为基金提供源源不断的优质项目，是星河产业的资源储备。借此，星河以投资合作、金融服务为重要抓手，通过租金换股权、服务换股权、产权换股权的方式深度参与企业全生命周期的发展，为中小企业在空间上提供多元化的载体平台，在时间上给予全方位的技术、人才、资本及市场支持与辅导，并在此过程中分享产业更新、产业增长的红利。

星河产业广泛链接全球资源，打造"小班制、精英化、重实践"的海归创业学院（深港），帮助创客团队实现从 0 到 1 的跨越式发展。除了对入驻孵化器的初创企业进行天使资金扶持，星河产业还通过规模超 200 亿元的产业基金，重点投资航空航天、人工智能、互联网+、生命健康等产业。

星河产业直接投资入驻企业，这与星河一贯以来的投资逻辑是相通的。其多年来不仅以 LP（有限合伙人）的身份在股权投资上投入了大量资金，入股了多家投资机构（比如深创投、东方富海），它还是前海母基金的 LP，合伙人包括马蔚华、沈南鹏、熊晓鸽。这些经历让星河在股权投资行业积累了丰富经验和资源。

截至目前，星河的股权投资业务已有 180 多个项目，超 30 个项目成功上市。获取经济收益的同时，星河产业也更加清楚各类企业的需求，可以为产品的改善以及运营和服务的升级提供指导。

四、通过资产证券化的方式退出，兑现价值并优化资产结构

一家企业要生存发展就必须赢利。星河产业有三大收入：空间开发的销售和租赁收入、产业运营的增值服务和资产增值收入、通过产业投资获得的收入。目前，在星河产业的盈利中，租金占 70%，资产运营占 10% 左右，投资收益折算下来也会占到 20% 左右，但有些项目星河还不着急退出，所以真正兑现的只有百分之十几，剩下的都是增值服务收入。

陈忠在和明源地产研究院交流时（见图 13-7）表示，虽然星河产业现阶段的收入大部分来自空间收益，但它已经开始在资产运营管理以及企业运营服务上做文章。未来，资产运营中的部分收入的比例

将会大幅增加。星河产业的目标是：未来，租金在总收入中的占比下降到50%左右，投资收益和产业运营收入占比上升到40%左右。

图13-7 陈忠（左）与明源地产研究院主编艾振强对话后合影

对于核心资产，星河产业目前都会自己持有。有效的招商和运营，可以使租赁收入稳定、持续的增长。不过，产业地产由于投入大、资金占用周期长，最终还是要依靠资本化运作。无论是政府要求还是星河自己选择，其持有的产业资产都需要一个合理的变现或融资形式兑现利润，创造公司发展的现金流。只有对产业资产市场有充分的认识，对持有量、资产类型、区域等方面有精准的市场判断，才能提出符合商业规律、政策层面也认同的变现方案。

2018年7月，以星河实业深圳有限公司作为原始权益人的"方正证券-深圳·星河WORLD项目一期租金资产支持专项计划"在深圳证券交易所成功发行，这是全国首批、深圳首单"工改工"类的园区CMBS产品。此次CMBS产品规模为8.4亿元，底层基础资产为深圳·星河 WORLD 项目一期，该产品获得 AA+ 评级。

对此，陈忠表示，产业地产涉及的东西太广，一些大型项目如果靠单个开发商运营，那么会很艰难。未来很可能是多方参与、利益共赢，可能涉及地方政府、国企等。

由于机制限制可能会对项目实施造成很多羁绊，因此星河也在积极探索基金操盘的模式。以股权投资、产业招商、产业运营能力为基础，结合星河在地产、商业、金融、物业等方面的综合能力，星河作为产业投资基金的管理人，协同各方参与管理。这样可以实现资本扩张、扩大品牌影响力、形成更多战略合作资源，真正成为投资+运营的行业领先者。而当中国的公募 REITs 发展起来的时候，产业地产行业会迎来更好的机遇。

小　结

以投资的眼光看待租金换股权、产权换股权，将投资合作、金融服务作为重要抓手，通过产业项目参与到国家新兴产业的发展中，分享产业更新、产业增长红利，以参与产业发展的思维进行产业地产开发运营。这些是星河产业发展的核心思维。

陈忠一再强调，做产业地产一定要具备长线思维，以终为始，做好资产规划，做强运营服务。因为我们不可能无限地盖厂房和写字楼，未来一定会进入存量运营时代，整个行业也会分化。好的更好，差的出局，谁的运营能力强、储备的资源多，谁就能胜出。

第十四章
旭辉瓴寓：长租公寓，未来大有可为

虽然只有短短几年时间，但是长租公寓却已经历了一轮大起大落（见图 14-1）。随着"坚持'房子是用来住的，不是用来炒的'定位"在 2016 年年底召开的中央经济工作会议上被明确提出，互联网试图改造一切传统行业的雄心壮志与租售并举的政策窗口期发生共振，长租公寓迅速走热。互联网企业、房地产开发商、中介机构、酒店等纷纷进入这一市场，跑马圈地，滚烫的资本迅速改变了行业生态。然而自 2018 年年底开始，"爆雷"现象便陆续出现；到了 2019、2020 年，更是雷声隆隆，市场和资本一度"谈租色变"。

长租公寓还有未来吗？这个问题就像是在问人们还需要房子吗？答案显而易见。在 2021 年的政府工作报告中，"解决好大城市住房突出问题"和"规范发展长租房市场"被重点强调，而后者是前者的重要解决方案之一。未来，国家会推动"降低租赁住房税费负担"。

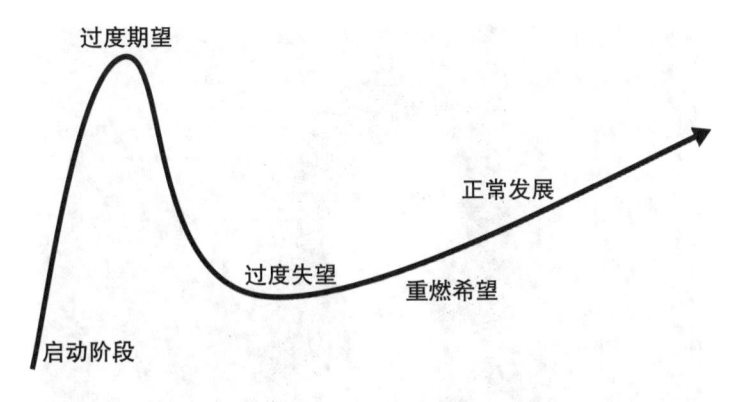

图 14-1　长租公寓行业发展趋势

资料来源：明源地产研究院。

我国的长租公寓行业还十分稚嫩，在配套政策、基础设施、外部环境、用户观念等方面都还远远不够专业和成熟。之前一些企业在资本的裹挟下跑偏了方向，爆雷、破产、并购重组是市场自我调节的手段，市场出清之后，行业发展会更健康，毕竟需求在那里。

事实上，即便在行业凄风苦雨的日子里，仍然有部分运营商在发展壮大，比如旭辉瓴寓。创立于2016年7月的旭辉瓴寓是长租公寓行业的后起之秀，其发展是跨越式的——经过4年多的发展，目前旭辉瓴寓已布局全国18个核心城市，共拓展房源70 440间，开业房源28 730间，稳居房企系TOP3。在上海和华东地区，无论是房源规模还是品牌影响力、赢利能力，其均位列第一。

在与明源地产研究院独家对话时，旭辉瓴寓CEO张爱华（见图14-2）表示，行业在发展初期出现一些问题很正常，这本来就是一个微利行业，非常需要耐心。大浪淘沙之后，行业会变得更加规范，发展更加健康。在人们对美好生活的向往中，"住得好"是其核心目标之一，因此旭辉瓴寓对长租行业充满信心。

图 14-2　旭辉瓴寓 CEO 张爱华

一、轻重并举，双轮驱动，全国布局，规模发展

理查德·鲁梅尔特在《好战略，坏战略》一书中指出，战略能影响一家企业的兴败，一个明晰正确的战略分析能让一个团队前进。旭辉瓴寓稳健发展，核心源于战略的成功。

1. 战略引领，轻重并举双轮驱动

不计成本拿房、快速做大规模、提升估值，然后融资再拿房，这是长租公寓行业在发展初期的典型打法。这种模式一度备受资本青睐，因为互联网公司就是这么玩的——作为一家创业公司，当它做的事情变成风口，公司就必须拼命高速发展，甚至短期内牺牲投资人的利益，亏钱也要追求发展速度。有些长租公寓运营商依靠这种模式，在短短四五年时间，其规模就增长了近 200 倍！为了获取更多资金、

扩大规模，租金贷一度被滥用，最终酿成灾难。

旭辉瓴寓在创立之初就将EQR（美国最大的上市公寓运营商）作为学习的标杆，希望能够做中国最大的REITs运营商，成为中国版的EQR。基于这一目标，其坚持的是轻重结合、规模化发展道路。

张爱华指出，对长租公寓运营商来说，品牌的真正价值在于通过运营产生增值。企业如果只做轻资产模式（二房东包租），那么根本无法分享资产增值收益，还要承担经营风险和违约风险。付出和回报不成正比，做得越大越有可能崩盘，所以必须要做重资产。可是要想做大规模，又不可能所有的资产都自持。所以，必须要轻重结合。

2019年年初，基于对自身优势和市场的判断，通过整合资源，旭辉瓴寓进一步升级了"轻重并举，双轮驱动"的发展战略。其中，"轻"是指输出服务和产品，由包租走向委托管理，通过与国企、开发商合作，提前介入到租赁用地的开发与运营中，这样既可以做大规模，又能打磨公司的运营能力；"重"是指资产管理平台，通过股权模式、资管双轮驱动有条不紊地进入市场，以重资产自持模式进行运营，打造资产管理平台。二者都能获取利润，又能互相支撑及协同。

2. 合作共赢，轻重模式成功落地

张爱华告诉明源地产研究院，好的合作伙伴能够产生1+1>2的综合效应，旭辉瓴寓一直在积极寻求合作。2019年，旭辉瓴寓转型成功的资管和大社区托管模式得到了合作伙伴们的肯定与支持，并结出累累硕果。

在"轻"方面，旭辉瓴寓携手张江集团，获取了其在上海的首个R4地块委托管理合作项目，即为高科技人员量身定制的智慧租赁社区——张江纳仕国际社区。作为上海首个R4地块，该项目总占地面积逾65 000平方米，有17栋住宅楼，共993套高品质房源，实现了旭辉瓴寓轻资产管理模式与政府合作的落地。

此外，旭辉瓴寓还与平湖经济技术区合作打造了平湖人才公寓；与南京高投集团旗下的毅达汇景达成战略合作，落地了南京天马路社区及南京北站地块项目。

在"重"方面，旭辉瓴寓与平安不动产合作建立 100 亿资金平台，落地了上海华侨城和北京通州台湖项目；与新加坡政府投资公司（GIC）合作建立 5.7 亿美金平台，落地了北京 26 街区和上海西区核心项目。这些成果为其 2020 年的进一步发展奠定了坚实基础。经历这次疫情，旭辉瓴寓更坚定了轻重并举、两端发力的发展战略（见图 14-3）。

3. 金融创新，形成资产管理闭环

得益于大股东旭辉集团的支持，旭辉瓴寓首期启动资金就达 30 亿~50 亿元。虽然背靠大树，但旭辉瓴寓自己也积极打通各种融资渠道。

首先是传统的银行融资。在轻资产模式下，对于正常的装修贷业务，建行的贷款期限一度可以做到 8 年，而且成本比较低，只是在基准利率的基础上上浮一点，这对旭辉瓴寓的发展提供了良好的支撑。在重资产模式下，租赁开发的贷款最高可以做到八成，比开发-销售模式要高；收并购的贷款比例略低一点，但也可以达到五六成。剩下的是自有资金，旭辉瓴寓还寻求与基金公司合作，共同做劣后投资人。张爱华表示，在没上市之前，需要将有限的自有资金用在刀刃上，以便快速做大规模。

其次是创新性融资。2017 年年底，旭辉瓴寓类 REITs 获上交所通过，规模为 30 亿元，这是我国首单民营房企长租公寓储架式（可一次核准、多次发行再融资）权益类 REITs，距离真正的公募 REITs 只有半步之遥！

图 14-3 旭辉瓴寓合作模式

资料来源：旭辉瓴寓。

第十四章 旭辉瓴寓：长租公寓，未来大有可为 / 289

2018年8月9日,旭辉瓴寓"高和晨曦-中信证券-领昱1号资产专项计划"的首期发行挂牌仪式在上海证券交易所隆重举行。此举使旭辉瓴寓成为租赁市场首家以双产品线作为底层资产而获得储架式权益类REITs发行的民企,这不仅丰富了旭辉瓴寓的金融结构,还形成了资产管理闭环,助力"投融管退"滚动起来。

这意味着旭辉瓴寓已经打通了"募、投、建、管、退",形成了资产管理闭环,在重资产模式方面已具备关键能力和成功经验。未来,轻资产运营业务的证券化尝试也会水到渠成。

如此,性价比高的时候买入、改造,或者介入租赁用地建设,出租达到预期之后,再通过REITs或基金模式退出。在运营能力的支撑下,一定会带来资产的溢价,从而带来利润的平衡,而不仅仅是赚租金差。轻资产打造规模、品牌,重资产则获取利润,从而形成良性循环(见图14-4)。

委托管理
输出成熟的管理经验与产品品牌体系,提供包括咨询策划、存量物业改造、运营管理等专业服务,获得品牌溢价

重资产收购
参与存量物业收购和租赁用地开发,以重资产自持模式进行长租公寓运营,获得租金溢价和资产增值

轻重结合,规模化发展

图14-4 旭辉瓴寓轻重结合的发展模式

资料来源:旭辉瓴寓。

区别于传统的运营商,像旭辉瓴寓这样的房企系长租公寓企业还拥有获房、产品、资金等核心优势。作为一家兼具地产背景及创业公

司特质的企业，旭辉瓴寓既拥有开发商的天然优势，也具备创业企业市场化的灵活机制，这对企业的快速发展起到了至关重要的作用。

二、四大核心能力，支撑战略发展

长租公寓是典型的投入规模大、投资回报周期长的行业。企业领先的战略布局固然重要，但要稳健发展并在品牌竞争中胜出，打造强大的运营增值能力、提升产品与服务质量更加重要。那些爆雷的长租公寓运营商就是过度迷信资本的力量，而没有将精力放在精细化运营和提升服务上面——其实，这才是其安身立命的根本。

发展至今，旭辉瓴寓形成了以用户思维为核心的"大投资""大产品""大运营""大数据"四大核心竞争力，支撑"轻重并举，双轮驱动"的规模化发展战略。

1. 多种模式、多个渠道的大投资能力

对于地产开发项目，有一个著名的"4321"原则——拿地研判占40%，设计规划占30%，销售企划占20%，市场机会占10%。也就是说，如果拿错地或者在错误的时间拿了地，就算设计、销售、企划推广做得再好，市场机会每次都能捕捉到，那么整个项目做完也只能勉强及格，赚钱是不用想了，能够不赔钱就算不错了；如果地拿对了，哪怕设计中规中矩，后期销售、企划推广也很普通，点又很背，出现各种小反弹且很多小阳春都没有捕捉到，那么这个项目还是可以拿到70多分，赚点钱没有问题。

在长租公寓领域，拿房就类似地产开发的拿地。如果公司的拿房成本过高，那么后续无论怎么努力都很难赚钱。之前爆仓的运营商们，有不少就失败在拿房上。

旭辉瓴寓的规模扩张速度也很快，但其尊重商业逻辑，绝不会为

了拿房而拿房，而是依据严格的财务指标进行考量。瓴寓在拿房时有两个重要的指标：一是 IRR 要达到 15% 以上；二是在签约年限的一半时间以内要回本。这是两本账，一个是现金流的账，另一个是利润账。

张爱华表示，在市场过热的情况下，如果有三家企业去争夺一个房源，旭辉瓴寓就会直接放弃。那么，旭辉瓴寓凭什么能够拿到价格合适的房源呢？

首先，旭辉瓴寓具备多模式、多渠道的获房能力。一方面，借助旭辉集团全国性的物业布局优势，快速、高质量地获取存量房源；另一方面，采用创新合作模式，介入早期土地阶段，在增量房源获取上优势明显。

其次，旭辉瓴寓投资决策的速度也很快。张爱华告诉明源地产研究院，从接触一个项目到出成果，业内一般需要半个月到二十天，而瓴寓的标准时间是一周到十天，最快三天。但这绝不是拍脑袋想出来的，旭辉瓴寓从项目禀赋、企业目标、客户机会、产品定位四个方面进行投资决策，形成了周密的"3个漏斗9道防火墙"筛选标准，确保每个投资项目都严格地走完所有流程（包括通过投委会）。因此，即便是在市场竞争最激烈的时候，旭辉瓴寓的发展也非常快。随着行业由狂热回归理性，虽然整个行业的效率都在提升，但旭辉瓴寓前瞻性的顶层设计能力依然保持领先。

2. 覆盖全生命周期的产品能力

国家推动租购并举，不仅是在推动"住有所居"，同时也是为了让人们住得更好。虽然很多长租公寓运营商打出了"美好生活"的旗号，但在现实中，能做好产品的运营商着实不多。

张爱华表示，在进入这个行业之前，她研究了 50 多个长租公寓项目，但没有一个能够让她满意——以房地产开发的视角来看（张爱华此前从事房地产开发），这些项目根本说不上什么品质，只比城中村的农民房、破旧的公房或者合租房好一点。这更加坚定了她进入长租公寓领域的信心——因为需求远未被满足。

此外，张爱华还发现，国家推动租购并举是想让买不起房的人通过租房解决居住问题。可事实上，买不起房的人同样租不起房。以上海为例，在相对中心的位置，一间白领公寓要四五千一个月，而月薪一万的白领根本负担不起。这些人群要么牺牲时间住远一点，要么牺牲品质跟别人合租。

针对这种情况，旭辉瓴寓提出了一个口号，或者说是一个奋斗目标——租得起，住得好！旭辉瓴寓秉承着"产品是企业的生命线"理念，在公司成立的第一天就设立了产品研发团队，并总结出独特的产品理念（见图14-5）。

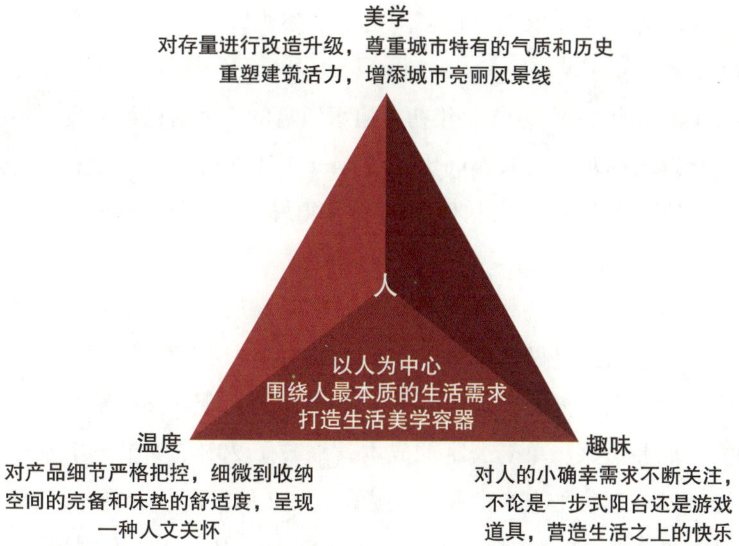

美学
对存量进行改造升级，尊重城市特有的气质和历史
重塑建筑活力，增添城市亮丽风景线

人
以人为中心
围绕人最本质的生活需求
打造生活美学容器

温度
对产品细节严格把控，细微到收纳
空间的完备和床垫的舒适度，呈现
一种人文关怀

趣味
对人的小确幸需求不断关注，
不论是一步式阳台还是游戏
道具，营造生活之上的快乐

图14-5 旭辉瓴寓产品理念

资料来源：旭辉瓴寓。

长租公寓在欧美发达国家已经十分成熟，在我国却还是比较新鲜的事物。要做出好的产品不容易，如何让一个很小的空间"麻雀虽小五脏俱全"，国内既没这方面的经验，也缺乏优秀的设计师。租得起，意味着价格不能太贵；住得好，意味着品质要优，那么价格不会便宜。这显然是一个矛盾体，怎么去解决？

在成立之初，旭辉瓴寓自身的客研力量还很薄弱，因此，它聘请了为世界500强企业做客研的专业机构，在上海和武汉（之所以选择这两个城市，是因为它们分别是一线和二线城市的典型代表）进行深度客研——召集当地长租公寓的租客，了解他们为什么会租这类产品，他们对生活场景的设想是什么。

旭辉瓴寓在产品1.0诞生之前，有很多尝试。其中0.0阶段由事业部帮忙代建，到0.1阶段才由旭辉瓴寓的团队正式操刀打磨——最终建立了柚米国际社区（九亭店），落地了旭辉瓴寓的设计理念、客户需求等，至今依然有很多同行前去参观，但旭辉对此产品并不满意。

2017年年底至2018年年初，旭辉瓴寓的产品就已经实现了标准化，其发明的步入式衣帽间（见图14-6）还获得了一项专利。但是张爱华依然觉得还未达到"租得起，住得好"的目标，只能称之为产品0.5。

2018年上半年，张爱华带队去日本考察后得到不少启发，之后开始结合客研结果做模型，最终于2018年5月找到了答案。旭辉瓴寓设计的产品只需要同行80%的面积，但能实现同样多甚至更多的功能。如此一来，单套公寓的成本就缩减了20%。如果成本不降的话，就相当于每平方米的投入是竞品的1.2倍，产品会更有品质感。而且在租金上，旭辉瓴寓可以是竞品（同等面积）的九折，坪效却依然高于对方。这样一来，旭辉瓴寓实现了高坪效、高品质和高溢价，租户的居住品质没有降低，负担却降低了，可谓是两全其美。

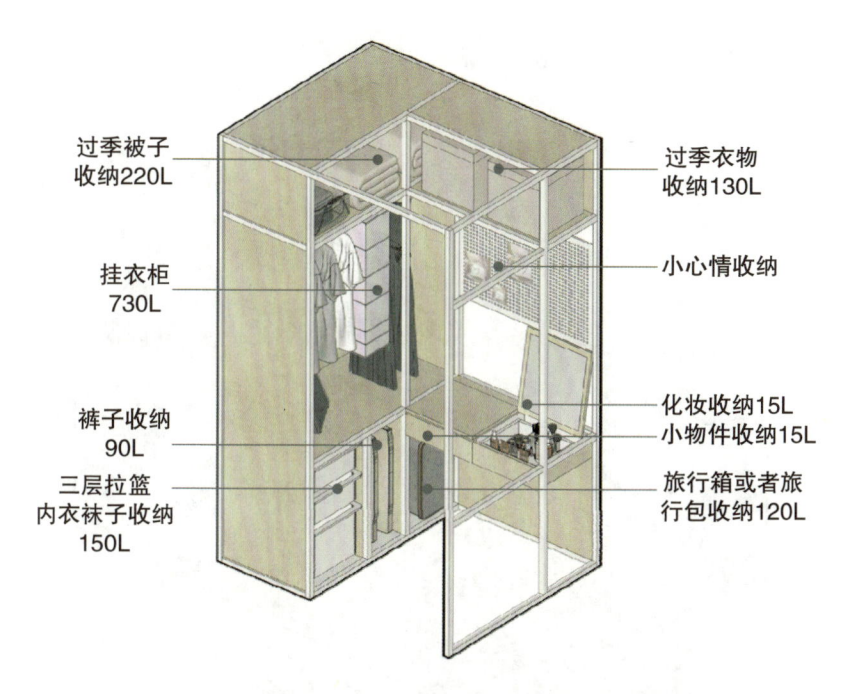

图 14-6　旭辉瓴寓专利产品——步入式衣帽间示意图

资料来源：旭辉瓴寓。

找到答案以后，旭辉瓴寓于 2018 年 6 月份启用了自身的产品研发基地——瓴寓实验室，专门打磨产品，同时制定了创新户型、科学收纳、安全环保的 1.0 产品标准，并于 2018 年 11 月上旬正式发布了 1.0 产品。这种较真的态度使其首个落地项目——柚米寓上海四川北路店获得市场的高度认可，摘得"2019 年·第 16 届精瑞人居科学技术奖长租公寓全装修优秀奖"。

柚米寓属于旭辉瓴寓的主力产品线，主打整租一室户，通过设计创新，让较小的户型拥有更高坪效、更优价格，为更多年轻人所接受。市场上的该类产品普遍在 20 平方米以上，而旭辉瓴寓的标准是控制在 20 平方米左右。其中极小户型只有 13 平方米，却可以容纳双人床，并且有步入式衣帽间（见图14-7）。

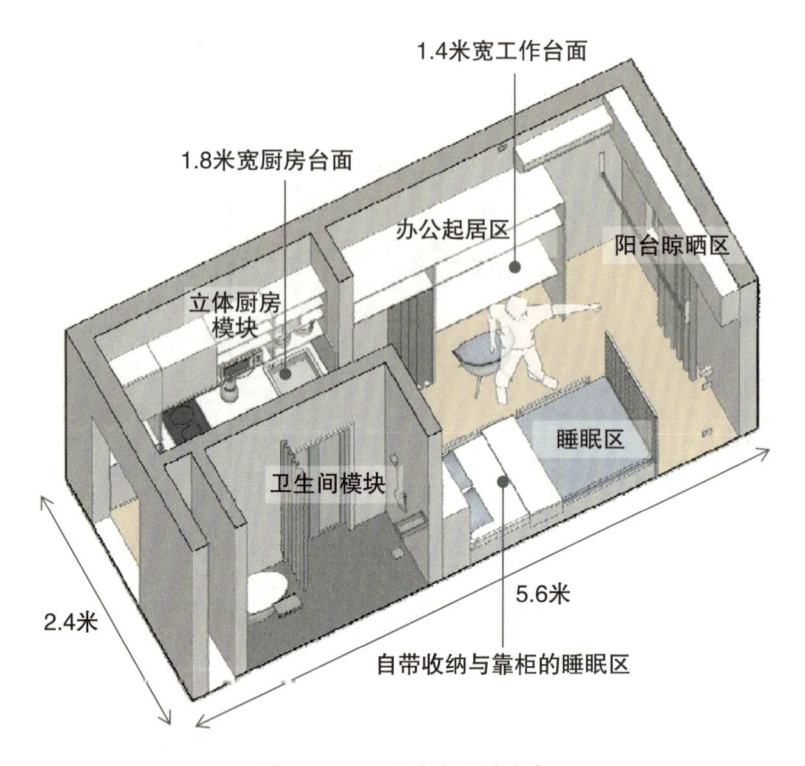

图14-7　13平方米的柚米寓

资料来源：旭辉瓴寓。

之后，基于客户的入住体验和反馈，旭辉瓴寓发现1.0产品在实际使用中出现了功能错配的现象，即部分功能被过度使用，另一部分功能则无人问津。对此，旭辉瓴寓及时做出调整和创新。2020年，旭辉瓴寓深耕客户的真实租住需求，升级推出了全新2.0产品，包括柚米寓2.0公区、房间以及租赁大社区家庭房产品。

更新后的柚米寓2.0产品继续根植于"整租"产品的迭代（旭辉瓴寓的主力产品线——柚米寓，自创立初期便主打整租一室户），旨在让城市生活更便捷、自由。后疫情时代下，随着直播等行业的兴起，很多人开辟了"副业"或转型为一名自由职业者。柚米寓 2.0 产品将居住和办公完美结合，从家具、软装到配色，均融入当下前沿的时尚元素。产品颜值更高、实用性更强，也能更好地触达自由职业群体（设计师、博主、网红、创业者等）的租赁痛点。

从满足 1 个人生活的"小柚"到满足 2 个人生活的"标柚"和"LOFT"，柚米寓 2.0 产品将职住一体的需求考虑在内：个性化的 2 米长桌既方便日常起居的使用，也能满足在家工作的需求。以"小柚"产品为例，产品团队通过家具的创新组合及墙体互借，使过道即使加了 2 米的长桌依然能保证自由通行（见图 14-8）。同时，干湿分离的独卫设计也充分贴合用户的心理；配色上以光亮、柔和营造轻松的氛围；空间上按功能划分出洗手区、收纳区、淋浴区和马桶区，互通有无；另有新加的增压式花洒，可以恒温设定、快速出水，将忙碌工作后的疲惫"一洒而光"。

图 14-8　柚米寓 2.0 产品

资料来源：旭辉瓴寓。

创新家具组合是本次柚米寓 2.0 升级产品的主要亮点之一，将桌、柜、床及沙发等组合起来，使睡眠、工作及移动空间都更加宽裕。卫生间的置物架、储物收纳设计让洗浴变得井井有条；浴室收纳、厨房收纳、侧拉式衣柜让储物不再捉襟见肘；1.8 米的大床及品质弹簧床垫让深度睡眠不再是一种奢望；而窗前的榻榻米则留给偶尔串门的朋友……有限空间亦能发挥互动可能性。

整个空间也突破传统设计屏障，大胆采用明快鲜亮的视觉色彩，辅以流畅的线条和前卫的造型，产品兼具美感与实用。模块化的家居可以轻松移动、堆叠，灵活多变，紧跟年轻用户的审美喜好。

目前，旭辉瓴寓拥有综合型租住社区柚米租赁社区、品质公寓品牌柚米寓及服务式酒店公寓品牌博乐诗 3 条产品线，覆盖用户全生命周期。

3. 以客户体验为核心的大运营能力

纵观整个 2.0 产品，不仅是居住环境的改变，更是围绕"以客户体验为核心"、立足居住本身的全面升级。事实上，以客户体验为核心是旭辉瓴寓始终恪守的运营管理准则。

旭辉瓴寓的运营团队不仅提供保洁、维修、快递收发等便捷式管家服务，以快速响应的机制让客户的生活无后顾之忧，还提供个性化的增值服务，以社区为中心连接周边三公里生活圈，提供衣食住行一站式服务。

旭辉瓴寓不仅为年轻人提供高品质的居住空间，也希望通过公区的有序规划及多元化社群的"设计"，为租客搭建情感桥梁，让社区更有温度。租客可以不再局限于房间内，而是自发地走出来拥抱真实的社交，和邻居做朋友。

因此，除了社区基础运营，旭辉瓴寓还以租房为切入点，建立人与人的联系，组织丰富的社区主题活动，引入新潮品牌，构建基于本地生活的服务平台。以数据为依托，基于智能化路径的热点分析，旭辉瓴寓围绕"吃好饭""跑好步""读好书"三大理念进行了公区2.0的升级优化。其功能涵盖柚米Bar（咖啡吧）、柚米Reading Corner（阅读角）、柚米Kitchen（共享厨房）、柚米Gym（健身房）以及柚米Bazaar（共享市集）几大功能模块，备受"租房新一代"的喜爱。针对年轻客群，柚米寓会在公区定期举办音乐会（见图14-9）、厨艺趴、健身局、读书会等系列社群活动，让拥有不同兴趣爱好的租户们找到各自的组织，增强彼此之间的互动，形成温暖的邻里文化。

图14-9　旭辉瓴寓社群活动

资料来源：旭辉瓴寓。

千禧一代逐渐成为租房主力军，他们对于品质生活的追求带动了租赁需求的升级。"以购换租、家庭租住"等新兴需求的出现，标志着租赁人群已变得更加多元化。目前，租赁市场主流的单栋公寓已经无法更好地匹配与满足多个年龄阶段的居住需求。

为了顺应环境，同时基于自身优势的考虑，旭辉瓴寓快速找准正循环轨道，发展综合型租赁社区业务，并力争成为租赁社区的领导者。随着R4（租赁地块）不断推向市场并作为租赁社区的支撑，旭辉瓴寓正在从打造一栋长租公寓楼向建设一座"城"的智慧租赁社区转变。旭辉瓴寓希望通过租赁社区，让租赁真正升级，以更低的使用成本、更多元的生活配套、更便捷的服务、更融洽的邻里关系构建有归属感的熟人社会。

2020年9月25日，在沪开业的上海浦江华侨城柚米社区（见图14-10）正是旭辉瓴寓转型后首个成功落地的综合型租赁社区。该项目总占地面积超过63 000平方米，共5栋自持公寓楼，总房源体量1 869套。开业两个月即达成92%的出租率，由此可见大众和市场对租赁社区的接受度，以及对旭辉瓴寓产品与运营的肯定。

图14-10　上海浦江华侨城柚米社区室内

资料来源：旭辉瓴寓。

从一栋楼到一座城，旭辉瓴寓坚信：聚焦一线和核心二线城市发展综合型租赁社区是适合自身的可持续发展之道，也是助力行业真正达成租赁升级的健康之道。

2021年3月1日,"旭辉领寓"正式更名为"旭辉瓴寓",开启了新的品牌旅程。"瓴"不仅匹配其核心业务形态,更有"全面把握事物,了解透彻"的喻义。

4. 支撑业务高效运转的大数据能力

目前,长租公寓行业最核心的利润来源还是租金差。想要盈利,那么出房的速度要足够快,出租率也要达到一定水平。一套成本为3 000元/月的房间,出租价可定为4 000元/月,这样可以赚得1 000元的价差,但如果有一套房子没租出去,就需要3套房子的价差来填补这个窟窿。

传统模式下的出房速度大概是2.5间/天,而旭辉瓴寓的出房速度则要高出一倍以上。通过运营与营建结合,可以做预租,当项目开业的时候,百分之三四十的房子就已经租出去了,从而使招租期大幅缩短。

旭辉瓴寓要求,营建端要确保按时交房。由于产品全部标准化了,即便图纸还没有出来,但标准化的东西可以先做,分阶段施工。而且,旭辉瓴寓的大部分项目都采用装配式干法施工(见图14-11)。过去,湿作业200间房需要4个月,还要办理手续。而干法施工至少可以缩短1/4的工期,同时还能最大限度地避免甲醛问题。

张爱华表示,装配式模块化装修有诸多优点(见图14-12),但很多同行望而却步,主要是因为成本过高。旭辉瓴寓通过长时间的研发和打磨,大幅消除了无效成本,使其与湿作业的成本相差无几。而略微多出来的成本也完全可以消化:一方面,一交房就能入住,虽然成本比别人高,但出租效率大幅提升;另一方面,品质提升可以带来溢价,而且未来15年的翻新、维修成本也将大幅降低。

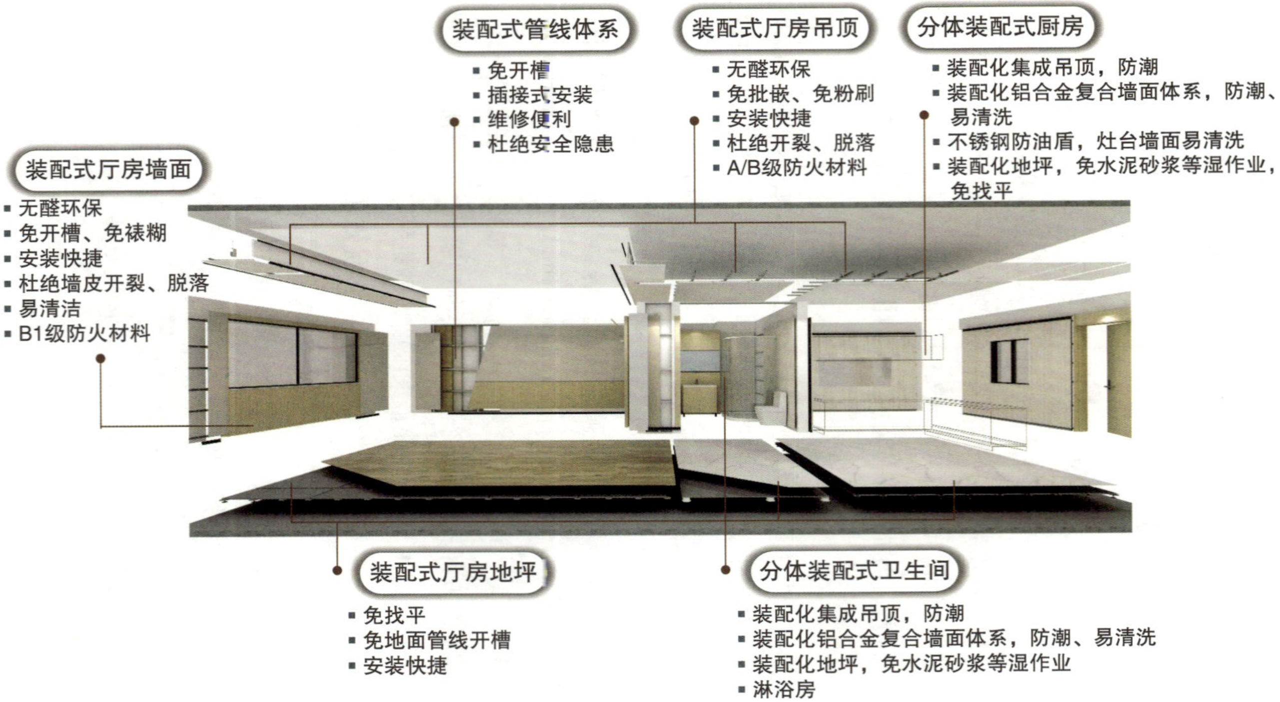

- 分体装配式厨房
  - 装配化集成吊顶，防潮、易清洗
  - 装配化铝合金复合墙面体系，防潮、易清洗
  - 不锈钢防油膏，灶台墙面易清洗
  - 装配化地坪，免水泥砂浆等湿作业
  - 免找平

- 装配式厅房吊顶
  - 无醛环保
  - 免批嵌、免粉刷
  - 安装快捷
  - 杜绝开裂、脱落
  - A/B级防火材料

- 分体装配式卫生间
  - 装配化集成吊顶，防潮
  - 装配化铝合金复合墙面体系，防潮、易清洗
  - 装配化地坪，免水泥砂浆等湿作业
  - 淋浴房

- 装配式管线体系
  - 免开槽
  - 插接式安装
  - 维修便利
  - 杜绝安全隐患

- 装配式厅房地坪
  - 免找平
  - 免地面管线开槽
  - 安装快捷

- 装配式厅房墙面
  - 无醛环保
  - 免开槽、免裱糊
  - 安装快捷
  - 杜绝墙皮开裂、脱落
  - 易清洁
  - B1级防火材料

图 14-11 旭辉筑高装配式干法施工示意图

302 / 大分衣

从传统湿作业到工业装配式

石膏板吊顶
乳胶漆墙面
湿贴地砖
传统施工体系

软膜天花吊顶
龙骨隔墙+竹木纤维板
架空龙骨+石塑地板
装配式施工体系

从材料选择到装配工艺，系统性减少污染源
（甲醛、TOVC、黏胶剂、防腐剂、苯、氡）

图14-12　与传统施工体系相比，装配式施工体系优势明显

在这个过程中，大数据分析能力是使全链条精准、高效运转的支撑之一。项目从开始营建到正式运营，都可以通过可视化数据的追踪，实时把握每一个动态节点，实现效率与效益的平衡。

旭辉领寓正在构建围绕定价、开源、节流三个维度的全方位数据体系，打造互联网大数据平台。信息化系统可以支撑趋势分析、投资决策、产品设计、工程管理、公寓运营和资产管理六大板块，对业务的覆盖率达100%。旭辉领寓还建立了一个流量中心，通过集中管控的模式链接各种线上资源，结合领寓自身的自媒体导客，为所有门店提供流量支持，实现了出房速度是别人2~3倍的目标。

三、人才基础雄厚，激励机制到位

最近两年，很多有房企背景的运营商进入长租公寓行业，可是像领寓这样发展迅速且稳健的企业却屈指可数。原因是领寓在顶层设计上要领先很多。

首先，大股东决心大。从旭辉的角度来说，其切入长租公寓的核心原因是：从增量转换到存量的过程中，企业想要做到3 000亿的规模，就必须有第二跑道来支撑。

其次，给予足够的激励。很多房企涉足长租公寓领域时，直接从地产开发项目中拉一帮人来做，这样往往容易失败。因为地产开发来钱多且快，而长租公寓是一个需要精细运营、长期投入才有回报的行业。相比而言，这是苦活累活，地产人普遍不愿意干的。对此，大股东旭辉想得很明白——做长租公寓需要一个独立的团队和平台，并且要给予足够的激励。因为这个行业需要足够的耐心才会有回报，一般的职业经理人很难坚持下来，必须是合伙人才行。张爱华表示，虽然不便透露管理团队占股的具体数据，但比例确实很高，因此创始团队才有足够的动力去做好这个平台。也正是得益于这一机制，瓴寓的创始团队是高配的，而很多公司都是从中层往上拨一拨，这其中的差别很大。

目前，瓴寓已经做到了二级合伙人，三级——也就是到门店，同样有类合伙人的机制。如果超额完成目标，那么门店团队可以分享超额收益的20%。张爱华告诉明源地产研究院，未来瓴寓希望做到真正的三级合伙机制。

最后，人才基础雄厚。找到对的人十分关键，张爱华坦言，瓴寓经理级别以上的员工，都是她亲自面试的。除了能力，面试的核心要看面试者的文化价值观是否与瓴寓匹配（这个是一票否决）。目前，瓴寓已经建立了简历筛选率、面试录用率等一整套评价机制。

瓴寓的薪酬在长租公寓行业里面处于中上游，但跟地产开发项目的薪酬没法比。那怎么留住人呢？答案是高成长、大平台。当一个校招生进入瓴寓，公司会为其制订三到五年的发展计划，并明确他的带教老师，因此每个员工的成长和晋升路线都很清晰。为了搭建人才供应链体系，瓴寓从一开始就成立了瓴寓学院，并将其学校化。去年开始，逐步建立了线上线下培训体系，到今年已经较为成熟，仅线上课程就已经有两百多门，这可以让新员工快速成长。每年，瓴寓都会对人才进行盘点，将 20% 的绩优员工找出来，给他制订更好的晋升计划，让他可以不断承担更多重任。

成立之初，旭辉瓴寓只有二三十人，现在已经增长到了 500 余人，而且还将快速增长。

小　结

在对话过程中，张爱华一直强调，产品和服务是重中之重，因为只有解决客户的痛点，企业才有存在的价值；客户愿意而且能够为此付费，是企业长期存在的基石。

回望过去二十多年，地产开发领域也曾出现大量问题，而如今大都已经不再是问题。在张爱华看来，刚刚起步的长租公寓还很粗放，需要走向精细，这里面蕴含着大量的机会。

旭辉瓴寓的目标是，构建百万级用户租房生活服务平台和千亿级资产管理平台——以线下长租公寓为入口，形成科教、文创、办公、社交、娱乐、社区市集在内的居住生态圈，链接多元化的生活场景，从项目顶层设计、产品打造、品牌树立、运营管理、系统支持、社区服务等方面入手，包含公寓、物业、商业等不同模块，用资产管理的思维和能力帮助业主实现资产价值最大化。

💡 **链接**
规模破 100 万间，实现长租全产品覆盖，自如到底凭什么

自如绝对是中国长租公寓界的异数！这表现在三个方面：

- 意识超前：市场认为 2017 年是我国长租公寓元年，而自如从 2011 年就开始做了。2011 年，一群地产大佬组团去日本考察长租公寓，回来之后，大家仍继续做住宅开发，只有自如真的开始着手做长租公寓。
- 规模惊人：当大部分长租公寓还在"试水"时，自如的规模已经名列前茅了。日本大东建托曾经是世界上规模最大的公寓管理公司，共管理房屋 97.8 万间。而自如在 2019 年 11 月管理的公寓就已经超过 100 万间，规模名列世界前茅。
- 模式突破常规：一般人觉得不该做的它都做了。很多人认为长租公寓应该集中做 1 房，做年轻白领的生意，可是自如却开发出了 2 房、3 房乃至"豪宅"产品；有人认为，做长租就不要做短租，自如却做了"自如驿"这样的短租产品；还有人认为，长租公寓分为"集中式"和"分散式"两种产品，应该专注做其中一种，然而这两种产品在自如都有，内部管理甚至不做区分，因为自如认为这两种产品没有区别。

自如为什么这么"异"？对此，明源地产研究院分了三个方面来进行讲述。

- 自如对长租公寓发展的总体判断：市场会从 2 万亿元扩大到 5 万

亿元。
- 长租公寓作为产品，需要解决什么问题：自如认为，所有长租公寓企业在发展道路上都要解决产品错配、品质错配、服务错配这三大问题。
- 自如如何解决三大错配问题：如何才能拿对房？怎么打造租赁产品？怎么做服务？

一、租赁市场会有 5 万亿元

一方面，随着房价上涨，大城市购房者的平均年龄开始上升，北京已经上升到 34 岁；另一方面，和世界上其他大城市相比，北京、上海、深圳等地的租住人口占比还比较低（见图 14-13）。所以，大城市的租房人口还会上升。

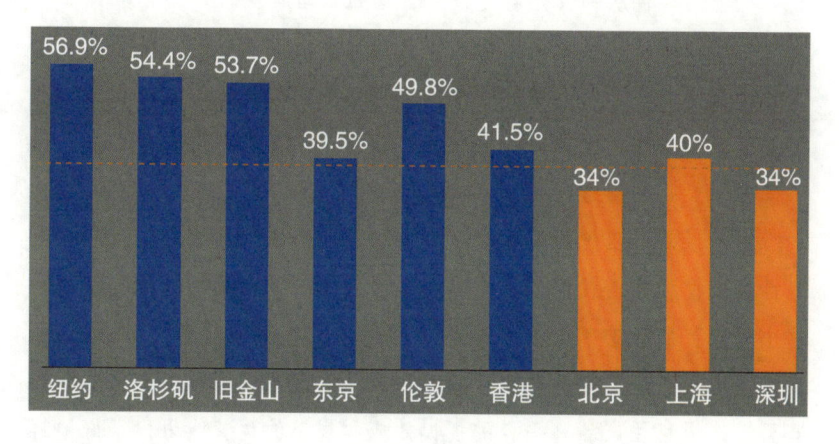

图 14-13 世界主要城市租住人口占比

纽约	56.9%
洛杉矶	54.4%
旧金山	53.7%
东京	39.5%
伦敦	49.8%
香港	41.5%
北京	34%
上海	40%
深圳	34%

租金上涨幅度与工资上涨速度有关，如果大家对自己未来几年的收入上涨幅度有预期，那么租金就有可能上涨。所以，租赁市场的规模还会扩大。

2018年，全国用于出租的房屋共7 500万套。如果平均每套房子的年租金为3万元，那么总市场规模大约在2.2万亿元。再加上10%的服务性消费，整个租赁市场在2019年达到了2.5万亿元。到2028年左右，可能会到5万亿元。

二、租房市场的三大错配：产品、品质、服务

自如认为，中国的租房市场存在产品、品质和服务三大错配问题。正是这些传统方式无法解决的问题，催生了快速发展的长租行业。换言之，谁能解决三大错配问题，谁就能赢得市场。

1. 产品错配

过去30年，中国的房地产开发商没有意识到：有一天，前十大的一、二线城市会有30%以上的人租房子住。所以也就没有像欧洲、日本、美国那样从一开始就建设大量的租赁型物业。

今天，城市租房市场的需求以合租为主，大部分初入社会的年轻人暂时只能租得起一个单独的房间。然而业主们更希望整体出租，因为管理多个房间的客户时，往往会在租约、收益等方面费神费力，得不偿失。

这种供需不匹配的情况在过去催生了二房东这种模式，但它在专业性、规模和靠谱程度上依然存在很多问题。平台机构的出现解决了这个痛点：将整套房屋从房东手中租过来，再将不同房间拆分出租。房东不用操心房屋空置与租客的问题，租客也可以依据个人需求和预算灵活选择租住产品。平台的规模效应和规范的运营能力，很好地解决了产品错配问题，这也是10年前自如开创分散式长租服务平台模式的出发点。

2. 品质错配

市场上能租到的房屋，在品质方面能满足当代年轻人对居住和家的期待吗？

今天年轻人面临的租房问题，更多是难以找到条件好、价格合理的房子。

随着90后成为租房主力，00后也步入社会，租客对住的需求不再是一个空间概念，而是年轻人生活方式的一部分。

然而以上海和北京为例，两大都市中二十年以上的老旧小区数量分别为14 000个、5 100个，占城市小区数量的61%、47%。城市居民购买新房后，这些老旧小区的大部分房屋进入出租市场，但业主往往不会为了出租而重新装修房屋。因此市场处于房屋破旧、装修过时、故障频发的低品质状态。

长租机构更大的价值是完成了对这些老旧房屋的升级改造，满足了年轻人对基本居住品质的需求，形成从合租单间、主卧带卫，到整租一居、两居的产品梯度，满足客户在不同阶段的租住需求。同时，房屋改造也帮助业主实现了资产的保值增值，顺应政府和社会对老旧小区改造的要求。

3. 服务错配

传统的租房模式能让租客和业主都省心吗？卖房服务在签订合同后就基本结束了，而租房服务在签订合约的那一刻才刚刚开始。之前，许多黑中介和二房东故意让客户在一年之内解约3~6次，因为每解约一次，中介就可以收取一次违约金；现在长租公寓企业的目标却是希望客户住的更长。想要实现这个目标，不能靠广告，只能靠口碑。而口碑就要靠服务。

年轻人对品质的追求越来越超出租房本身。如果十年前的租房市场可以保证真实房源、维修能找到人、能按时退押金，就已经是值得夸赞的租赁服务了。但这代年轻人对服务的期待远不止于此，住得干净整洁、家电设备故障时能及时维修、遇到难题有人千方百计帮忙解决，这样才能真正住得省心舒心。

《2020中国青年租住生活蓝皮书》中的数据显示，有超过半数的城市租客在租房时优先选择长租机构。首要原因是房源品类多、品质好，其次是因为成熟的租赁配套服务。

不仅对于租客，对于业主来说也是如此。按照传统的租房方式，业主不仅需要花费大量的时间和精力寻找合适租客、打理出租房屋（包括配齐必需的家具与日用品）、处理租赁期房屋问题（如漏水、供暖），还需要承担房屋空置期、房屋损坏等潜在损失。而将房屋交给机构后，每月可获得稳定的租金收益，也不需要过多操心租赁问题，非常省心。

除了三大错配，还有一个问题非常现实。尽管租客和房东都希望能够拥有一份稳定的租赁关系，但现实中总会出现一些因为客观原因而需要临时解除租赁关系的情况。

以上这些问题，说起来好像很容易解决，但是要落地很难。以产品错配、品质错配的问题来说，如何才能拿到合适的房子？如何才能改造出租户理想中的房子？

三、自如拿房的6条宝贵经验

自如虽然有链家的渠道，但是什么样的房该拿，什么样的房不该拿，到底怎么拿，却是要从头摸索的。下面是明源地产研究院了解到的自如拿房经验。

1. 最好在一、二线，不能去四、五线

自如认为，不能去四、五线市场做长租公寓的生意。原因很简单，家乡在四、五线的读者都知道，那里通常没有租房难的问题。既然供需不失衡，那么四、五线也就不是未来发展的重点。未来发展的重点一定是一、二线城市。

2. 市场供应还是以存量为主

前文说到，中国没有像欧洲、日本、美国那样从一开始就建设大量的租赁型物业。但是，未来中国租赁市场的供应还是以存量为主，

为什么呢？因为中国最好的地段、离地铁最近的地方，已经全部建上房子了。如果对存量房进行适当改造，提高运营效率，就能增加很多供应。在北京，一个房东出租房子平均需要35天，而自如平均出租周期为17、18天。

3. 分散和集中没有本质区别，但是要努力增加密度

自如认为，分散式产品和集中式产品没有本质区别。这个问题可以从两个角度来说。

（1）在客户看来，分散和整栋没有区别

客户并不在意公寓是整栋的还是分散的，他主要根据自己的功能需求来进行选择。同一个客户，今年可能在房源分散的小区里住，明年也有可能在整栋里住。他选择的是价格、交通，以及功能。

（2）从自如的管理和服务实践来看，整栋和分散可以共享

自如的产品，不管是整栋还是分散，其后台的维修、保洁服务、供应链、IT系统，全都是共享的。其实这个问题还可以这样思考：当一个小区里的分散式房源达到200套时，它不论本质还是外在，就是整栋。整栋拿房当然简单一点，但是大城市里面拿不到那么多的整栋，而且拿房成本相对会高一些。

为什么在2011—2016年，自如做了8个自如寓后停下来，转头做分散？

因为自如觉得过去几年，整个物业供应模式没有新的变化，而酒店、月子中心、联合办公都在抢整栋。因此物业费很贵，而且每栋楼的改造也非常艰巨，项目成本太高。

当然，每个区域内管理的房子越多越好，密度越大越好，这样可以降低运营成本。那么怎样才能越来越多？自如认为要靠服务和口碑。

4. 服务是拓展房源的最好手段

如果在一个小区内把服务做好了，那么已经签约的业主就会非常

愿意向别人推荐你，也就会有越来越多的人找你。自如的目标是在一个区域内，将市场份额做到30%。所以自如在进入一个市场之前，就要考虑密度的可能性。极端来说，如果竞争对手在当地已经拿走了70%的房子，那么自如就不太可能进入该市场了。

5. 数字只能看个大概，真想拿对房还是要实地考察人气

拿对房要考虑的核心因素有3个：交通方便，地段被年轻人喜欢，生活配套比较好。自如认为各种统计数字只能是一个参考，关键是要去现场看。如果那个小区人气好，它就肯定好租。

6. "增益租"模式，让业主和租客更放心

2021年，自如推出了多项自我革新战略。其中最重要的一个变化是，自如在业内率先推出业主资产委托新模式——"增益租"，主打"租金无差价、收益有保底、合约一年起"等创新机制。也就是说：

- 自如将与业主共同确定房屋出租价格，实现"收出无差价"。
- 即使市场下行、出租情况不理想，自如也会向业主支付占目标收益八成左右的保底收益。
- 对托管房屋进行装修升级。品质升级可以提升房屋出租价格和租出效率；装修费用可以选择用租金抵扣。
- 最低仅需签约一年，合作方式更灵活。

"增益租"新模式自推出以来，已有26%的业主选择一次性支付装修费用。在运营优势的助力下，新模式使房屋的出租价格和出租效率均得到了显著提升，自如的出租率高于行业平均水平。

四、自如如何提供全生命周期、全品类的租赁产品

自如的产品，目前包括分散式、集中式两种。

2020年年底，自如战略并购贝客青年精品公寓，这令自如在集中式公寓市场一举拥有了58个项目的运营规模。自如作为长租行业先行先试的探索者、领导者，现已形成了集分散式房源、集中式公寓、大型租住社区、高端长租住宅等业务于一体的全品类居住产品矩阵。

分散式产品包括友家（合租）、整租、心舍、豪宅曼舍等。集中式产品则包括自如寓（城市独栋高品质青年社区）、自如里（城市新居住社区）、自如驿（世界青年欢乐旅行驿栈）等。

自如认为，长租客户的需求是在不断变化和提高的。而企业要做的是，根据客户需求的变化，不断开发新产品，同时保证产品品质的稳定。

自如在北京推出的第一款产品，做到两个定位或卖点就可以畅销。

- 价格在2 000元以上，相对高档。
- 干净。当时市场上没有大的保洁公司，为了这个目标，自如自建了保洁团队。

半年以后，房子租不动了。熊林去一些空房进行现场查看，发现一个三居室空出来的那一间房屋的窗台上摆了十双鞋子。这种空房间被占用的情况很多，因此基础产品的品质出了问题。

今天，自如的产品已经很强大了，产品线几乎覆盖整个生命周期。

- 从客群来看：不管是刚毕业的大学生、蓝领工人，还是三口、四口之家，或者进入老年状态的租客，都能在自如找到对应的产品。
- 从面积来看：从按天出租的床位、8平方米的公寓，到几百平方米的豪宅，自如平台上都有。

那么，自如是如何把产品标准化的呢？我们先来看看自如现在的产品。

1. 完善旧产品，增加新品类，覆盖全生命周期

自如寓是自如最早的产品，经过不断完善，最新的自如寓已经变成了下面的样子（见图 14-14）。

图 14-14　某自如寓内部分区域

自如寓不仅有宽敞明亮的公区，还有专业的社区活动、管家服务、24 小时安保和快递收取服务，并定期组织节日主题活动。

北京将府自如寓是自如的第一栋自如寓，在 2018 年进行了全面升级，引入了"Z-Link 智能家居系统"（见图 14-15）"Z+ 生活圈"等创新设计，该项目已成为自如旗下的全智能自如寓。其中，Z-Link 智能家居系统是指通过各种智能设备实现全天候、多场景的"个人喜好自定义"。例如，能免钥匙、能联网的智能门锁，能语音、能串联家电的智能音箱等。而"Z+ 生活圈"则是通过引进餐饮、健身、休闲等专业品牌和机构，帮助租客打造多样的理想生活方式。

图 14-15　客户正在使用 Z-Link 智能家居系统

而"曼舍"在并入自如后，与自如旗下的豪宅业务战略合并。自如以曼舍作为高端品牌，发力高品质租赁住宅业务，在全国核心城市运营的高端长租住宅达到 2 000 余套（见图 14-16）。

图 14-16　曼舍高端长租住宅内部

曼舍创立于 2011 年，始终致力于打造艺术化的空间作品，以

"每一位世界公民在中国的居家首选"的发展理念与欧美设计师团队合作。通过专业的设计、服务、装修，为"高收入、高学历、高品位"的精英圈层打造高端的居住产品，并提供专业的定制化服务。

自如还有短租产品自如驿，主要针对旅行者。北京 CBD 自如驿的全年入住率超过 90%，NPS 值（净推荐值）达到 72 分，不次于任何精品酒店。为什么呢？可能因为价格便宜，也可能因为它充分考虑了旅行者的居住舒适性，采用星级酒店睡眠系统，配备智能卫浴、智能洗衣机、烘干机，还有咖啡吧、影音区、健身房、舞台乐队区等，满足了年轻人的多样需求。

自如做短租业务不是浅尝辄止，西安、深圳、南京、上海，乃至东京、波士顿，都已经或者即将会有自如驿。

2020 年，自如与广州开发区金控集团合作开发的品质租住社区——自如里·广州黄埔凯得家青年社区，正式上线。自如里·广州黄埔凯得家青年社区紧邻 6 号线萝岗站，靠近万达商圈，交通便利，生活配套齐全。社区总面积超过 63 000 平方米，共 20 多种户型，超过 1 500 间房源，覆盖开间到三居。每一个房间都拥有独立卫浴、定制家具和品质家电，为用户打造极具舒适感的小家。

自如里·广州黄埔凯得家青年社区满足了年轻租客通勤自由的需求，其地理位置靠近地铁，紧邻科学城周边的金融、汽车、软件、电商、通信等多个产业园。据了解，目前已入住租客的通勤时间大多在 30 分钟之内。

此外，半小时生活圈也是在宅文化熏陶下新一代租客的普遍诉求。在自如，租客能够实现两分钟生活圈：健身房（见图 14-17）、影音游戏区、自习室就在隔壁，社区里还有便利店、咖啡馆、轻食吧。

在社区建设上，自如里·广州黄埔凯得家青年社区为租客提供了共享办公空间、共享餐厨空间、社区影院等特色空间。同时，社区还将陆续引入知名休闲书屋、音乐清吧等，为社区赋予便利和活力。

图 14-17　自如里·广州黄埔凯得家青年社区健身房

在居住房间的设计上，自如里·广州黄埔凯得家青年社区细细打磨，将美学融入房间的同时，为来自天南海北、性格迥异的城市青年提供了五种主题房。

其中，"二次元少女"房配备了超美全身镜，以及适用于专业直播、视频的柔光镜。"Studio"则客卧分离，使休息娱乐互不打扰，内置超大办公桌，开启居家办公的舒适体验。后期还将增设"萌宠乐园"，内置可爱猫窝和猫爬架，萌宠主题的插画随处可见，再也不用羡慕宠物博主的房间。引外，还有乐高风、艺术风、轻奢风等特色小屋。

2021 年以来，自如先后在北京、上海、深圳再度推出了 4 个集中式项目。数据显示，自如旗下管理的集中式公寓已达 58 个，覆盖北京、上海、广州、深圳、南京、苏州、徐州、杭州等 8 个主要城市的黄金区位。

自如已经形成了覆盖全生命周期的产品线。别人做一条产品线已经不易，而自如做了这么多条，如何保证高品质呢？自如在发展过程中摸索出以下一些原则。

2. 打造产品的关键在于人性化和细节

（1）团队专业化

明源地产研究院在自如总部看到，每条产品线都有自己的专属团队。

（2）第一版标准要精益求精

每个产品都是新生事物，如何制定第一版产品标准呢？自如认为，虽然长租公寓看起来是新兴事物，但是企业可以参照相关行业，比如酒店行业、清洁行业、家具行业，等等。此外，自如会进行充分的市场调研，做大量的意向客户访谈，然后由专属团队进行头脑风暴。

自如特别强调，在线上平台越来越重要的今天，线上展示和服务也是产品标准的一部分。产品标准要做到什么程度呢？如果专属团队觉得"我实在不能做得更好"了，那么就可以将产品推出去检验。否则在此之前，应该花足够多的时间去打磨和思考产品标准。

（3）因地制宜，打造符合标准的本地产品

在北京建立的产品标准如何推广到别的城市，供应商跟不上怎么办？这些问题其实是关于成本和智慧的问题，比如南京要做一种家具，可是南京本地没有，那就先从合肥做，再在南京本地培养战略供应商。各地自然条件不一样，因此也需要因地制宜地进行产品改造，比如南方城市的空调可能需要抽湿功能，且制冷制热都要考虑到；而北方更多考虑制冷功能，因为冬天有暖气。

（4）根据客户反馈的数据，不断更新产品

客户的反馈意见、报修，最终都会变成自如改进和更新产品的动力。

比如自如在维修系统里面接到很多客户反馈，说某个产品的床角太硬了，会磕到脚，那么它之后就会尽量更改那个地方的设计。

下面这些细节，是自如在迭代之后的一些产品标准，大家可以看一下其细致程度：

乳胶漆涂刷严格按照一底两面的工艺标准执行，墙面泥子用砂纸打磨后涂刷一遍底漆以封闭基层，底漆干燥后再涂刷两遍面漆，第二遍面漆在第一遍面漆干燥后涂刷。

铺贴前，瓷砖必须用水浸泡，浸泡时长为30分钟，直到瓷砖不冒气泡为止。墙面砖表面应平整、接缝应平直、缝宽均匀一致；阴角砖压向正确，阳角线宜做成45°角对接。

墙地贴砖，砖缝必须使用十字卡进行留缝处理，为避免出现错缝、砖缝宽窄不一现象，间隔24小时后，可进行嵌缝施工。

......

（5）关注客群的变化，不断丰富产品线以引领客户需求

有些产品一开始是没有的，需要通过观察客群变化，开发新产品，引领客户需求。比如，因为观察到客户年龄的变化、婚姻状态的变化，自如推出了整租1居、整租2居。

几年来，自如观察到租赁客户的核心变化有以下几个：

- 对品质的要求越来越高。要求装修风格上档次，材料环保等。
- 对服务的需求越来越多，要求也越来越高。
- 租房人群的结构越来越丰富，他们心目中的理想产品完全不同。

（6）处理好标准化与个性化的关系

产品个性化还是标准化的问题，在任何行业都是难题。自如认为，首先要从产品本身的需求强度、个性化需求强度两个角度去考虑，比如，垃圾桶、晾衣架的本身需求强度、个性化需求强度都很高，用户可以自己购买；而地板、WIFI、水、电、墙面的本身需求强度高、个性化需求强度不高，那么自如就统一做。

  总的来说，越高端越要个性化。而由自如统一做的事情，最终会落实到几百项验收标准上。

  硬件只是产品的一部分，产品的另一部分是服务。如图 14-18 所示，"配置专员"只是自如 6 种工作人员中的一种。

图 14-18 自如内部的 6 种工作人员

五、3 万人的服务团队，细得吓人的服务标准

  自如的 NPS 值要比同行业高 30% 以上，超过 95% 的用户表示还会选择自如。这几个惊人的数字背后，服务的功劳不小。自如的服务业务开始于自己的租户，但是不知不觉间，已经发展成了专业保洁、搬家公司。

  2020 年 12 月 2 日，自如召开"下一步，美好"2021 新产品发布会。自如在会上宣布，将把保洁、搬家、维修三大服务产品线整合为全新居住品牌——"自如家服",并向全体城市居民开放。自如提出,"我们将整合自如的维修、搬家、保洁等服务品类,聚焦为中国一线城市家庭提供专业的家庭生活服务"。

此外,自如还推出了主打精致体验、精细工序的"姐姐搬家",以对标近年火热的"日式搬家"。

目前,自如一年的保洁订单达到 800 万单;搬家月订单数量达到数万单;月装修量最多达到 2 万套房。就自如的数据来看,九年间,专业化的搬家、保洁、维修累积交付服务 3 500 万次,总覆盖人口约 8 000 万。

自如的服务业务,有以下一些心得。

1. 建立强大的线上平台

在今天的长租行业中,自如是唯一一家将自有流量做到 90% 以上的企业。而自建流量的过程非常艰难,自如通过不断策划各类活动,最终培养起用户使用 App 的习惯。在国内长租市场,自如率先实现了找房、签约、支付、租期服务、退租等业务的全流程互联网化。

自如认为,10 万间是运营的一个门槛,因为 10 万间已经超越了用传统的手工管理方式解决问题的极限,如果处理不好这个门槛,那么将导致效率降低、对市场变化反馈的滞后。

自如认为,强大的线上系统在帮助自己跨越规模关的时候,发挥了重大作用。现在,自如已实现手机在线看房,也与公安系统和信用机构实现了线上对接,建立起中国第一个租客信用体系——自如分。分值的高低决定了用户可享受租房押金的减免程度。租客的签约、支付、租期内缴费等事项都可以在手机上操作,且线上签约全部使用人脸识别认证,具备足够的安全保障。自如还搭建了第一个智能家居平台,提出"将自如公寓内的烘干机、冰箱、健身器械等全都实现物联网"。从此以后,自如的每个冰箱修了几次,只需扫码一查就知道。

2. 难度大的服务，要舍得投入

在所有服务中，难度最大的应该是"家修"服务。房屋是一个集成产品，集成了从开发商到供应商的几十、上百家产品，但是不管哪里出了问题，租客都会找自如的家修。这就需要木工、电工、水管工等各种专业人才。

可中国维修行业的现状不容乐观，服务供应商的数量、劳动者的专业素质都有限。自如解决这个问题的办法就是"加大投入"，缺工人就加大工人的招聘，缺专业素养就给他们做更多的培训。

3. 让租客参与管理运营

运营需要智慧。在推出线上交租这一功能时，刚开始交租率不高，自如就策划了各种活动。比如，如果同一套房里的租客按时交租一段时间，就给该套房添置一个微波炉，结果有很多租客主动牵头催收合租伙伴，交租率很快就提高了。

自如还有很多让租客参与管理运营的办法，比如选"室长"、让租客管理公共区域等。

自如认为，运营能力是逐渐形成的，不可能通过挖人和抄袭别人的制度获得。要想降低运营成本，可以从以下四个方面着手：

- 提高人员的专业水平。
- 提高系统的可用性和自动化程度。
- 加大管理力度。
- 提高供应链的协作效率。

自如曾经推出了"三天不满意0违约金换租"、维修"两小时五环以内要上门"和"7×9小时服务"等口号。但自如认为，持续的信任并不能通过响亮的口号和承诺或是几件大事来建立，它来自日常的点点滴滴。

在疫情期间，自如投入到社区工作中，帮助社区做进出人员的登记；在用户进出不方便时，员工承担送水、送外卖、买东西的职责；同时，自如针对用户做了一些租金减免政策，在可承受范围内付出了相当多的成本。

自如未来能否实现百年老店的目标？大家可以持续关注。

第七篇

专业服务商

2021年3月22日晚间,碧桂园服务发布2020年业绩公告,业绩结果要好于预期。次日,碧桂园服务的股价上涨4.62%,市值达2 137亿港元,超越碧桂园市值2 096亿港元。虽然此前彩生活和绿城服务的市值也曾超过其母公司花样年和绿城中国,但是远没有碧桂园服务的市值超越宇宙第一大房企碧桂园来得震撼。

截至2020年年末,上市的38家物业服务企业的市盈率平均值为38倍,高于科技公司35倍的平均估值。而同期,恒生指数市盈率平均值更是仅为10.8倍,这反映出市场对于物业服务企业的良好预期。

物业服务企业何以从配角成为主角?时也、势也!

地产行业已从增量时代全面进入存量时代。存量一方面是指各种存量房、存量建筑,另一方面则是指大量的存量客户。管理存量房的是物业服务企业,和存量客户有密切接触的也是物业服务企业。

传统的地产开发企业,只能在房屋销售时赚一次钱。而物业服务企业却可以通过持续服务,管理存量空间、链接存量客户,"赚70年的钱"。

过去几年,一方面,物业服务企业都在大举收并购,加宽规模护城河;另一方面,它们也在拓展增值服务的边界,比如租售、装修、城市服务等。

在2020年业绩发布会上，世茂集团董事局副主席、世茂服务董事局主席许世坛表示，过去三年（2018—2020年），世茂服务实现了收入和规模的5倍增长，未来三年（2021—2023年）将力争再实现5倍增长。碧桂园集团创始人杨国强也曾表示："物业服务是碧桂园的明天。"

相比欧美国家，我国的物业管理等服务在GDP中的占比非常低，未来可能有3倍以上的增长空间。因此，碧桂园服务、世茂服务的梦想并不遥远。

第十五章
碧桂园服务：如何做到管理物业超 8 亿平方米

地产下半场，企业将分化为专业投资商、专业开发商、专业运营商、专业服务商四类企业，每一类企业中都会有巨头。称碧桂园服务是专业服务商中的超级巨头，应该没有人会反对。

- 论规模：截至 2020 年年底，碧桂园服务的合约管理面积已经超过 8 亿平方米（不含城市服务），已经向约 424 万户业主及商户提供物业管理服务。
- 论收入：2020 年碧桂园服务的收入达到 156 亿元，同比增长 61.7%，净利润同比增长 85%。其中，社区增值业务收入达到 17.31 亿元，同比增长 100%，毛利达到 11.28 亿元，成为公司第二大核心利润来源。
- 论市值：碧桂园服务的市值长期处于中国上市物业企业第一的位置。
- 论服务质量：碧桂园服务的客户满意度达到 95.83%，管家满意度更是达到 97.88%。

碧桂园服务靠什么做到这一切？明源地产研究院对话了碧桂园服务控股有限公司执行董事、总裁李长江（见图15-1），他将碧桂园服务的成功秘诀娓娓道来。

图 15-1　碧桂园服务控股有限公司执行董事、总裁李长江

一、把服务做到极致是规模扩张的基础

一家企业所能服务的面积是否有极限呢？碧桂园服务的答案是"服务的规模没有顶"。在碧桂园服务看来，规模扩张的基础是把服务做到极致。而把服务做到极致的基础，除建立制度之外，还需打造素质高、心态好的团队。在把服务做到极致之后，再通过标准化、信息化的方式进行复制、控制风险，使"1万个项目，看起来就是1个项目"。

1. 把服务做到极致，要打造素质高、心态好的服务团队

打造服务团队，首先要搞清楚下面几个问题。

（1）什么样的人适合做服务

这个问题在招人、面试之前必须搞清楚。适合做服务的人，至少有三个特点。

首先，有良好的形象气质。这并不是指有多高的颜值，而是指有亲和力，容易被客户、团队接受。

其次，有良好的沟通能力、表达能力。从现实操作来看，即使解决了问题，但沟通效果很差，在很多时候还是会引起客户的投诉。而因为种种因素没有立刻解决问题，但沟通效果很好，客户有时候还会点赞服务。

最后，心态上认同服务，能从服务中找到成就感。有一些比较陈旧的观念认为，服务人就是伺候人，服务是低端工作。如果服务人员抱着这样的认知，哪怕短期做好了服务工作，从长期看也是会出问题的。事实上，社会在发展中已经逐渐变成了一个服务型社会，大家相互服务。职业没有高低，无非各司其职而已。

怎样判断员工在心态上是否认同服务？核心是看其成就感的来源。如果员工能够从帮客户达成一些小事上、从客户的认可中获得成就感，觉得自己所做的事有意义，那么他就是认同服务的。在这个基础上，他也就可以将每一件事都做好、做到极致。

（2）做服务、做物业，需不需要高学历

很多人对服务，特别是物业服务有错误理解，总是认为这个事情很简单，不需要高学历。碧桂园服务则认为，物业服务也需要高学历。碧桂园服务很早就开始招本科生、硕士生员工。从2017年开始，碧桂园服务给校招硕士以上的员工起了个名字——火箭军。火箭军的

表现证明了高学历人才在一些小事上也大有可为。

之前有项目团队反映，当地 5 点天就亮了，可是根据规定，6：05 才能熄灭小区路灯，这就浪费了电。这件事情如果简单处理，那么只用改变这个小区的规定。可火箭军认为，如果全国几千个碧桂园服务小区都浪费一个小时的电，那损耗的能源将不计其数，所以他们对此进行了专题研究。经过 7 天的全国性实地勘查和线上检验，火箭军给出了一份详尽的、可操作的报告，可以指导全国碧桂园服务小区的执行和检查。目前，碧桂园服务的所有小区已基本消灭了这种现象。

（3）除了制度和标准，还需要什么

保证服务质量，首先是要制定各种制度和标准。但是，仅硬性的制度和标准就够了吗？

很多时候，服务似乎没有标准，更多是一种感觉。你为什么觉得海底捞好？是因为它的服务人员能给你带来好的感觉。而这种感觉，有时候又来自服务人员的主观能动性。要提高服务人员的主观能动性，企业从招聘开始，就要找到合适的、心态好的员工。在其入职之后，还要通过企业文化去影响他。碧桂园服务会在内部通过各种渠道宣传自己的服务观（见图 15-2）。

图 15-2　碧桂园服务的服务观

碧桂园服务–服务观

一个中心：一切以让客户高兴为中心

两种感觉：视业主为亲人、视业主为朋友

三个服务：跑步服务、微笑服务、专业服务

2. 服务标准化的核心是聚焦客户需求，并持续创新

（1）分类管理，从客户需求场景出发，把服务标准化

碧桂园服务制定的内部服务标准有一个关键词"触点"。所谓触点，就是场景化的客户需求。举例来说，某业主早上 7：30 出门上班，这时候他更关注电梯轿厢是否干净、大堂是否干净、地下车库是否干净。如果按照传统从上到下的方式做清洁，清洁到这些地方的时候就已经早上 9 点或 10 点了，那么该业主在出门上班时的感受是不好的。而按照触点管理，打扫卫生的时间可以做出调整，先把楼层、电梯、大堂、地下车库、道路这一条动线上的卫生做好，让业主在离开家门的时候感觉到处都是干净的。

触点管理，就是把业主最常接触的场景管理好。碧桂园服务统计了业主的各种意见，然后将这些意见分类，最终总结出各种触点。碧桂园服务对触点实行分类、分级管理，其中一级触点有 30 个（见图 15-3）。

场景触点	事件触点	管家触点
■ 按业主动线梳理 ■ 共11个一级触点	■ 按触发主体梳理 ■ 共14个一级触点	■ 按公司特色梳理 ■ 共5个一级触点

场景触点 —立体服务→ 事件触点 —需求满足→ 管家触点
场景触点 ←网格管理— 事件触点 ←资源配置— 管家触点

图 15-3 碧桂园服务按 3 种思路梳理出来的 30 个一级触点

（2）分级管理，满足各级城市、各类小区、多元客户的需求

碧桂园服务的客户，从一、二线城市到五、六线城市、从普通大众到高端用户都有。因此，碧桂园服务结合小区和小区业主群体的

实际情况，以"分级服务、质价相符"为原则，确定了自己的服务菜单。具体来说，就是在一个基础服务菜单的基础上，根据不同项目的实际情况调整服务内容，进行定价。这样碧桂园服务提供的服务就相当于做到了"定制化"。

（3）与时俱进，主动出击，不断迭代标准

制定标准、提升服务的最终目的是提升客户满意度。碧桂园服务打造了一个"天天满意度评价体系"，每天都对部分业主进行抽查，将客户提出的问题记录在册，并在将业主的各种意见分类统计之后，及时更新服务标准。这和很多物业企业每年做一次调查测评来改善服务的做法有本质区别。

当然，促进服务标准进步的，不只是业主的需求，还有科技的进步。以小区停车场为例，以前出入都是刷卡，现在实行的是车牌识别。但此举方便的同时也产生了新问题：非业主车辆怎么进入？因此更新后的标准是：业主在线上平台输入访客的车牌号码，再给访客一个二维码授权，这样访客的进出就很方便了。

还有一些服务标准不是客户或者科技推动的，而是碧桂园服务主动创新推出的，比如碧桂园服务正在推广的"景观共治"计划：业主带上自己的小孩，与物业一起设计和装扮园区绿化环境。这既达成了与业主互动的目标，也无须花费高额成本，还提升了园区环境，一箭三雕。目前，这项活动的业主参与度很高。

3. 信息化、智能化是全国标准化、控风险的前提

按照以前的管理逻辑，项目少的时候，项目可以由总部直管，两级管控；项目变多以后，企业可以用一些能力很强的人管理区域，采用总部、区域、项目三级管控。

但是，如果项目规模呈几何倍数增长，管理团队中的"牛人"数

量又无法高速增长的时候该怎么办？碧桂园服务认为，在信息化做到一定程度之后，不管规模多大，相对的扁平化管理都是可以实现的。

现在，在碧桂园服务总部，只要按一下键就可以看到全国社区的管理情况，总部可以将疑似异常的情况发送给管理者，起到动态管控的作用。科技手段的应用，为物业企业的规模扩张铺平了道路。

二、碧桂园服务规模进击的五条途径

规模之于服务行业，重要性不言而喻。首先，规模够大，才能打响市场知名度。其次，基础物业管理收入的增长、成本的降低，需要通过管理面积的增长来支撑。最后，各种增值服务要赢利，就需要足够大的客户基数来扩大入口、提升流量。

碧桂园服务的规模增长速度相当惊人（见图15-4），其规模扩张的途径主要有五条。

- 合约面积规模达到8.21亿平方米（不含城市服务，另有三供一业物管8 517万平方米、供热4 234万平方米）
- 储备面积是在管面积的1.17倍

面积（亿平方米）

年份	在管面积	储备面积	合约面积
2015年	0.70	0.92	1.62
2016年	0.91	1.16	2.07
2017年	1.23	2.07	3.30
2018年	1.82	3.23	5.05
2019年	2.76	4.09	6.85
2020年	3.77	4.44	8.21

图15-4 碧桂园2015—2020年规模增长统计图

1. 接手碧桂园集团开发的项目，与开发业务形成互动

碧桂园服务的先发优势不言而喻。不过，随着碧桂园服务的发展，其与碧桂园集团开发业务的关系也逐渐从"接手"到"互动"，乃至"赋能"。这种变化是和整个物业行业的变化一起发生的。

2. 凭借服务经验、品质、品牌，接手其他开发商的项目

碧桂园服务一直在加速拓展，不断接手其他开发商的项目。

2020年，碧桂园服务通过自身品牌新增的合约面积超过了来自关联开发商的面积，占总新增合约面积的53%。截至2020年年底，碧桂园服务的合约管理面积中，独立第三方开发的面积达到2.5亿平方米，占总合约面积的30.4%，占比逐年提升。

在物业类型上，碧桂园服务的管理对象也延伸至商业物业、工业物业、城市服务、产业园、科技园、教育机构、政府公共设施等很多种类，政府办公楼、大学、机场等都是碧桂园服务的服务对象。

接手其他开发商的项目，碧桂园服务最大的优势有三个。

- **全覆盖**。除了台湾、澳门，碧桂园服务在全国所有省份都有项目，所以不存在不懂地方特点，或者要从零开始建立区域团队的问题。
- **最懂三、四、五线**。碧桂园服务广泛布局三、四、五线，也最懂三、四、五线的客户，知道他们需要什么样的服务。
- **最懂成本管控，能够提供高性价比的服务**。碧桂园服务的平均管理单价在2元左右，而很多同行的价格是4元。因为有了之前提到的菜单式服务，所以碧桂园服务能提供贵的服务，也能提供实惠的服务，可以接手处于不同水平的物业管理费的项目。而很多服务单价高的物业公司，其内部体系、供应商体系、管理制度等都不支持它们接手单价2元的项目。

3. 收并购其他物业管理公司

收并购也是碧桂园服务扩张的途径之一。自上市以来，碧桂园服务一直在密切关注市场上高质量、符合自身发展模式的收并购机会。

碧桂园服务先后并购北京盛世、成都佳祥、成都清华逸家、南昌洁佳、上海睿靖实业5家物业管理公司100%的股权，斥资7.73亿元。2019年7月，碧桂园服务以5.65亿元拿下服务巨头港联不动产，以及恒大旗下嘉凯城物业的全部股权。

4. 凭借自身优势，进入"三供一业"新蓝海

2016年，国企职工家属区的"三供一业"（供水、供电、供热和物业管理）业务开始寻求专业的市场化管理，这成为碧桂园服务规模扩张的新蓝海。

"2018年6月，我们开始和一家大型央企合作，其规模很大，管理面积过亿、超过1 000个小区，这需要成熟的服务经验加持。"李长江这样告诉明源地产研究院。

碧桂园服务花了十几年的时间，其管理面积才在2017年过亿，而当时一下子就接手8 500多万亿平方米的面积，有没有难度呢？

李长江说："其实没有那么难。首先，这家央企有自己的团队，且管理的品质并不差。再加上碧桂园服务大规模管理、标准化的经验，其实该项目并不难。"

年报显示，碧桂园服务目前在"三供一业"领域的物业管理面积达到8 517万平方米，供热4 234万平方米。在接手一些国企的"三供一业"项目之后，碧桂园服务还给这些地方提供油气生产的辅助服务、社区的增值服务、人力资源的外包服务、汽车及驾驶员的劳务服务、后勤服务和设施管理服务等，合作不断深化。

5. 前途无量的"城市共生计划"

在碧桂园服务的甲方清单中，不仅有国企，还有政府。十九大以来，政府"放管服"改革加速推进。各地政府向社会购买的服务，就包括了物业服务、道路清洁、绿化养护、设施设备管理等，而这些正是物业服务公司的强项。

这些基础服务以前都是由不同的政府部门负责的，在统一到物业公司手上之后，政府的管理更加方便。某城市与碧桂园服务合作了之后，在一次检查评比中，从以前的全省倒数变成了第二名。

李长江认为，城市服务的结果是三方共赢：政府满意，企业满意，最重要的是老百姓也满意。城市服务是一个"服务做加法，成本做减法"的过程。假设一个城市在这些方面的预算是3亿元，如果用之前的服务体系，想要继续提高品质，那么成本会继续上涨。但如果找到专业的物业公司，实行更高效、更好的成本管控，那么它可能只要2.8亿元就可以实现服务的提升。

碧桂园服务的城市服务可以为城市创造9大收益（见图15-5）。

全国一共有293个地级市，再加上366个县级市，城市服务项目的潜力无限。那么，相关城市为什么要选择碧桂园服务？李长江在与明源地产研究院交流（见图15-6）时指出，政府选择服务企业时，注重的是企业的社会口碑、专业化程度、实力。社会口碑是敲门砖，服务专业才能达到各方预期，实力强者才能第一时间拿出更有针对性的解决方案。

而碧桂园服务拥有十分丰富的超大型项目服务经验和先进的信息化系统。碧桂园集团的发家地——顺德碧桂园有300多万平方米、近3万户的体量，这是碧桂园服务大盘运营的起点。随后，增城凤凰城等超大型项目也为碧桂园服务的城市运营积累了宝贵经验。

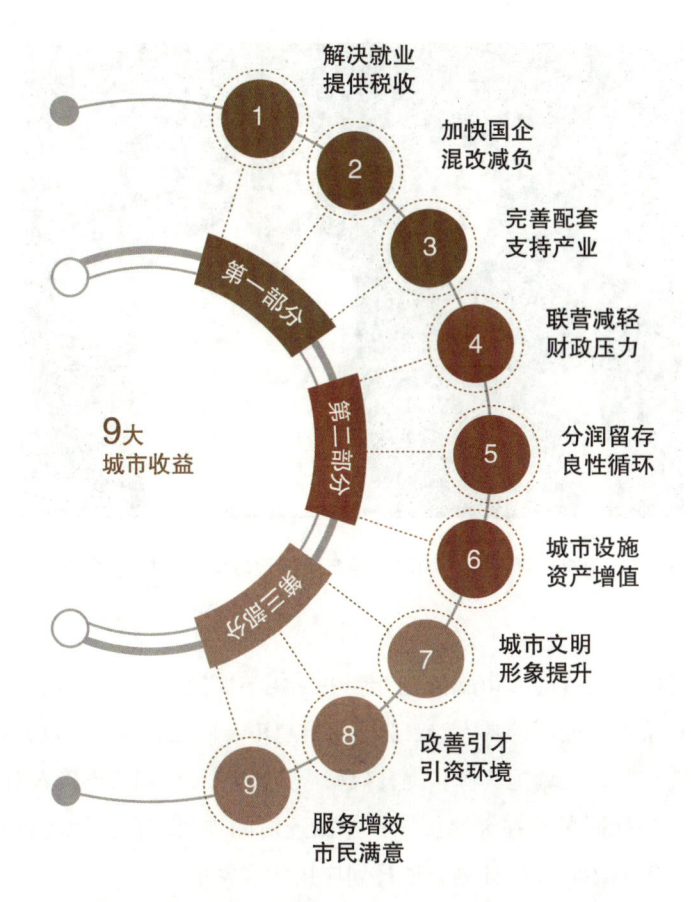

图 15-5　碧桂园城市服务可以为城市创造的 9 大收益

　　目前，碧桂园服务已经在数十个城市开展了城市服务业务，按照一些计算方法，它已经有几十亿平方米的覆盖面积。

　　碧桂园服务已经推出了城市服务 2.0 产品体系——"城市共生计划"（见图 15-7），包括城市公共服务、数字城市综合管理服务、产业协同运营服务三大模块，同时从城市公共空间数字化场景运营的角度切入，细分了 33 个领域的场景应用。

图 15-6　李长江（右）和明源地产研究院总编王恒嘉对话后合影

　　碧桂园服务的城市服务业务产生了化学反应。原来的自有服务，关联到城市的教育、酒店、农业、生鲜超市、回迁房等，通过品牌赋能、统一归口、调配资源、提升效率等方式切入 C 端，再接入 B 端。比如，碧桂园服务在天津接了一个回迁房的项目，在接管之后实施了品质提升 100 天的计划。该计划应用物联网的 AI 技术，将社区的管理网格化，已累计处理网格问题工单达 6 900 多单，完成率 100%，收到 41 面锦旗、58 封表扬信，投诉率也下降了 50%。由于效果良好，该项目得到当地政府的高度好评。

　　碧桂园服务的管理面积已稳居行业龙头，其在运营模式方面也有众多创新。

三、战略升级带来运营模式之变

　　物业管理的深层含义在于资产管理，使资产的寿命得到延长，价值得到保持乃至提升。比如，路灯的某个零件平均使用寿命是10年，通过定期保养等精细化管理可以15年一换，多出的5年便是物业管理带来的价值。

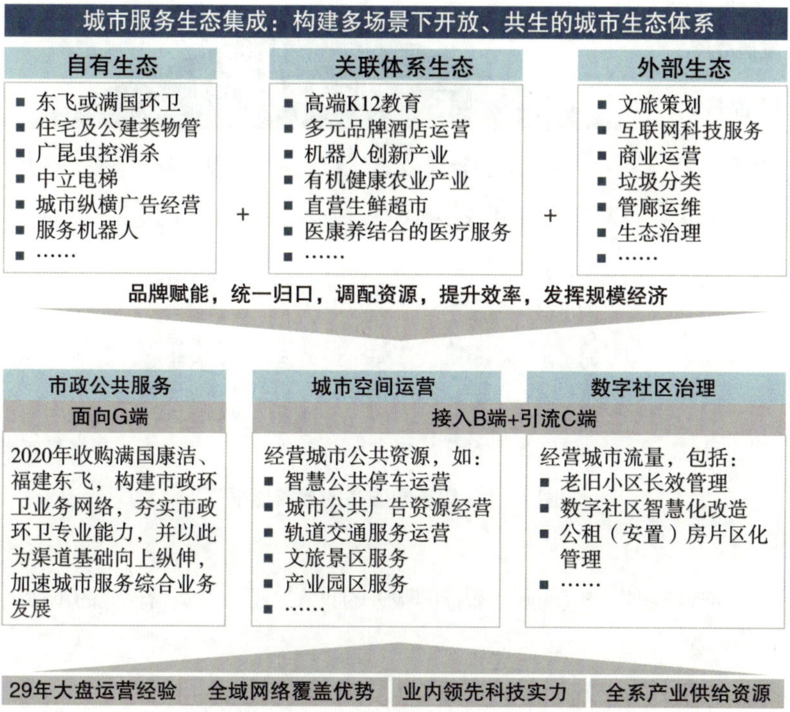

城市服务生态集成：构建多场景下开放、共生的城市生态体系

自有生态	关联体系生态	外部生态
■ 东飞或满国环卫 ■ 住宅及公建类物管 ■ 广昆虫控消杀 ■ 中立电梯 ■ 城市纵横广告经营 ■ 服务机器人 ■ ……	■ 高端K12教育 ■ 多元品牌酒店运营 ■ 机器人创新产业 ■ 有机健康农业产业 ■ 直营生鲜超市 ■ 医康养结合的医疗服务	■ 文旅策划 ■ 互联网科技服务 ■ 商业运营 ■ 垃圾分类 ■ 管廊运维 ■ 生态治理

品牌赋能，统一归口，调配资源，提升效率，发挥规模经济

市政公共服务 面向G端	城市空间运营 接入B端+引流C端	数字社区治理
2020年收购满国康洁、福建东飞，构建市政环卫业务网络，夯实市政环卫专业能力，并以此为渠道基础向上纵伸，加速城市服务综合业务发展	经营城市公共资源，如： ■ 智慧公共停车运营 ■ 城市公共广告资源经营 ■ 轨道交通服务运营 ■ 文旅景区服务 ■ 产业园区服务 ■ ……	经营城市流量，包括： ■ 老旧小区长效管理 ■ 数字社区智慧化改造 ■ 公租（安置）房片区化管理

29年大盘运营经验　　全域网络覆盖优势　　业内领先科技实力　　全系产业供给资源

图15-7　碧桂园服务"城市共生计划"的服务内容和逻辑

从硬件的管理到人的服务，是物业企业的又一次升级。

2014年，内地第一家物业公司在港股上市，之后资本以前所未有的速度进入物管行业，带来服务、管理的双重提升。碧桂园服务也对自身的战略目标进行了深入思考，提出"服务＋科技"和"服务＋生态"的发展模式。"服务＋科技"是依托智能化手段及精细化管理，提升现有基础服务的专业水平，赋能接管项目的物业管理服务，拓展城市服务、智慧社区等创新服务。"服务+生态"是升级现有资源，打造社区整合营销服务的核心渠道力。碧桂园服务的战略愿景是很宏大的（见图15-8）。

发展战略						
1个愿景	国际领先的新物业服务集团					
2个聚集	大物业管理			大社区服务		
2个发展模式	服务+科技			服务+生态		
N个支柱	住宅物业管理	城市服务	智慧社区服务	社区生活服务	■ 资产运营 ■ 家装服务 ■ 到家服务 ■ 社区传媒 ■ 本地生活 ■ 新业务孵化及投资并购	

图15-8 碧桂园服务的战略愿景

与战略愿景对应的则是碧桂园服务的收入来源以及运营模式的革命。

1. 收入构成的五分局面以及未来的最终目标

目前，碧桂园服务的收入主要由五部分组成。

- 物业管理服务。
- 非业主增值服务。碧桂园服务为200多个开发商提供案场管理服务。
- 社区增值服务。围绕业主、客户的多元需求，提供生活、资产管理等服务。对于有资产管理需求的客户，碧桂园服务的增值服务包括房产中介、托管服务、财产保险等。此外，碧桂园服务还提供社区传媒、拎包入住、团购等服务。

- 城市服务。
- 三供一业服务。

在碧桂园服务看来，上面五种收入并不是简单的并列关系。以2015—2020年为例，碧桂园服务的五种收入比例变化情况（见图15-9）值得深入研究。

收入来源多样化，结构更加稳健

年份	物业管理服务	社区增值服务	非业主增值服务	三供一业-物管	三供一业-供热	城市服务	其他服务
2015年	85.7%	7.3%	6.5%	—	—	—	0.5%
2016年	83.0%	8.2%	8.5%	—	—	—	0.3%
2017年	81.5%	7.7%	10.5%	—	—	—	0.3%
2018年	73.7%	8.9%	16.9%	—	—	—	0.5%
2019年	59.6%	9.0%	14.7%	5.4%	10.3%	—	0.3%
2020年	55.2%	11.1%	8.8%	9.9%	7.4%	5.7%	1.9%（0.7%）

图15-9　2015—2020年碧桂园服务的五种收入比例变化

第十五章　碧桂园服务：如何做到管理物业超8亿平方米

2020年,碧桂园服务总收入达到了156亿元,同比增长61.7%。其中社区增值服务收入达到17.31亿元,同比增长100%,毛利达到11.28亿元,成为碧桂园服务的第二大核心利润来源(见图15-10)。

多元化赛道发力,收入同比高速增长

单位:百万元

↑ 79.5% 同比增长

年份	社区增值服务	非业主增值服务	三供一业-物管	三供一业-供热	城市服务	其他服务
2019年	865	1422	525	990	—	25/68
2020年	1 731	1 370	1 540	1 159	884	309

图15-10　2015—2020年碧桂园服务各种收入增长变化

未来,碧桂园服务希望增值服务收入在总收入构成中有更大的比重。那么,增值服务如何才能实现高速增长呢?

2. 增值服务的方向:周期化布局,轻资产赚取平台收入

(1)社区增值服务

根据业主需求嫁接优质的社会资源,让客户享受到一站式、全生态的生活服务。碧桂园服务提供的一站式、全生态的生活服务如图15-11所示。

图15-11 碧桂园服务提供的一站式、全生态的生活服务

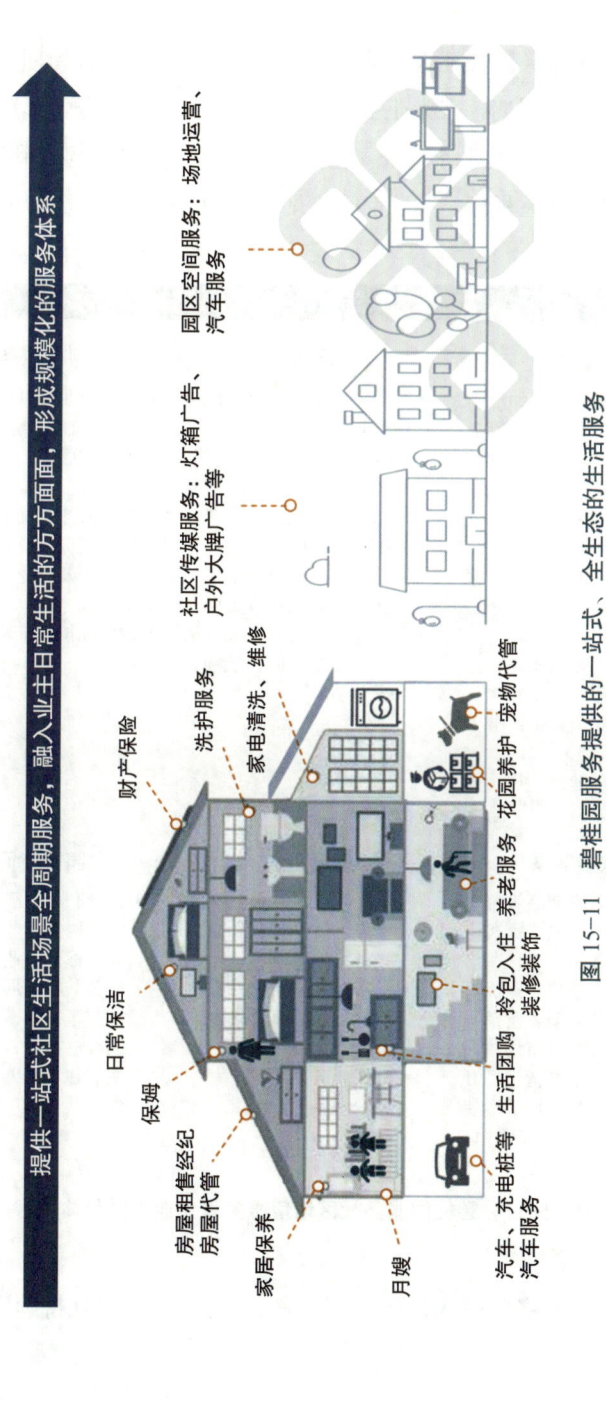

第十五章 碧桂园服务：如何做到管理物业超8亿平方米 / 343

碧桂园服务围绕社区成熟发展周期、业主家庭成长周期、房产价值周期这三个周期，来为业主、租户提供社区增值服务，形成了成规模的、稳定的六大业务线条，包括增值创新、社区传媒、到家服务、家装服务、房屋租售、园区空间（见图15-12）。

六大具备规模的业务线条		
增值创新 • 通过战略合作（如汾酒集团、美的小家电等）、自主研发（如自有食品公司产品、联名开发等）以及平台接入（各大电商、社区团购平台），为客户提供够划算、够保障、够方便的"好物平台" • 培育自有食品业务，立足产品建设，将好吃、健康和安全真正带给客户 • 孵化社区健身、托幼等创新业务	**社区传媒** • 为商家创造"品牌传播+体验+效果"的多层次价值 • 联动城市纵横遍布277个城市，直接或间接拥有300万个电梯资源；业务优先由城市纵横承接 • 加大滚动灯箱建设力度 • 开展整合营销，未来以从私域流量场景向公域场景突破为目标	**到家服务** • 2020年业务以自营为主、平台为辅，通过自营业务管控质量，实现可持续发展 • 本期共建立26个培训基地，培训学员11 230人，为公司及行业输送优秀实干人才 • 孵化洗护、维修等创新业务
家装服务 • 整合知名家装品牌资源，打造一站式家居定制服务 • 发挥新房业户触点优势，在案场节点前置营销 • 开拓社区存量市场，通过对业主精准营销，开展整体家装、局部微装业务	**房屋租售** • 深耕社区，以业主服务为价值，实现资源共享复用 • 发布新经纪品牌"有瓦"，开拓项目周边市场 • 升级业务系统、扩大经纪人队伍，支撑业务发展	**园区空间** • 充分利用社区空间资源，以便利业主生活为目标开展业务 • 以公共收益形式与业主共享共创，反哺小区改造提升，提高业主居住幸福感，实现各方共赢

图15-12 碧桂园服务社区增值服务六大业务的具体内容

这六种业务的收入比例近三年来变化很大，并且在持续优化（见

图 15-13）。2020 年碧桂园服务在社区传媒方面收购了城市纵横公司，现已覆盖 277 个城市，拥有 300 万个电梯资源，而且还有大量灯箱广告。2020 年碧桂园服务还收购了保险经纪公司，整个保险业务去年在社区实现了超过 1 800 万元的收入；碧桂园服务还整合知名家装品牌打造一站式家居的定制服务，将全国数百个优秀品牌统筹到自己身边，再向业主提供一站式的服务。

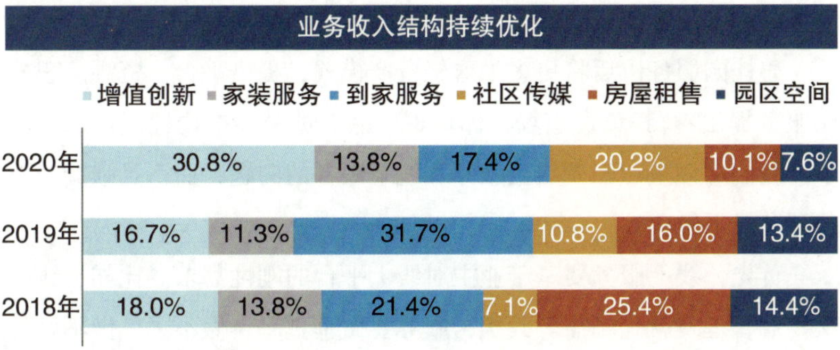

业务收入结构持续优化

年份	增值创新	家装服务	到家服务	社区传媒	房屋租售	园区空间
2020年	30.8%	13.8%	17.4%	20.2%	10.1%	7.6%
2019年	16.7%	11.3%	31.7%	10.8%	16.0%	13.4%
2018年	18.0%	13.8%	21.4%	7.1%	25.4%	14.4%

图 15-13　碧桂园服务六种业务收入的结构在持续优化

而所有增值服务的基础是五点优势。

- 高价值客户群体：服务业户数量持续快速增长，超过 1/4 业户家庭年收入近 30 万元。
- 低线级蓝海市场：约 65% 业户分布在三、四、五线城市。
- 深度客户画像：依托全球领先的 CRM（客户关系管理）系统，全面了解业主消费习惯并形成五类人群画像——务实奋斗新父母、多口之家顶梁柱、社会新锐自由侠、宠娃父母社群家、轻奢享乐新中产。
- 全渠道精准触达：通过社区广告、展示、体验活动、管家、微信公众号、App 等渠道，实现对消费者从认知到体验，再到转化的全链路营销。
- 开放灵活的合作模式：广告、销售、合作、合资等多种模式。

（2）通过提供线上、线下平台，直击垂直平台不能解决的问题

碧桂园服务认为，上一轮很多物业管理公司做社区O2O（线上到线下）之所以失败，主要是陷入了与垂直平台的竞争。买衣服你会选垂直电商平台，还是物业公司的线上平台？即使物业公司的线上平台有该产品，恐怕你货比三家之后，依旧会选电商平台。

碧桂园服务以后将更多采取轻资产模式，提供平台、资源。碧桂园服务提出："我负责市场，你负责产品，进一步挖掘社区生态的需求。我们应该重点强调线上服务和线下服务的问题，而不是强调线上经营和线下经营。"

首先，线上服务要基于业主对线上平台的刚性需求。比如，线上交物业管理费就是刚需。其次，服务要做垂直平台做不了、做不好的事情。比如，业主家里的灯泡坏了、马桶堵了，找碧桂园服务的话半小时内就能得到响应，找其他线上平台则要10小时以后。对于这类服务，物业公司的线上平台要比其他网络平台更有优势。

同时，许多服务必须在线下面对面进行，比如教育。碧桂园服务在寻找线下平台方面也拥有优势。碧桂园服务在选择和提供线下场地、线上链接有孩子的业主等方面都有优势，因此可以联合知名教育机构一起提供相关服务。在一个试点区域，少儿军训招生不到一个月，招生人数就达到1 016人，很多业主没有报上名，还希望多开办几期。

3. 科技投入，提升人均产出效能

在科技方面，碧桂园服务比大部分人想象中要走得更远一些。近三年来，碧桂园服务累计投入数亿元，打造了行业内首个云边端一体

化的 AI 全栈解决方案。同时，碧桂园服务加大了在 AI、大数据、云计算、物联网等方面的投入和应用，目前与腾讯、海康威视都有合作成果落地。

目前，碧桂园服务形成了：

- 基于人工智能平台的社区综合管理体系。
- 基于大数据和云计算的数字化经营管理体系。
- 基于物联网和人工智能相结合的设备运维体系。

这些技术已经广泛应用于智能安防、智能门禁系统、车辆出入及车场管理、智慧物联设施设备管理、应急响应管理、消防监控、报事报修、垃圾处理、人工智能客服、电子商务、能源管理、环境治理与 ERP（企业资源计划系统）、CRM 及其他信息管理系统（见图 15-14）。

碧桂园服务的科技投入还包括服务机器人。碧桂园服务目前已推出了物业机器人"第一军团"（见图 15-15）。该批机器人即将量产并投入使用，包括商用清洁机器人、室外扫地机器人、住宅楼扫拖机器人和贴边清扫辅助器械等。

科技带来了效率与服务的双重提升。2015 年，碧桂园服务作业人员的人均管理面积为 4 720 平方米，而到了 2018 年，这个数字已上升到 5 285 平方米。2020 年，碧桂园服务作业人员的人均管理面积达到了 5 687 平方米，而整个物管行业的人均管理面积低于 3 000 平方米。

以某试点项目为例，其收费管理面积超 60 万平方米，住户约 4 000 户。碧桂园服务通过对整个小区的门岗、监控中心等地方进行智能化改造，按年计算，节省成本超百万元，节省人力资源 40% 以上，投入回报周期仅为半年。

视觉
图片　人脸
视频　物品

语音
语音识别　语音转文本
语气识别　语音翻译

语义
文本分析　文本翻译
语义理解　分词

腾讯云
阿里云
Face++ 旷视
其他

能力整合　场景落地

安防
周界防侵入
门禁刷脸通行
车行车牌识别
苑区行为轨迹
聚集斗殴警告

客服
智能客服
语音客服
聊天机器人
智能质检

品质
智能巡检
垃圾桶满溢
草坪斑秃
街道垃圾

更多场景

图 15-14　碧桂园服务部分技术在服务场景方面的应用

4. 输出科技管理方案，创造出全新赢利模式

碧桂园服务将科技转化成系列智能化产品，并在社区落地应用，面向全行业共享 AI 全栈解决方案。其中，"凤凰魔盒"是这套解决方案的系列产品之一，具体方式为：在小区中放置"盒子"，将云端的一系列智能管理能力赋予它，让每一个分布在小区内的盒子都具有相应的智能管理能力，对社区的具体事务进行数字化管理。

图 15-15　碧桂园推出的清洁机器人

碧桂园服务提供的 AI 全栈解决方案可以帮助物业服务企业迅速部署社区的 AI 能力（见图 15-16）。一方面，AI 全栈解决方案可以比行业同类方案节约 20% 硬件成本；另一方面，AI 全栈解决方案具备可扩展性，企业可以根据自己所在项目的地理位置、业主特点配置社区的 AI 能力，碧桂园服务则提供强大的各类算法支持。算法覆盖了安防、品质管理、绿化管理、保洁管理、设备能耗和设备运维等多个维度，共计 20 余种。

从 2019 年 3 月开始，碧桂园服务的"盒子"和相关系统开始市场化并对外推广，目前也取得了很好的业绩。

四、打造"新物业"概念

李长江认为，物业管理可以分为四个阶段。

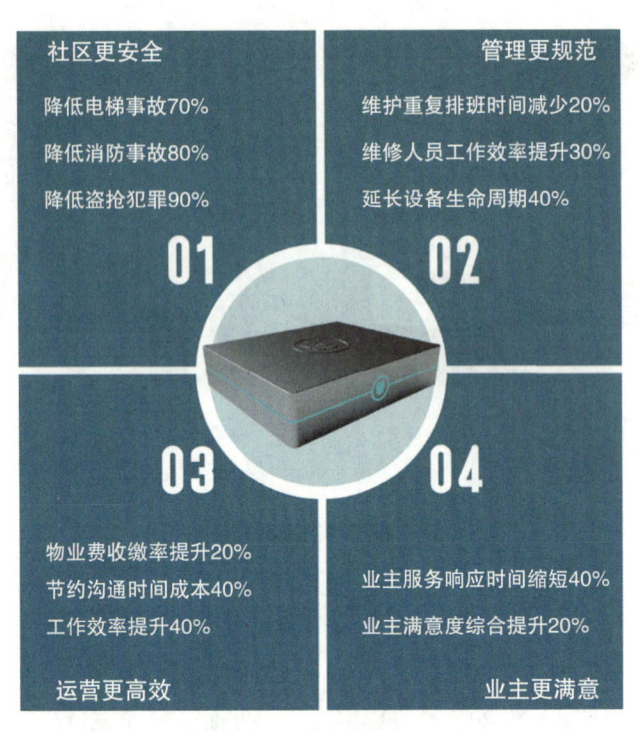

社区更安全	管理更规范
降低电梯事故70% 降低消防事故80% 降低盗抢犯罪90% **01**	维护重复排班时间减少20% 维修人员工作效率提升30% 延长设备生命周期40% **02**
03 物业费收缴率提升20% 节约沟通时间成本40% 工作效率提升40% 运营更高效	**04** 业主服务响应时间缩短40% 业主满意度综合提升20% 业主更满意

图 15-16 碧桂园服务 AI 全栈解决方案产生的作用

- 1.0 阶段，物业管理时代重视对"物"的管理。
- 2.0 阶段，物业服务时代开始关注业主需求。
- 3.0 阶段，物业迎来上市潮，物业企业越来越重视市场化的能力。
- 4.0 阶段，价值服务时代。

李长江还表示："所有的创新，如果不能为客户创造价值，那就是企业的自我取悦，从客户需求出发才能实现真正的价值创造。新价值不是从无到有的价值，而是与时俱进的价值演变。"

2020年，碧桂园服务提出了"新物业"的概念，包括新科技、新服务、新生态、新价值四个方面。

1. 新科技：人性 + 科技，主动预判需求

碧桂园服务的科技，不只积极响应需求，还会主动预判需求。其核心是要解决三个问题：洞察业主、了解业主、重新定义数字社区。从"千人一面"到"一人千面"，做到服务个性化，柔性地将服务提供给业主；从感知到响应，要做到自动化和即时满足，就要用更多智能算法在后台分析匹配数据。

2. 新服务：以人为本，纵横发展，深耕住宅，拓展城市

服务的创新可以归纳为：新业态、新场景和新模式。

从服务业主的社区到服务业主的家，从服务一个社区到服务一整座城市。碧桂园服务以住宅物业服务为根基，纵向深耕全周期社区生活服务，以基础物业服务和资产运营、家装服务、到家服务、社区传媒、社区保险代理、本地生活等增值服务与业主实现社区生活场景的强联结；以住宅物业服务为根基，横向拓展多业态服务，提供学校、医院、商办、机场车站、景观公园、文体会馆等不同场景专属的服务解决方案。

3. 新生态：打造物业服务生态联合体

新生态是指通过联合各行业的优秀合作伙伴，构建一个"以客户需求为导向"的服务生态，形成共生共享共创的合作模式。未来，碧桂园服务不只是一家物业服务公司，更是一个物业服务生态联合体，为业主精选质优价美的生活好物，创造美好生活。

截至 2020 年 10 月底，碧桂园服务已链接超 1 000 个商家，全年超 20 万人次通过社区生活服务买到自己心仪的产品；在家装服务方面，碧桂园服务与超 600 个家装建材品牌商结成战盟，为近 10 万户业主打造美好家居生活；疫情期间，碧桂园服务发起"众企共渡计划"，为来自社区业主、周边商家的超 2 000 家企业提供宣传推广支

持,助力中小企业走出经营难关。

4. 新价值:满足客户不断成长的需求

新价值即满足客户不断成长的需求。客户需求不断成长,聆听需求和价值创造就永不止步,包括业主资产价值、社区人文价值、企业商业价值和城市发展价值。

碧桂园服务 400 团队,365 天不间断抽样调查,全年调研近 200 万人次,"天天"了解业主真实声音,打造"天天满意度"系统。碧桂园服务还成立了客户体验研究院,有上百个客户体验提升小组,探索客户不断成长的需求,优化服务方案、创新服务设计。

碧桂园服务经过多年积累,加上持续创新,目前已打造出一条同行很难逾越的护城河。

第十六章
世茂服务的"三高"

"昨天你对我爱搭不理,今天我让你高攀不起",这句话用来形容物业公司的境遇,可谓再合适不过了。目前,在A股和港股上市的物业公司已经有40家,而且还有一批公司在排队等候。

从整体来看,上市物业公司的估值要比地产公司高出好几倍。但上市物业公司本身的分化也很严重,高的估值近百倍,低的估值只有五六倍。有些上市物业公司的收入和在管面积都很高,但资本市场给予的估值却不高,有些则正好相反。

2020年上市的世茂服务显然属于后者——营收只位列上市物业公司第7,市值却位列第5,这源于其一系列亮眼的"高"。

- 高增速。合约面积由2017年的4 568万平方米上升至2020年年末的2.01亿平方米,收入由2017年的10.42亿元增长至2020年的50.26亿元。
- 高毛利。2017—2020年,分别是27.5%、29.4%、33.7%和31.4%,

高于行业前 20 强企业的平均值。
- 高增值服务收入占比。由 2017 年的 29.6% 提升至 2020 年的 46%。

如此亮眼的数据，给了世茂服务冲击更高目标的信心。2021 年 3 月 15 日，世茂服务举行了线上业绩会，世茂集团董事局副主席、世茂服务董事局主席许世坛表示，过去三年，世茂服务实现了收入和规模的 5 倍增长，未来三年将力争再实现 5 倍增长。

世茂服务为何这么牛？明源地产研究院在上海独家对话了世茂服务执行董事、总裁叶明杰（见图 16-1），为大家解开世茂服务高速发展背后的密码。

图 16-1　世茂服务执行董事、总裁叶明杰

一、基础服务没有极致，科技赋能还能赚钱

1987 年，全国第一家物业公司——长城物业在深圳注册成立。

但在此后接近30年的时间里，物业公司都是很不起眼的存在。然而，随着2014年彩生活上市，物业公司逐渐走向台前。2020年的疫情，更是让物业公司的价值重新被审视。

与上市潮相伴而来的是，人们对物业公司越来越高的要求。很多物业公司挖空心思，试图提高业主的满意度，但往往不得要领。

叶明杰认为，改变认知是关键。过去，物业管理有两个显著的特征。一是注重对物的管理，缺乏对人的服务。实际上，对物的管理在本质上还是为人服务，观念不对，不仅没服务好人，对物的打理也差强人意。二是长期以来，很多物业公司只是母公司的一个附属品，更像是一个部门，目的是辅助商品房的销售，而非一个服务业主的公司。

直到今天，不少物业公司的定位仍然不清晰。从名字上看，它是一家公司，但实际上它还是一个部门。因为在年度考核时，开发母公司的评价占了比较高的权重，如此一来，它所构建的能力自然也是部门级的。

叶明杰告诉明源地产研究院，只有认知变了，公司才能导向明确地提升业主的满意度，之后再定义对物的管理要管哪些、怎么管、如何管好。例如，以前为了节省成本，景观维护的费用被压得很低，导致很多小区里的喷泉都不喷水，变成了硬景。但业主对这一块又比较在意，怎么办？分时段打开的方式就有效地解决了这个问题：在业主上下班出门时段及周末休闲时段增加开放的时间，在业主居家时段关闭，如此既提高了景观观感，又有效地控制了成本。

这只是世茂服务精益化管理的一个缩影。在推动物业管理走向精细化道路上，世茂服务有很多举措。

要管好，就要将空间划细，2018年世茂服务发起了"网格化"改革。

小区的规模不一样，怎样才算划分得细呢？世茂服务对不同的空间有不同的划分标准，有对物的管理和对人的管理的划分，有明确的责任人和明确的工作内容。总体的思路是：一个小区从项目管理到地块，再到网格；网格先到经营，再到品质；品质里面讲客户的满意度；满意度分解到每一个业务的流程、客户的触点，再分解到每天24小时中客户的触点；最后明确哪一个时间段触点最密集，要匹配怎样的服务，经过不断地测试形成体系。

目前，世茂服务构建的网格化管理机制已经具备复制、推广能力。在网格里面的经营，就是对服务内容的精细化，也就是标准化。

在叶明杰的认识里，目前物管领域没有什么是不能标准化的。比如，航空业也是人员密集型的行业，调度管理比物业管理要复杂得多，数字化程度也比物管行业高得多。以东航的航空配餐为例，在前3天接单，在航班执飞前24小时开始生产，生产细化到每一道菜的配料，同时与库存数据结合进行动态管理，标准化程度非常高。东航能做到这么高的标准化程度，既有自身高标准要求的原因，也有民航总局的标准清晰的原因。

物业行业没有这样的行业标准，只能依靠物业公司自己制定。世茂服务有一个专门的团队做这件事，将保洁、巡逻、站岗等工作拆解成不同的场景，变成一个标准的工单。比如，大堂门口的保洁是保洁工作中的一个场景，世茂服务将这个工单拆解成5个标准步骤，明确每个标准步骤的用时，合计9分钟，并标准化每个步骤的工具、标准和执行时间。

叶明杰表示，这一步的工作量其实并不大，管理费用的问题也不大，关键是能不能把过去的经验转化成知识，再转化为应用价值。

精细化管理自然少不了数字化。为了推进数字化，很多物业公司会设置一个IT部门或者数字科技中心，世茂服务则直接成立了一家科技公司。叶明杰告诉明源地产研究院：这是因为世茂服务从来没有将它当成一个成本中心，而是将它作为一项投资型业务，以及一个利润中心。除了做数字化业务，科技公司还会接手其他的业务。

除了承接世茂服务自己的业务，科技公司还积极开拓外部业务。2020年的年报显示，世茂服务旗下的科技公司实现收入4.5亿元，同比上涨775.6%，其中，大约60%是外部业务收入。比如，它为复旦大学、重庆区政府等多个企事业单位提供服务，并成为中国移动、腾讯云、中铁建等企业的战略供应商。考虑到这家科技公司2018年才成立，这一成绩可以说十分亮眼。

世茂服务的数字化也是一步步做起来的，刚开始是为了解决内部的运营管理问题，主要是节省成本，比如"三保费用"；然后是解决业务端开源的问题；最终，借助集团积累的庞大资源和渠道，这项业务打开了外部市场。

二、围绕用户与资产，提供线上、线下立体服务

2014年，彩生活成为赴港上市的第一家物业公司，物业公司从幕后走向了台前。人们突然发现物业管理不仅可以靠基础服务赚钱，而且还是一个巨大的流量入口，有着巨大的想象空间。

虽然现在物业费可以提价，但是需要2/3的业主同意，谁会同意自己的物业费涨价呢？这条路注定很困难，然而物价又在涨，因此增值服务就成为物业公司增收的一种有效方式。

凭借着占据"最后一公里"入口，以及长期服务建立起来的信任，物业公司可以提供一系列的社区增值服务，在服务业主的同时，提高公司的毛利水平。

世茂服务主要分为三大业务：物业管理服务、社区增值服务、非业主增值服务。社区增值服务的毛利率为40.1%，超出其他两大业务将近一半（2020年年报数据）。在招股书中，世茂服务把自己的定位阐述为"领先的社区生活服务提供商"。叶明杰认为，社区增值服务将推动公司未来的增长。

2020年，世茂服务的社区增值服务延续增长势头，比重达到了31.8%，超过了很多同行。这是为何？

首先，定位不一样。世茂服务认为，增值服务业务是体验型和服务型的业务，而它对自己的定位就是综合物管，特别是社区生活服务提供商。世茂服务的增值服务包括社区资产管理、停车位销售、家装服务、智慧社区解决方案等。这些服务需要的人员通常较少，因此只用花费较少的员工相关成本，就能为社区增值服务带来较高毛利率。

其次，世茂服务的增值服务业务有较高的科技含量。如上所说，其旗下科技公司在2020年创造了4.5亿元的营收（智慧社区解决方案）（见图16-2），其中60%来自外部业务。

	2020年 收入（百万元）	占比（%）	2019年 收入（百万元）	占比（%）
社区资产管理服务	217.8	13.6	111.1	17.2
智慧社区解决方案	451.3	28.2	51.5	7.9
单位资产运营服务	454.1	28.4	409.3	63.1
美居服务	147.6	9.2	74.2	11.4
新零售服务	99.1	6.2	2.5	0.4
校园增值服务	230.7	14.4	N/A	N/A
社区增值服务小计	1 600.6	100.0	648.6	100.0

图16-2 世茂服务年报中的各种收入变化

最后，与很多传统物业公司做平台方、通过引入资源撮合交易做增值服务的方式不同，世茂服务采取"全业务管理"模式，选择与云知声、红星美凯龙等行业龙头成立合资公司，并以自有品牌自主运营，保障服务品质与用户体验。

目前，世茂服务已经推出与红星美凯龙合作打造的家装美居业务

"世茂美凯龙"、社区教育"茂阅岛"以及线上+线下空间服务品牌"SUNIT 世集"等业务品牌，服务类型不断丰富。

叶明杰告诉明源地产研究院，世茂服务的社区生活业务布局主要围绕"用户"与"资产"两个角度，而之所以选择与行业龙头成立合资公司，是因为双方能力互补，可以大大缩短业务构建所需要的时长。

以家装美居业务"世茂美凯龙"为例，物业公司可以借助开发母公司做批量家装业务，锻炼能力；而红星美凯龙拥有强大的供应链网络和家装设计能力，等能力练好之后，就可以市场化，接手外部业务，包括物业交付之后的再装修等。

叶明杰打了一个很形象的比方：有些业务，别人已经干了很多年，非常专业。世茂服务是后来者，要想弯道超车，如果自己握着方向盘，速度太快就容易翻车，而找个车开得好的老司机，搭它的车去超车，就好得多。

在世茂服务上市前夕，红杉资本中国基金与腾讯完成了对其 2.44 亿美元的战略投资。借助红杉资本中国基金丰富的社区商业资源，双方携手在医疗健康、工业科技、消费升级等多个领域布局，共同扩充社区增值服务品类。目前，双方合作的车管家服务已经上线。腾讯的赋能更是给世茂服务"线上+线下"的立体服务模式提供了巨大支撑。

2020 年 8 月，世茂服务致力于将线下服务与线上运营的全新服务平台"SUNIT 世集"推向市场，并在上海、南京等地落地。SUNIT 世集是一个充满活力的空间，在业态组合上，围绕亲子、健康、生活三大主题构建社区家庭生活全场景服务，持续开展花艺、咖啡品鉴、艺术展、社群运营等各类活动。通过高品质的服务、优质的服务体验持续提升用户黏性，SUNIT 世集逐渐成为第二客厅和一种新的生活方式。父母带着孩子与长辈来到 SUNIT 世集，将孩子交给世茂服务社区教育品牌茂阅岛的老师（见图16-3），长辈可以与合唱团的伙伴们在X空间排练演出，妈妈可以享受一个放松身心的美容SPA，爸爸可以点一杯咖啡在图书馆享受阅读的乐趣。

图16-3 孩子们在茂阅岛的开心时光

与此同时，聚合世茂服务智慧科技应用的人脸识别、刷脸支付、全息技术等智慧场景在SUNIT世集全面落地。通过茂家App，业主与住户可以预约X空间、订购悦管家到家服务，实现随时随地到店到家。

作为世茂服务推出的服务模式，SUNIT世集在当前物管行业中是独具一格的存在。上海浦东世茂滨江花园社区的一组数据最能说明问题：从2020年8月28日开业到2020年年底，SUNIT世集在营业的125天里，成立了包含268名业主的12个社群，涵盖花艺、咖啡、美容、摄影、桥牌等主题；X空间共进行了合唱、舞蹈、插花、电影、手作等71场社群活动；咖啡共卖出6 061杯。这些活动无疑在更高维度上提升了服务品质，增强了业主黏性，为后续社区增值业务的发展奠定了坚实的客户基础，建立了企业发展的护城河。

在非住宅物业的社区增值服务方面，世茂服务同样做得很不错。比如，世茂服务进入高校服务领域，带来校园增值服务业务，包括校园生活服务配套业务、团餐业务等。即使受疫情影响开学仅半年，校园增值服务也实现了 2.3 亿元收入。世茂服务未来还将构建学校后勤综合服务生态圈。

叶明杰表示，未来计划投放更多资源来发展社区增值服务，并推出其他提升业主及住户居住体验的社区增值服务。

从整个产业链来看，地产行业进入存量发展阶段后，整个产业链中最具价值和成长力的部分正逐渐转向对存量市场提供（建筑和城市空间）养护、维修、运营、更新等一系列多维度和不同消费频次、面向不同群体的专业化服务，而广义的物管行业基本涵盖了这些诉求。

三、收并购快速扩大规模，构建全业态综合性物业生态

头部物业公司都有强大的开发母公司为其源源不断地提供弹药、扩大在管面积，但在大家都拼命扩大规模的当下，仅靠开发母公司已经远远不够了。

当前资本市场投资物业公司的基本逻辑是：头部公司看外拓，中部公司看增速，尾部公司看规模。在物业公司和开发母公司强相关的大背景下，市拓面积的多寡往往是反映物业公司自身综合实力最直接的指标之一。

因此近两年，物管领域的收并购格外热闹。早在 2021 年年初，恒大物业在誓师大会上就提出，2021 年每月新增拓展在管面积 3 000 万平方米。2021 年 2 月，碧桂园服务直接控股了上市物业公司蓝光嘉宝。

世茂服务的快速成长也离不开外拓。截至2020年年底，在其1.46亿平方米的在管面积中，世茂集团占比35.2%，独立第三方开发商占比64.8%。与2019年相比，两者的比重可以说是"完全颠倒"——2019年其近70%的在管面积来自世茂集团。合约面积大体上也是三七分，2.01亿平方米的面积中，独立第三方就有1.3亿平方米，占据了65%的比重，几乎贡献了所有的面积增长。

收并购是世茂服务进行市场拓展的重要手段。叶明杰指出，由于物业管理费相对刚性（涨价受政府指导定价及业委会投票表决等因素限制），物管行业收入的规模增长主要在于管理面积的增长。而管理面积扩张主要有三种途径：关联房企开发项目、收并购、第三方招投标。

收并购是大势所趋，一是仅仅通过内生增长整合，扩张速度会慢很多；二是地产增量开发的规模增速在放缓，上市物业公司如果只靠开发母公司输血，那么成长的速度只会逐年下降。世茂服务第三方在管面积大增，得益于其2020年进行了9起收并购。

冲规模是目前大部分物业公司做收并购的目标，但叶明杰认为，这只是短期行为。如果缺乏规划，那么通过收并购带动规模的快速增长，并不一定能得到资本市场的认可，甚至还会带来一系列问题。世茂服务做收并购是为了中长期的增值业务（见图16-4），因为增值业务没有规模不行，但仅仅有规模也不行，还要有密度。

根据以上成长逻辑，世茂服务只在自己的管理半径内做收并购。这个半径有两个层面：一个是物理层面，另一个是能力层面。

从物理层面来说，世茂服务的收并购主要聚焦于长三角、珠三角、环渤海和中西部四大核心城市群，而且大部分位于一、二线城市。这一方面传承自其开发母公司的城市布局，另一方面则是出于增加区域密度的考虑。

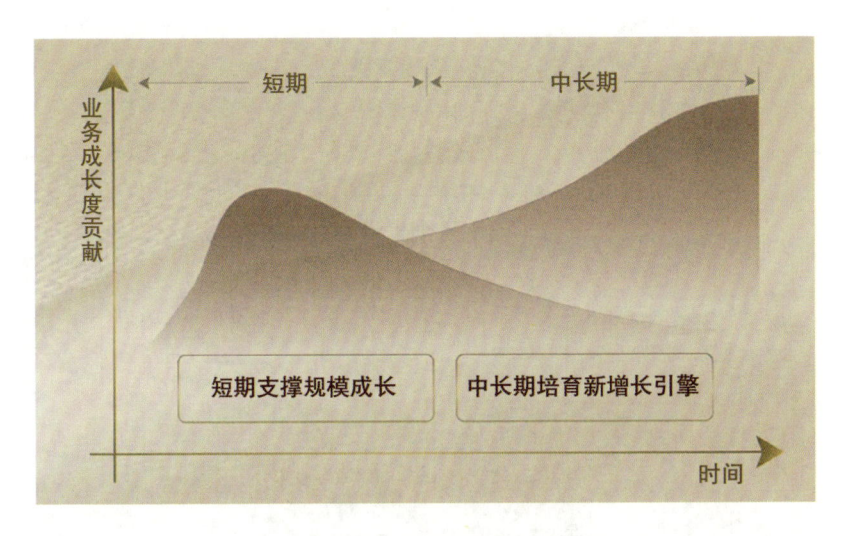

图 16-4　世茂服务的成长逻辑

截至 2020 年年末，世茂服务单个城市的项目密度由 2019 年的 110.8 万平方米增加至 146.8 万平方米，同比增长 32%，因此也带来了规模化效应。

增值服务以基础物业服务为培育土壤，受规模与渗透率双重驱动。以一、二线城市及核心城市圈为主，有利于物业公司提高增值服务渗透率。高能级城市、核心区域的业主对增值服务的接受程度相对更高、消费能力也更强，这对增值服务渗透率会产生积极影响。

具体到收购标的物，世茂服务采取广撒网的方式。叶明杰表示，虽然有些区域出于业绩考虑，想要突破管理半径做收并购，但是收并购需要立项，整个过程是总部指导、区域配合。如果总部不介入，项目就无法启动，这样就把风险控制住了。

在扩大区域和增加城市密度的同时，世茂服务也在同步推进能力建设：提高供应链能力，以降本提效，做一体化管控（见图 16-5）。如此一来，收并购来的物业可以很快融入世茂服务。

图 16-5　世茂服务一体化管控的具体内容

2019年，世茂服务收购了海亮物业。收购前海亮物业的毛利率只有8%，收购之后世茂服务全面接管，将其一整套机制、体系导入海亮物业，到当年年底，海亮物业的毛利率就提高到了26%。其中的关键举措有：一是淘汰了原来的部分供应商，换成与世茂服务长期合作的供应商；二是启动了增值服务业务。

同时，收并购一体化整合的时间越长，整体利润率提升就越明显（见图16-6）。

当这种能力建设起来之后，世茂服务收并购的触角迅速由住宅物业进入更多细分领域——2020年11月11日，世茂服务与宿迁政府签署合作协议，进入城市服务领域；通过成都信谊物业和天津和兴物业，持续扩大在公建领域的版图；通过山东康桥，顺利进军医院物业业态；借助校园物业前3强的浙大新宇，快速进入校园物业领域。

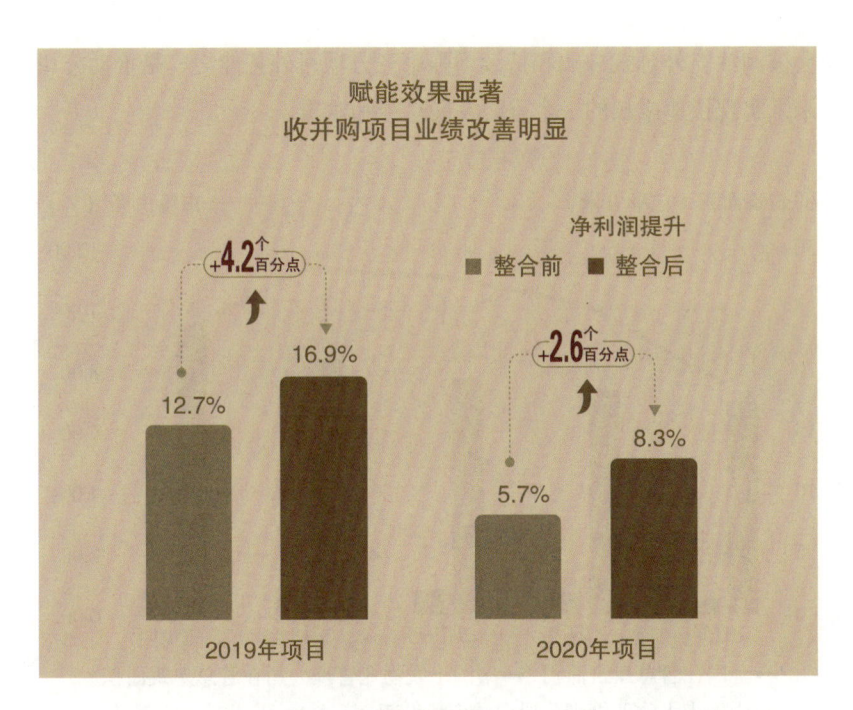

赋能效果显著
收并购项目业绩改善明显

图 16-6　世茂服务收并购项目整合前后，净利润均有大幅提升

截至目前，世茂服务管理的非住宅物业的占比已经达到40.5%。世茂服务已经由一家以服务中高端住宅为特色的企业，蜕变成了在医院、学校、公建、写字楼、城市服务等方面均有布局的全业态综合性物业公司。

叶明杰表示，公司未来还将持续强化收并购。我国物管行业距离成熟还有很长的距离。据中指院提供的数据，目前（按2019年年末）中国十大物业管理公司在管面积的市场份额尚不足10%（见图16-7）。

按过去数年的发展趋势，无论是收入增长速度、在管面积增长速度（或者物业管理费收入增速），还是增值服务的增长速度，前10强物业公司的样本数据均显著高于剩余百强物业公司。这一方面说明行业集中度快速提升是大势所趋；另一方面说明，如果不快速成长，就会被淘汰。外延式并购和持续增强第三方项目外拓能力，是推动公司未来实现快速成长的一个重要发展途径和逻辑。

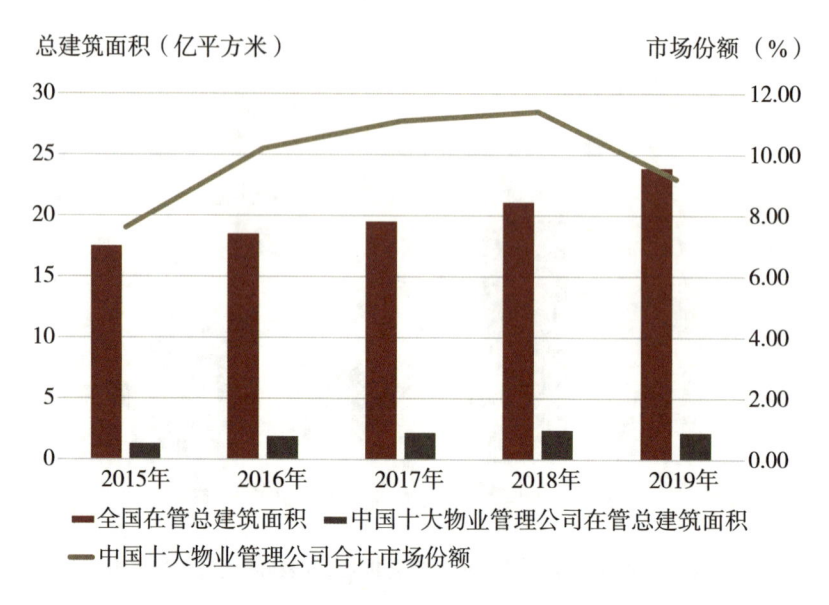

图16-7 中国十大物业管理公司市场占有率情况

截至2020年年底，世茂服务上市募集的96亿元（约110亿港元）所得款还有46.39亿元未被使用，世茂服务手握现金合计58.30亿元，现金较为充裕，可以继续支持其"跑马圈地"。

四、引进各领域专业人才，股权激励覆盖面很广

物管行业是典型的劳动密集型行业，员工的状态直接影响其服务质量和客户体验。与此同时，物管行业正在从劳动密集型向知识密集型转变。如何吸引人才，培养和激励员工成为一个很重要的事项。

叶明杰指出，过去大家不太关注这个行业，所以其发展也慢，不

像地产开发板块政策频出。而这几年，物业公司大量上市、快速发展，相关的法律法规会进一步完善。这一方面能够吸引更多的人才进入这个行业，另一方面对从业人员也会提出更高要求。比如，未来可能会要求部分物管人员拥有类似消防员的技能，确保社区有消防应急的能力。如果政府扶持，物业公司肯定愿意去做。

目前，世茂服务的人才来源十分多元，除了物业公司，还有IT行业，也有来自亚马逊、华为、小米、东航、贝壳甚至证券公司的人才。这跟物业服务的边界不断扩大有关，以前物管人员只要懂物业就行，现在物业公司旗下可能有装修公司、互联网公司、教育公司……与此相对应，组织也变得多元化，开始由专业的人做专业的事。在组织架构上，物业公司有的是管控型，有的是产品型，还有些可能是财务投资型。

世茂服务的激励与母公司世茂集团一脉相承，由基本工资＋绩效奖金（浮动工资）＋培训三部分组成。基本工资跟行业差不多，稍微高一点，而激励跟经营指标挂钩，同时跟机制挂钩。比如，世茂服务实行的内部市场化中就有网格化管理和独立核算，每个单元都可以核算，大到区域单元，小到网格单元。以业绩为导向，以品质为导向，以管理目标为导向，这是世茂服务的指挥棒。有些人的浮动工资可能达到60%甚至更高。世茂服务对另一些人则采用固定工资＋绩效奖金＋投资回报（合伙人机制）的模式。

叶明杰表示，世茂服务的股权激励在行业里可能是覆盖面最广的，很多企业是给核心的高管，可世茂服务是高级经理级（也就是中层人员）以上都有。